国家社会科学基金项目资助
海南大学科研启动经费项目资助

城市群资源集聚能力的时空演化机理与提升路径：

以长江中游城市群为例

郭庆宾◎著

中国经济出版社
CHINA ECONOMIC PUBLISHING HOUSE
·北 京·

图书在版编目（CIP）数据

城市群资源集聚能力的时空演化机理与提升路径：以长江中游城市群为例／郭庆宾著．--北京：中国经济出版社，2019.11

ISBN 978-7-5136-5924-6

Ⅰ.①城… Ⅱ.①郭… Ⅲ.①长江中下游-城市群-城市经济-资源经济-研究 Ⅳ.①F299.275

中国版本图书馆 CIP 数据核字（2019）第 282831 号

责任编辑 贺 静
责任印制 巢新强
封面设计 华子设计

出版发行 中国经济出版社
印 刷 者 北京九州迅驰传媒文化有限公司
经 销 者 各地新华书店
开 本 710mm×1000mm 1/16
印 张 14.25
字 数 204 千字
版 次 2019 年 11 月第 1 版
印 次 2019 年 11 月第 1 次
定 价 68.00 元
广告经营许可证 京西工商广字第 8179 号

中国经济出版社 **网址** www.economyph.com **社址** 北京市东城区安定门外大街 58 号 **邮编** 100011

前　言

随着城市化和工业化的快速推进，资源的需求量大增，城市和区域间对资源的争夺不断加剧，强化自身资源集聚能力成为各城市和区域面临的迫切挑战。本书以长江中游城市群为研究对象，对 1995—2014 年 20 年间长江中游城市群资源集聚能力的时空演变特征和影响机理进行研究，并探讨其提升路径。

本书的主要结论如下：

（1）1995—2014 年，长江中游城市群资源综合集聚能力在波动中保持增长，在全国处于第四极地位；城市群内城际资源集聚能力差异在波动中保持平衡；科技创新、金融、对外开放等资源更趋向于集聚分布。

（2）1995—2014 年，长江中游城市群资源集聚格局形成了以武汉、长沙、南昌等核心城市为主导的多中心“核心—边缘”结构，空间格局变化较小；其资源集聚格局仍处于初级的中心城市极化发展阶段，一体化的资源集聚组合体尚未形成；首位城市武汉在整个城市群的资源集聚首位度较低，资源集聚格局较为分散；资源集聚重心跃迁路径沿“西北—东南”整体走向进行往复迁徙；各类资源集聚格局演化分异显著，大部分资源集聚格局呈中心城市指向特征。

（3）科技创新水平、经济发展水平、人口规模、就业机会、对外开放水平、市场化水平、工资水平等是影响长江中游城市群资源集聚能力演化的主要因素，且 1995—2014 年这些因子对资源集聚能力的影响作用不断增强。

（4）在对长江中游城市群资源集聚能力时空演变特征及影响机理进行分析的基础上，从“汇聚—流通—准入—组织”四个环节入手，提出了长江中游城市群资源集聚能力的提升路径。

目　录

1 绪 论

1.1 研究背景

1.1.1 城市群成为中国城镇化的主要空间载体和发展核心

诺贝尔经济学奖得主、美国经济学家斯蒂格利茨曾预言：中国的城市化与美国的高科技发展将是影响21世纪人类社会发展进程的两件大事①。进入21世纪，在经济全球化和现代信息技术的支撑下，世界经济的“地点空间”正在被“流的空间”所代替，世界经济体系的空间结构逐渐向“流”、连接、网络和节点等结构特征发展②，大范围内的资本、信息、产业、技术等资源要素逐渐形成一个相互依赖、相互作用的网络，各大城市便是支撑这个网络系统的关键节点。这一发展的重要结果便是塑造了对于世界经济发展至关重要的城市群（或大都市区），也就是资金流、信息流、物流、技术流等各种“流”的汇集地。以大城市为核心的城市群已经成为衡量一个地区或国家经济发展水平的重要标志，是一国最具发展活力的核心区、参与全球竞争的全新地域单元，并开始主导国家经济乃至全球经济。随着我国全面深化市场化改革，资本、技术、劳动力等资源从一个地区流向另一个地区已成为一种常态，因此，城市群的快速发展需要提升自身的资源集聚能力，使各种要素趋向于该地区流动。

目前，国内以区域资源优化配置和要素整合为目标的城市群发展势头

---

① 陈明星．城市化领域的研究进展和科学问题[J]．地理研究，2015，34(4)：614－630.

② 毛广雄．大都市区化：我国城市化发展路径的转型[J]．城市问题，2009(6)：15－20.

强劲，新一轮以城市群为基本单元的发展竞争在全国展开①。国家“十三五”规划纲要提出：“优化城镇化布局和形态，加快构建以陆桥通道、沿长江通道为横轴，以沿海、京哈京广、包昆通道为纵轴，大中小城市和小城镇合理分布、协调发展的‘两横三纵’城市化战略格局。加快城市群建设发展，优化提升东部地区城市群，建设京津冀、长三角、珠三角世界级城市群，提升山东半岛、海峡西岸城市群开放竞争水平。培育中西部地区城市群，发展壮大东北地区、中原地区、长江中游、成渝地区、关中平原城市群，规划引导北部湾、山西中部、呼包鄂榆、黔中、滇中、兰州—西宁、宁夏沿黄、天山北坡城市群发展，形成更多支撑区域发展的增长极。促进以拉萨为中心、以喀什为中心的城市圈发展。建立健全城市群发展协调机制，推动跨区域城市间产业分工、基础设施、生态保护、环境治理等协调联动，实现城市群一体化高效发展。”②

1.1.2 资源集聚能力成为衡量城市群综合竞争力的重要标准

从某种程度上讲，城市群，本质上是资源要素超越单一城市、在更大范围的集聚与优化配置。资源的集聚程度，反映出城市群的竞争力水平。城市是人类从事生产与生活活动的高度集中地域空间，城市化的过程同时也是区域发展所需的人才、技术、资本等资源要素集聚的过程。作为社会经济和城市化发展过程中出现的一种高级地域空间组织形式，城市群的出现和发展解决了行政区划分割造成的资源配置不合理、区域经济松散等问题，在区域资源要素的整合过程中具有主导作用，对提高整体竞争力水平起到了重要作用。在中国社会科学院对国内主要城市群竞争力的研究中，排名结果靠前的几大城市群，也是全国范围内资本、技术、人才等资源高度聚集的区域（见表1－1）。

---

① 王发曾，郭志富，刘晓丽，等．基于城市群整合发展的中原地区城市体系结构优化[J]．地理研究，2007，26(4)：637－650.

② 资料来源：《中华人民共和国国民经济和社会发展第十三个五年规划纲要》(2016)。

表 1－1 国内主要城市群竞争力排名

城市群名称	综合竞争力		先天竞争力		现实竞争力		成长竞争力	
	指数	排名	指数	排名	指数	排名	指数	排名
长三角城市群	13.0686	1	3.248028	1	6.812462	2	3.008108	1
珠三角城市群	12.8362	2	2.390528	2	7.971327	1	2.474355	3
京津唐城市群	8.22686	3	1.295061	3	4.176963	3	2.75484	2
山东半岛城市群	2.92866	4	0.817769	5	1.028801	4	1.082087	4
辽中南城市群	2.16435	5	0.352626	9	0.851688	5	0.960038	6
成渝城市群	1.74762	6	1.039729	4	0.049147	7	0.658742	7
武汉城市群	1.09597	7	0.267432	10	－0.21066	10	1.039192	5
海峡西岸城市群	0.78256	8	0.392448	8	0.531341	6	－0.14123	15
中原城市群	0.46958	9	0.510299	7	－0.53775	13	0.497029	8
哈尔滨城市群	－0.5345	10	－0.88944	26	－0.02651	8	0.381479	9
长株潭城市群	－0.5979	11	0.258609	11	－0.95504	18	0.09856	11
关中城市群	－0.759	12	－0.33708	21	－0.57242	14	0.150497	10
皖江淮城市群	－1.1173	13	0.230014	13	－1.03001	21	－0.31733	19
太原城市群	－1.3198	14	－9.6278	27	－0.44401	12	0.086995	12
徐州城市群	－1.4027	15	0.257807	12	－1.09714	23	－0.56334	21
石家庄城市群	－1.5082	16	－0.32435	20	－0.96271	19	－0.22114	18
环鄱阳湖城市群	－1.5277	17	－0.22144	16	－1.15744	24	－0.14879	16
浙东城市群	－1.7602	18	－0.25779	17	－0.31782	11	－1.18457	26
长春城市群	－1.8801	19	－0.85022	25	－0.86417	16	－0.16575	17
南宁城市群	－1.8891	20	－0.2787	19	－1.51135	28	－0.09909	14
滇中城市群	－2.2894	21	－0.6264	23	－0.88352	17	－0.77947	23
呼包鄂城市群	－2.3427	22	－2.20665	30	－0.11005	9	－0.02598	13
黔中城市群	－2.4953	23	－0.52182	22	－1.28586	26	－0.68764	22
汕头城市群	－2.6099	24	0.537464	6	－1.0657	22	－2.08169	30
冀鲁豫城市群	－2.8	25	－0.27742	18	－1.3649	27	－1.15768	25
琼海城市群	－2.8242	26	0.016447	14	－1.28537	25	－1.55531	28
银川城市群	－2.9476	27	－1.32565	28	－0.83151	15	－0.7904	24
兰州城市群	－3.0488	28	－1.71475	29	－1.01331	20	－0.32078	20
鄂豫城市群	－3.6125	29	－0.63502	24	－1.76282	29	－1.21464	27

续表

城市群名称	综合竞争力		先天竞争力		现实竞争力		成长竞争力	
	指数	排名	指数	排名	指数	排名	指数	排名
豫皖城市群	-4.0535	30	-0.18477	15	-2.13165	30	-1.73709	29

资料来源：中国社会科学院．2007年中国城市竞争力蓝皮书[R].2008.

城市群既是区域中各种生产生活要素的供给基地，又是各种物质文化产品的消费基地。在城市群内各城市间长期互动中，随着资源要素的自由流动，一些优质资源要素会主动选择向大城市集聚，次级资源要素则向中小城市集聚，从而促进了资源的合理配置，提高了城市群资源集聚的外部经济性和研发创新的效率①。而城市群资源集聚带来的诸多效应，反过来强化了其自身的综合竞争力，并且在循环累积因果作用下得以不断增强。

1.1.3 长江中游城市群上升为国家级城市群迎来历史发展契机

2015年4月5日，国务院批复同意《长江中游城市群发展规划》（以下简称《规划》），《规划》成为《国家新型城镇化规划（2014—2020年）》出台后国家批复的第一个跨区域城市群规划，也是在全国层面确定的五个国家级城市群之一。《规划》提出，长江中游城市群要建设成为中国经济发展新增长极、中西部新型城镇化先行区、内陆开放合作示范区和“两型”社会建设引领区，并提出了城乡统筹发展、基础设施互联互通、产业协调发展、共建生态文明、公共服务共享、深化对外开放的六大任务。

区域竞争优势的核心是集聚优势，而相较于长三角城市群和珠三角城市群等资源集聚能力强、一体化发展成熟的城市群，资源集聚能力薄弱、优质资源外流等问题严重制约了长江中游城市群的发展（见表1-2）。提升长江中游城市群资源集聚能力、增强城市群的带动和辐射作用，对于中部崛起乃至全国的新型城镇化进程至关重要。

① 闫玮．中国城市群边缘地带发展问题研究[J]．商业时代，2013(24)：128-129.

表 1－2 五大国家级城市群部分指标占全国比重（2014 年）

（%）

指标	长三角城市群	珠三角城市群	京津冀城市群	成渝城市群	长江中游城市群
总人口	11.00	4.21	8.45	6.65	8.80
城镇化率	113.11	153.35	107.80	95.18	99.32
土地面积	2.22	0.57	2.32	1.92	3.30
建成区面积	20.04	7.50	7.21	5.89	6.72
GDP	18.50	9.06	10.74	5.49	8.80
人均 GDP	188.77	214.41	126.74	89.41	106.04
GDP 增长率	124.86	118.12	97.57	124.22	132.43
进出口总额	33.91	28.57	14.19	15.04	13.88
实际使用外资金额	54.75	20.79	29.56	16.32	19.24

1.1.4 城市群发展路径和建设模式亟待规律挖掘

经过几十年的孕育和发展，我国当前已有近 20 个城市群，但我国城市群发展水平参差不齐，除长三角、珠三角等少数大城市群发展水平较高外，其他城市群大多数发育不足①，更多的是属于政策性组建起来的城市群，尚未形成良好的城市层级和分工体系，城市间联系紧密度相对不足，城市群的协调性和一体化程度相对滞后，资源的集聚能力和综合竞争力不强。因此，通过对长江中游城市群资源集聚能力进行研究，科学探索城市群资源集聚能力和竞争力的提升路径、挖掘促进城市群发展和建设的路径模式与规律，对解决城市群发育不足、提高城市群竞争力和综合实力具有一定的借鉴意义和参考价值。

1.2 研究意义

1.2.1 理论意义

区域发展有赖于各种资源要素的有力支撑和要素在空间上的优化配置，然而由于资源的稀缺性，要素的非均衡分布和流动成为其基本特征。

① 方创琳．中国城市群形成发育的新格局及新趋向[J]．地理科学，2011，31(9)：1025－1034.

城市群作为大范围内资源要素的高密度聚集区，是资源要素集聚的最佳场所和资源优化配置的自然结果。因此，在当前城市化发展转入以城市群为空间竞争实体的背景下，提高城市群自身资源集聚能力和综合竞争力，成为一项亟待研究的现实课题。通过构建普适性的城市群资源集聚能力评价指标体系，客观评价城市群资源集聚能力，定量刻画城市群资源集聚能力的时空演化规律及影响机理，解析城市群资源集聚情况，可以丰富和完善中国城市群及新型城镇化发展理论体系，为中国新型城镇化发展道路提供模式借鉴和参考依据。

1.2.2 现实意义

在把握时空演化规律和影响机理基础上的长江中游城市群资源集聚能力提升路径研究，更具针对性和科学性，对提升长江中游城市群资源集聚能力、加快长江中游城市群发展壮大、促进中部崛起和长江经济带发展具有重要的现实指导意义和应用价值。

（1）探索长江中游城市群提升资源集聚能力的发展路径，提高城市群综合实力与综合竞争力

资源集聚是多种因子协同效应下的必然结果，对资源集聚的演化过程和作用机制进行科学分析，是探索资源集聚能力提升路径的必要前提。尤其是在当前中国城市群发展理论体系尚不完善的背景下，实现城市群发展路径的创新，更需要对其发展演化规律和影响机理进行详细透彻的分析。通过科学构建一套城市群资源集聚能力综合评价指标体系，摸清长江中游城市群资源集聚能力时空演化规律及其影响机理，在此基础上，有针对性地提炼出提升资源集聚能力的发展路径，对于提高长江中游城市群整体实力和综合竞争力具有重要的现实指导意义。

（2）贯彻落实国家区域协调发展政策和相关规划，推动政策实施和规划“落地”

长江中游城市群位居全国经济地理的中心位置，是中国“弓”形发展战略中的战略支点，承东启西、连南接北，在全国区域协调发展、中部地区崛

起、长江经济带开放开发等发展格局中处于重要地位。城市群临江达海，经济腹地广阔，拥有立体化综合交通网络，经济发展实力雄厚，具备发展成为跨区域特大型城市群的深厚基础。《全国主体功能区规划》、国家“十三五”发展规划、《促进中部地区崛起规划》《长江经济带发展规划》《长江中游城市群发展规划》等国家层面的重大规划，都对长江中游城市群的发展提出了定位和要求，在将长江中游城市群打造成为长江经济带重要支撑、中部地区崛起的重要引擎、全国经济新增长极和具有一定国际竞争力的现代化开放型城市群等方面，彼此协调一致。因此，通过对长江中游城市群资源集聚能力时空演化及影响机理进行研究，探索出提升资源集聚能力的发展路径、加快长江中游城市群发展壮大，对于贯彻落实国家层面区域协调发展重大政策和规划要求、推动政策实施和规划“落地”，具有重要的现实应用价值。

（3）加快长江中游城市群一体化进程，促进城市群内资源优化配置和城市协调发展

从某种意义上说，城市群的形成是聚集经济作用下的资源聚集过程，城市群就是一个巨型的资源集聚体。在这个系统中，不同层级、不同类型的各个城市的自然资源和社会经济资源相互配合、相互促进、相互流动，共同支撑起城市群的高效运转。因此，合理、稳定的资源集聚结构，是保障城市群资源体系有效运转和资源合理高效配置的重要前提。通过对长江中游城市群资源集聚能力的时空演化进行分析，总结城市群内资源集聚格局的演化规律，提出促进资源优化配置的建议，从而促进城市间资源自由流动和优化配置，推动城市错位、协调发展，形成真正一体化的城市群资源体系，加快城市群一体化进程，具有重要的实用价值。

1.3 研究目标、研究内容与研究创新

1.3.1 研究目标

本书以提升区域资源的集聚能力为假设前提，从时空视角构建长江中游城市群资源集聚能力的时空演化框架体系，定量、实证、多尺度分析长

江中游城市群资源集聚能力的时间演化和空间演变态势，解读其时空演进规律，并揭示其背后的时空演化驱动机制，在此基础上，提出提升资源集聚能力的发展路径。

1.3.2 研究内容

基于结构主义视角，以表征→机制→控制为基本架构进行分析，主要研究内容包括五个方面：①城市群资源集聚能力评价指标体系的构建；②长江中游城市群资源集聚能力的时间演化；③长江中游城市群资源集聚能力的空间演化；④长江中游城市群资源集聚能力时空演化的影响机制；⑤长江中游城市群资源集聚能力的提升路径。

（1）城市群资源集聚能力评价指标体系的构建

从科学性、全面性、独立性、可行性的指标选取原则出发，根据城市群资源集聚能力的内涵，将城市群资源划分为人口、土地、经济、金融、科技创新、公共设施、文化、生态环境、政策、对外开放等十大类资源来测度城市群资源集聚能力。运用熵值法和 AHP 法相结合的组合赋权法计算各评价指标的权重，在此基础上，对城市群的资源集聚能力进行综合评价。

（2）长江中游城市群资源集聚能力的时间演化

基于上述评价指标体系，根据《中国城市统计年鉴》和湖北、湖南、江西三省统计年鉴所收集的数据，测算并分析 1995—2014 年 20 年间长江中游城市群综合资源集聚能力及各大类别资源集聚能力的时序变化规律，并与同期的京津冀、长三角、珠三角、成渝等城市群进行对比研究。

（3）长江中游城市群资源集聚能力的空间演化

测算并分析 1995 年、2001 年、2007 年和 2014 年四个时间节点上长江中游城市群资源集聚能力的空间演变，并从群（圈）际尺度（武汉城市圈、长株潭城市群、环鄱阳湖城市群）以及城际尺度分析长江中游城市群资源集聚能力的空间分异及演化规律。

（4）长江中游城市群资源集聚能力时空演化的影响机制

运用地理探测器、多元回归分析、灰关联等方法，多角度分析城市群资源集聚能力的影响因素，提炼长江中游城市群资源集聚能力时空演化的影响机理和动力机制。

(5) 长江中游城市群资源集聚能力的提升路径

在上述分析的基础上，提炼出长江中游城市群资源集聚能力的着力点，以建立资源集聚在城市群内的空间优化机制与良性循环机制为目标，研究长江中游城市群资源集聚能力的提升路径，并从制度创新、环境保障、市场秩序、加强群内城市合作与产业布局优化等角度，设计长江中游城市群资源集聚能力提升的政策保障。

1.3.3 研究创新

(1) 针对以往研究多侧重于单个城市、单一维度资源集聚能力研究的不足，本书通过理论分析、专家论证和频度统计相结合的方法，构建了一套普适性较强的城市群资源集聚能力综合评价指标体系。

(2) 针对以往研究“重静态，轻动态；重实证，轻比较；重表象，轻机理”的问题，本书从地理学时空演化视角对长江中游城市群资源集聚能力进行了深入研究，开拓了城市群资源集聚研究的新视角，并与全国其他城市群展开群际和城际层面资源集聚能力的对比分析，运用地理探测器、多元回归分析等先进技术方法剖析资源集聚能力演化背后的作用机理，从而做到“知其然，且知其所以然”，完善了中国城市群资源集聚研究的理论和方法。

(3) 运用结构主义研究范式，解构城市群资源集聚能力的形成和演化，归纳资源集聚能力的时空演化特征（表征），厘清了资源集聚能力演化的内在作用机理（机制），在此基础上，提炼出城市群资源集聚能力的提升路径（控制），更具针对性和科学性。

1.4 研究方法与技术路线

1.4.1 研究方法

(1) 定性与定量分析相结合

遵循从定性分析到定量建模再从定量结果到定性反思的研究思路。运用数据收集与整理、指标度量与计算、统计作图与空间分析等方法，对长江中游城市群资源集聚能力的时空演化规律进行定量分析。定量研究集中在以下几个方面：①SPSS 数理统计分析。运用 SPSS 17.0 统计分析软件对资源集聚能力指标体系的时序基础数据进行数理统计，开展标准化、相关分析、回归分析、聚类分析等，并绘制相应统计图表等。②GIS 空间分析。运用 ArcGIS 10.2 空间分析软件，通过空间数据采集、数据矢量化，建立空间信息数据库，开展叠置分析、空间插值、地统计分析等及可视化表达，对长江中游城市群资源集聚能力的空间分异演化、地理影响因子等进行分析表达。③数学模型分析。融合统计学、数学、地理学等多学科研究方法，构建资源集聚能力计算的数理模型，定量评价长江中游城市群资源集聚能力并揭示其作用机理。

（2）理论与实证分析相结合

全面梳理国内外城市群资源集聚能力的研究成果，构建城市群资源集聚能力综合评价指标体系和评价模型。选取长江中游城市群作为实证研究对象，并收集国内其他主要城市群的统计数据，展开研究对象间的比较分析，形成普适性的城市群资源集聚能力评价指标体系。对长江中游城市群与同期的长三角、珠三角、京津冀、成渝等城市群进行资源集聚能力时空演化特征的对比分析，研究不同城市群间资源集聚能力的等级规模结构特征和成长发育的阶段性规律。

（3）多学科理论方法交叉融合

综合运用经济地理学、资源经济学、城市规划与管理学、城市经济学、产业经济学等学科的相关理论与方法，融汇地理学的空间分析、经济学的模型假释与归纳、规划学的战略管理、生态系统学的耦合关联演进系统思维、管理学的实证分析，综合分析与解决问题。

1.4.2 技术路线

研究遵循实证和结构主义分析视角，建立表征—机制—控制的研究框架，根据国内外现有研究成果，建立城市群资源集聚能力评价指标体系，以长江中游城市群为实证研究对象，借助 SPSS、Eviews 等数理统计分析方法和 GIS 空间分析方法，从时间、空间两个维度，定量分析长江中游城市群资源集聚能力的时间演化与空间分异规律（表征层）；运用地理探测器、回归分析法、灰关联分析等方法揭示长江中游城市群资源集聚能力的影响机制（机制层）；在资源集聚能力时空演化规律和影响机理分析的基础上，提出针对长江中游城市群资源集聚能力的提升路径（控制层）（见图 1－1）。

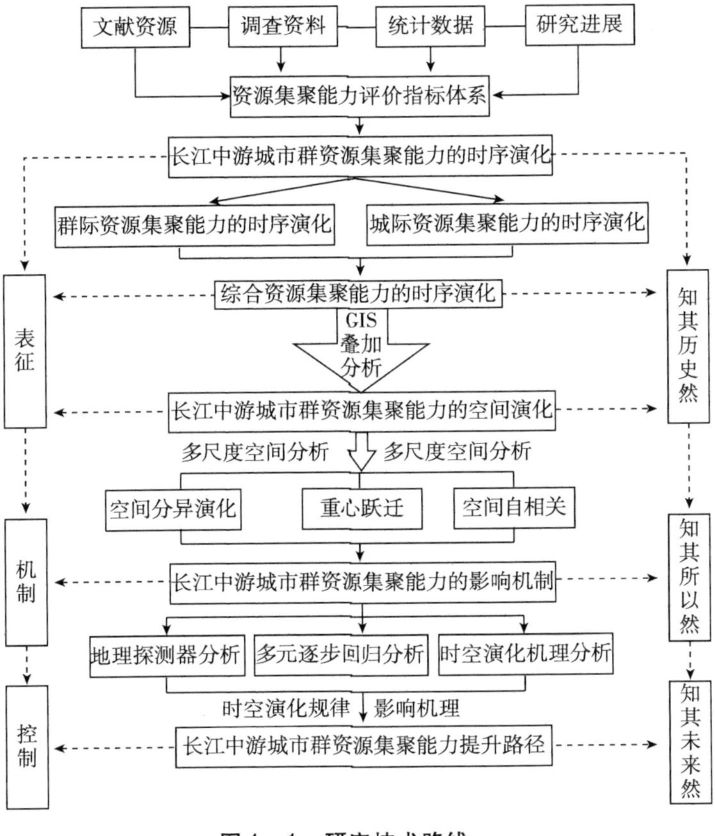

图 1－1 研究技术路线

2 国内外研究进展

关于城市群资源集聚能力的研究，当前尚无针对性的文献对此进行研究，学者们多是从城市群理论、产业集聚理论、集聚经济理论、增长极理论、新经济地理学理论等侧面，对某一种或几种资源的集聚情况进行单独研究。为了从更深层、更全面的角度摸清资源集聚背后的作用机制，本书对国内外相关研究进展进行全面总结、分析与提炼，从而为探究城市群资源集聚能力路径的提升提供理论支撑。

2.1 城市群研究

世界银行发布的《2009年世界发展报告：重塑世界经济地理》（以下简称《报告》）中提出了一个新的经济地理分析框架，将“密度、距离、分割”视为经济地理的三大基本特征。《报告》认为，欧洲、美国、日本的快速发展得益于它们“遵循了经济地理三大特征”——提高密度、缩短距离、削弱分割。集聚、迁移、专业化和贸易等市场力量造成了这三个方面的变迁，其核心思想是经济的不平衡增长与和谐发展可以共存、相辅相成。

而城市群作为城市化发展到中高级阶段出现的一种高级空间地域组织形式，其高密度（要素资源高度集聚）、近距离（生产要素相近和专业化合作）、弱分割（区域一体化）的典型特征，与经济地理的三大基本特征高度契合（见表2-1）。作为全球化时代背景下国家参与全球竞争和国际分工的全新地域单元，城市群的发展对一国的国际竞争力具有深远影响。

表 2-1　经济地理的三个维度

	维度一	维度二	维度三
描述	密度	距离	分割
驱动力	集聚	移民	专业化
主体	市场	市场	市场
价值	效率	效率	效率
政策响应	城市化	城市群	区域一体化

国外并没有城市群这一特定概念，但其城市群思想萌芽最早可以追溯到 19 世纪末。1898 年，英国城市学家、现代城市规划的先驱者霍华德提出了城镇集群（Town Cluster）的概念，他认为应该将城市周边的城镇纳入城市规划范围，把城市和乡村的改造统一处理。1915 年英国社会学家格迪斯（P. Geddes）在其出版的《进化中的城市》(*Cities in Evolution*) 一书中提出，城郊的疏散造成了城市在更大范围的扩展，工业集聚和经济规模的扩大，使城市发展明显集中并产生城市区域（City Region），并将这类地区称为集合城市（Conurbations）。英国统计部门将"城市群"定义为"地方行政区域结合体"，并将人口密度、城镇职能等方面的条件作为衡量标准。苏联学者于 1910—1920 年提出了"城市经济区""经济城""规划区"等相似概念①。1957 年，美籍法国地理学家戈特曼发表了题为"大都市带：美国东北海岸区的城市化"(*Megalopolis: or the urbanization of the northeastern seaboard*) 的论文，提出了"Megalopolis"（大都市带）这一崭新的城镇群体空间发展理念，认为城镇群是多个城镇组合而成的一种区域空间形态，并将美国东北部多个特大城市组成的地区定义为大都市带 (Megalopolis)②。2005 年，霍尔提出了巨型城市区域（Mega - city Region）的概念，即以全球城市或世界城市为中心，由 30 ~ 40 个城市以及周边小城镇组成，形成结构复杂的庞大网络状城市复合体（Vast Networked Urban

① 方创琳. 城市群空间范围识别标准的研究进展与基本判断[J]. 城市规划学刊,2009(4): 1-6.

② Gottmann Jean. Megalopolis: or the urbanization of the northeastern seaboard[J]. *Economic Geography*,1957(3):189-200.

Complexes），并认为中国和欧洲的城市在21世纪将形成巨型城市区域。

国内最早关注“城市群”问题的学者主要是城市地理学家，整体来看，中国的“城市群”概念更多的是区域经济的概念，也就是共有西方学者、城市地理学和城市规划领域的“城市体系”概念。1980年，周一星提出了都市连绵区（Metropolitan Interlocking Region，MIR）的概念，其后建立了中国的城市功能性地域“城市经济统计区”的界定指标体系①。宋家泰在论述“城市—区域”关系时认为：“城市—区域”是城市发展及与之有紧密联系的周围地区之间的一种特定的地域结构体系，其中一种类型便是多中心的城市区域——“城市群”②。1983年，宁越敏等在《城市地理概论》中用“巨型城市带”介绍了戈特曼的大都市带思想，且衡量标准主要为：至少居住2500万城市人口，过着现代城市生活，城市用地比例较高，城市与农田分界带日渐模糊，城市地域相互连成一片。1985年严重敏提出，城镇体系是指一定地域范围内相互关联、具有一定结构和功能、有机结合的城镇群③。1987年，顾朝林对中国现代城镇体系地域空间结构进行了研究，根据分布形态、核心城市多寡和城市数量分为三种类型：块状城市集聚区、条状城市密集区和以大城市为中心的城市群，并于1990年提出了我国两大经济发展地带、三条经济开发轴线、九大城市经济区、33个二级城市经济区和107个城镇群的初步设想④。崔功豪等于1992年对戈特曼“城市带”理论的概念特征、城市带形成发展机制、城市带理论在中国的实践等进行了阐述。姚士谋等城市地理学家完成了中国城市群的系统研究，1992年在《中国的城市群》一书中将城市群（Urban Agglomerations）定义为：在特定的地域范围内具有相当数量的不同性质、类型和规模的城市，依托一定的自然环境条件，以一个或两个超大或特大城市作为地区经

① 周一星．关于明确我国城镇概念和城镇人口统计口径的建议[J]．城市规划，1986(3)：10－15.

② 宋家泰．城市—区域与城市区域调查研究——城市发展的区域经济基础调查研究[J]．地理学报，1980，35(4)：277－287.

③ 严重敏．城市与区域研究：严重敏论文选集[M]．上海：华东师范大学西欧北美地理研究所，1999：211－218.

④ 顾朝林．城市群研究进展与展望[J]．地理研究，2011，30(5)：771－784.

济的核心，借助于现代化的交通工具和综合运输网的通达性，以及高度发达的信息网络，发生于城市个体之间的内在联系，共同构成一个相对完整的城市“集合体”，这种集合体可称为城市群，并把中国分为6个超大城市群和7个近似城市群的城镇密集区。方创琳在已有研究的基础上，认为在城市群的形成发育过程中，其空间范围经历了城市→都市区→都市圈→城市群→大都市带的4次扩展过程，并将中国城市群形成发育现状格局划分为15个达到发育标准的城市群和8个未达到发育标准的城市群组成的“15+8”空间格局①。同时，他还认为中国城市群的形成和发育经历了20世纪80年代发育萌芽（“六五”计划区域协作和经济区政策、“七五”计划三级经济区网络政策）、20世纪90年代快速成长（“八五”计划横向联合与城乡统筹政策、“九五”计划区域协调发展政策）和21世纪前10年持续发展（“十五”计划的城镇化战略和“十一五”规划首次把城市群作为推进城镇化的主体形态）的三大阶段②。

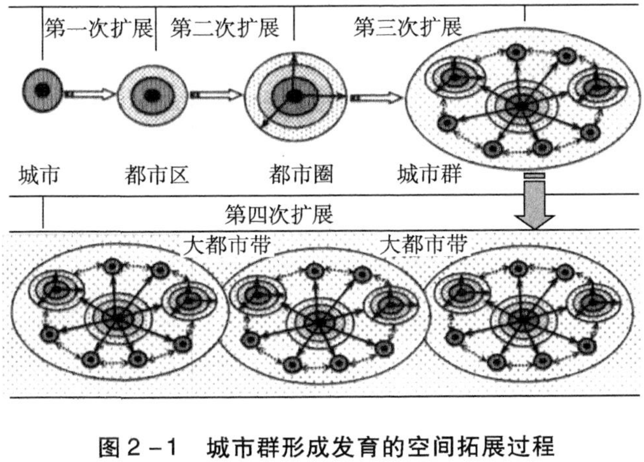

图2-1 城市群形成发育的空间拓展过程

在城市群发展的初期阶段，资源要素在空间上集聚的动力来自外部规模经济和外部范围经济。在城市群空间扩展过程中，随着城市“极化”作

① 方创琳. 中国城市群形成发育的新格局及新趋向[J]. 地理科学,2011,31(9):1025-1034.

② 方创琳. 中国城市群形成发育的政策影响过程与实施效果评价[J]. 地理科学,2012,32(3):257-264.

用的增强和比较优势得以确立，外部规模经济为城市群发展提供了额外的边际收益。产业的集聚吸引了人口等其他资源的集中，在需求的指向下，一些相关的经济活动就近选址，聚集在一起的人口和经济等资源又会产生正的外部性，在人口和市场规模不断扩大的条件下，以服务社会为目标形成的产业，甚至一些与集聚经济无关的产业也随之集聚于城市，城市群集聚格局逐步形成。

2.2 资源集聚能力研究

2.2.1 理论基础和思想来源

当前专门论述城市群资源集聚能力的理论尚不多见，但仍可以从要素禀赋理论、要素流动理论、增长极理论、集聚经济理论、新经济地理学理论等理论中发现其思想来源。

（1）要素禀赋理论

20 世纪 30 年代，赫克歇尔（F. Heckscher）和俄林（C. Ohlin）提出了要素禀赋理论（H－O 模型），解释各种生产要素和经济活动的空间不均衡分布。要素禀赋理论把区域分工、区域贸易和生产要素禀赋紧密联系起来，认为各地区资源要素丰裕程度的差异决定了生产要素相对价格和劳动生产率差异，在要素资源使用具有替代性的前提下，一国或地区密集使用相对低廉的生产要素就拥有由成本优势决定的国家或区域竞争优势。根据要素禀赋理论，一国的比较优势产品是应出口的产品，是它需在生产上密集使用该国相对充裕而便宜的生产要素生产的产品，而进口的产品是它需在生产上密集使用该国相对稀缺而昂贵的生产要素生产的产品。简言之，劳动丰富的国家出口劳动密集型商品，而进口资本密集型商品；相反，资本丰富的国家出口资本密集型商品，进口劳动密集型商品。俄林认为，同种商品在不同国家的相对价格差异是国际贸易的直接基础，而价格差异则是由各国生产要素禀赋不同，从而要素相对价格不同决定的，所以要素禀赋不同是国际贸易产生的根本原因。

珀洛夫与温戈（1961）在《自然资源禀赋与区位经济增长》等论文中，将要素禀赋理论作了进一步推广，认为城市经济增长取决于该城市是否具有不同于其他城市的要素禀赋，城市经济发展依赖于要素禀赋的数量与质量；资本向某一地区倾注后，就会在该地区产生资源要素的集聚乘数效应，并进一步加速其他资源要素的集聚过程①。

（2）要素流动理论

要素流动理论认为，区域经济的竞争优势不仅取决于区域内自有的资源要素及开发利用能力，而且取决于区域外资源要素如劳动力要素、资本要素、技术要素等的流入，或者说区域吸引外部资源要素的能力。因此，要素流动是经济增长与发展的巨大推动力。区域外年轻、富有活力和技能的劳动力资源流入，会形成集聚优势（内部节约和外部节约），从而提高流入地整个国民经济的增长率，提高其发展潜力；资本流入形成的集聚优势，则会显著提高流入地的投资吸引力和利润率；通过引入新技术和新的生产方法，可以提高引入地的生产率和竞争力。

（3）增长极理论

增长极理论最初由法国经济学家弗郎索瓦·佩鲁（Francois Perroux）提出，1955 年，他在出版的《略论“增长极”的概念》一书中首次提出了“增长极”的概念，后由布代维尔、缪尔达尔以及赫西曼等学者进一步丰富和发展了该理论。佩鲁针对古典经济学家的均衡发展观点，指出现实世界中经济要素的作用完全是在非均衡的条件下发生的，他认为，如果把发生支配效应的经济空间看作力场，那么位于这个力场中推进性单元就可以描述为增长极。增长极是围绕推进性的主导工业部门而组织的有活力的高度联合的一组产业，它不仅能迅速增长，而且能通过乘数效应推动其他部门的增长。增长并非出现在所有地方，而是以不同强度首先出现在一些增长点或增长极上，这些增长点或增长极通过不同的渠道向外扩散，对整个经济产生不同的

① 王胜英．要素集聚整合的差异性与城市发展模式[J]．南京社会科学，2003(1)：15－21.

最终影响①。增长极的形成和发展过程伴随着两种效应：极化效应和扩散效应。佩鲁认为，极化效应使得各种生产要素向增长极聚集；扩散效应促成各种生产要素从增长极向周围不发达地区扩散，在发展的初级阶段以极化效应为主，当增长极发展到一定程度后扩散效应加强②。

20 世纪 60 年代，法国经济学家布代维尔（J. R. Boudvilel）把增长极概念从抽象的经济空间推广到地理空间，并由此得出其区域增长极战略的基本思想，他把增长极同极化空间和城镇联系起来，使增长极有了明确的地理位置，增长极的“极”，位于城镇或其附近的中心区域。增长极包含两个明确的内涵：一是作为经济空间上的某种推动性工业；二是作为地理空间上的产生集聚的城镇，即增长中心。增长极具有“推动”与“空间集聚”意义上的增长之意义③。

经济活动在增长极的集中导致创新，由此产生的发展优势又进一步吸引经济活动，继续强化了集聚优势。在空间上，增长极通过集聚优势而成为支配区域经济活动空间分布与组合的重心；在物质形态上，增长极表现为区域的中心城市或大范围内的城市群。

（4）集聚经济理论

资源集聚的思想来源可追溯至西方经济学中关于集聚经济的理论，虽然集聚经济理论并未对资源集聚进行直接讨论，但仍能从中找到资源要素集聚的相关观点。工业区位经济学家韦伯在《工业区位论》一书中，把区位因素分为区域因素和集聚因素，量化了集聚形成的规则，认为空间集聚可以促进劳动力组织的专业化，节省交易成本，共享道路、煤气、自来水等公共设施。Porter 评估了集聚经济的重要性，认为资源空间集聚所引起的外部经济性，可以降低成本、促进知识创新、显著提高竞争优势。马歇尔后来提出集聚经济的潜在源泉包括知识要素外溢、劳动力市场蓄水池效应和投入品共

① 任军．增长极理论的演进及其对我国区域经济协调发展的启示[J]．内蒙古民族大学学报(社会科学版)，2005，31(2)：51－55.

② 刘芬，邓宏兵，李雪平．增长极理论、产业集群理论与我国区域经济发展[J]．华中师范大学学报(自然科学版)，2007，41(1)：130－133.

③ 戴亚男．区域增长极理论与江苏海洋经济发展战略[J]．经济地理，2007，27(3)：392－394.

享，其他经济学家进一步研究了如国内市场效应、消费经济性和“资源寻租”等集聚动因的作用机制①。

（5）新经济地理学理论

20世纪80年代以来，以克鲁格曼（Krugman P.）、维纳布尔斯（Venables A.）、蒲格（Puga D.）、阿瑟（Arthur W. B.）等为代表的西方主流经济学家创立了“新经济地理学”，其研究内容包括经济活动的空间集聚和区域增长集聚的动力分析两大方面。就经济活动的空间集聚而言，其形成机制有收益递增和不完全竞争、外部经济、规模经济、路径依赖和锁定效应等。收益递增是指由于经济活动在空间上的相互接近性而带来的成本的节约，克鲁格曼把收益递增分为三个层次：最低层次是一些特定行业的区位问题；中等层次是城市化问题；最高层次是整个地区的不均衡发展问题，他认为总体经济活动和特定产业或产业聚集体在空间上有强烈的集聚趋势。聚集之所以产生，主要有两大原因：一是厂商追求创新外溢所带来的规模报酬递增；二是厂商为了获得经济增长的持续动力，即技术创新，而技术创新与科研人员的地理集中密切相关。新经济地理学从规模收益递增和不完全竞争的假设出发，认为外部规模经济和运输成本的相互作用是解释区域经济集聚和区域“中心—边缘”形成的关键②。

新经济地理学认为，企业集聚在同一区域，有利于劳动力市场共享和知识外溢，经济活动在空间上的分布不均匀是“报酬递增”的结果。区域发展是一个在外部规模经济（市场外部性）驱动下的经济空间的自我强化过程，某些偶然性、某种偏好、某种资源要素的天然可获得性等，都可能在自我强化的过程中趋于不断放大而对区域发展格局的形成和区域经济产生决定性作用。区域发展格局一旦形成，又会通过生产的前向和后向关联以及要素的流动产生累积作用，使区域发展和经济分布具有“锁定”（Locking - in）效应。

---

① 王为东，陈丽珍，胡绪华，等．资源空间集聚对企业国际化的影响机制研究[J]．华东经济管理，2014(11)：11 - 16.

② 朱华友．新经济地理学经济活动空间集聚的机制过程及其意义[J]．经济地理，2005，25(6)：753 - 760.

2.2.2 资源集聚能力定义与内涵

对于资源集聚能力，目前尚没有一个标准的定义和概念，学者们从不同的视角对资源集聚能力的内涵进行了相关研究。

资源，是指在一定社会历史条件下存在的，并能够被人类开发、利用的，以及人类在社会经济活动中由劳动创造出来的财富或资产的各种要素的总称①。著名经济学家 Porter 在《簇群与新竞争型经济》一文中将经济“簇群”中的资源要素划分为初级的生产要素（包括土地、水、森林、矿产等一般自然资源和劳动力资源）和被创造出来的生产要素（包括知识技术资源、创新资源、资本资源和基础设施)②，并且随着时代条件的变化，土地、石油、煤炭等自然资源要素在“资源诅咒”的作用下对区域发展的促进作用逐渐减弱③，而资本、科技、人才、信息、政策等高级资源要素在区域发展中越来越具有决定性影响④，这些资源要素正是城市群赖以生存和发展的基础，其稀缺性和空间分布的不均衡性使得政策制定者不得不积极寻求资源要素的最佳空间配置形式⑤。因此，鉴于水、气候（光照、降雨、气温)、耕地、森林、动植物、矿藏、自然风光旅游等资源的自然属性较强，人为干预的影响作用较小，流动性或可集聚性不明显，可量化性较差。本研究中的“资源”主要是指对城市群发展影响较大、流动性较强、通过人为施加影响或引导发展能够显著集聚、可量化性较强的社会经济资源和部分自然资源。

集聚是资源或生产要素空间配置的基本模式，是资源要素自由流动和优化配置的必然结果。在集聚经济理论中，要素集聚被认为是工业发展的

---

① 鲁平俊，唐小飞，王春国，等．城市群战略与资源集聚效率研究[J]．宏观经济研究，2015(5)：150－159.

② Porter M．E. Clusters and the new economics of competition[J]. *Harvard Business Review*, 1998(1)：78－89.

③ 徐康宁，王剑．自然资源丰裕程度与经济发展水平关系的研究[J]．经济研究，2006：1.

④ 李胜会，李红锦．要素集聚、规模效率与全要素生产率增长[J]．中央财经大学学报，2010(4)：58－66.

⑤ 张联松．柳州提升城市要素集聚力探讨[J]．广西社会科学，2012(8)：36－38.

重要推动力，成为产业集聚的前提和基础，甚至将集聚理解为“具有经济关联的一类企业在地理上集中的现象”①②。这种研究思想在后续研究中得到一定的延续，逐渐将集聚理解为“经济主体或产业活动在空间上的集中”，然而这往往容易把产业集聚和资源要素集聚等同起来，使得产业集聚、资源集聚以及集聚经济等不同层次、不同尺度的研究内容容易混淆。对此，其他学者提出了质疑和一些不同的观点，如认为资源要素集聚是产业集聚的基础，产业集聚是资源要素的组织形式，不属于资源要素本身，两者的互动促进了城市的形成和发展③。总体来看，当前学者们对于资源集聚的认识，较为一致的观点是：资源集聚是在经济全球化背景下特有的资源配置方式，是资本、技术、劳动力等各种发展要素在城市或区域集聚集中的过程④。

基于对前人研究的总结，本研究认为资源集聚是在经济全球化和开放市场经济背景下，随着资本、技术、人才、信息、专利、品牌等区域发展所需的主要资源要素的自由流动和重组，在空间区位选择和集聚力相互作用下，资源要素向某一城市或区域不断整合集中的动态过程。从更深层次来讲，它是某种或多种基础型和再生型资源要素在特定地区的发展过程中相互联系、相互作用的聚集过程，是区域集聚优势和竞争力的体现。本研究所指的城市群资源集聚能力，狭义上是指城市群吸引周边地区乃至全国范围内的各种资源要素向本地区集中的能力；广义上是指城市群通过政策、制度、组织等机制高效配置、整合、聚集区域优势资源，从而产生集聚增值和溢出效应，促进和带动地区发展的能力，是城市群竞争力的重要组成部分。

---

① Porter M. E. Location, competition and economic development: local clusters in a global economy [J]. *Economic Development Quarterly*,2000,14(2):15-34.

② 焦勇．生产要素地理集聚会影响产业结构变迁吗[J].统计研究，2015,32(8)：54-61.

③ 苏雪串．城市化进程中的要素集聚、产业集群和城市群发展[J].中央财经大学学报，2004(1):49-52.

④ 周学政．区域创新要素聚集的理论基础及政策选择[J].科学管理研究，2013,31(2)：43-46.

2.2.3 资源集聚能力形成过程与机制

资源作为城市或区域发展所必需的基本要素，具有空间分布的不均衡性和地域差异性；而在某种程度上，早期初步的资源集聚便是由于“第一自然优势”的差异所造成的①，密集地使用本地区禀赋要素获得比较优势是城市发展的原始推动力，如要素禀赋理论、佩鲁的增长极理论②、缪尔达尔的循环累积因果理论等对集聚原因的解释。随着市场经济活动的发展和经济学理论知识的完善，特别是空间经济学研究取得新的进展，人们对资源集聚的深层次动因有了进一步认识，如以克鲁格曼为代表的“新经济地理学”，从收益递增、外部经济、内生增长等方面对资源集聚动因作了进一步阐释③。

资源要素的稀缺性和逐利性，使得资源的流动和集聚成为其主要空间表现形式。城市群资源的集聚并不是资源要素的简单集中，而是从城市个体集聚向城市群集聚转变的有机演化过程。本研究将城市群资源集聚的演进过程概括为四个阶段：

第一阶段：资源初始禀赋差异造成的原始集聚，产业的初步比较优势（或地理空间上的城市雏形）形成。资源要素在某个区域的初步集聚都带有一定的偶然性，某种特殊的自然禀赋、某家企业的落户、关键性的人才和技术的引进，甚至政府的政策倾斜等都可能是决定资源在初始地集聚的主要原因。

第二阶段：资源在集聚过程中产生规模效应和溢出效应，导致“资源寻租”和资源的逐利性流动进一步加强、产业区位（或地理空间上的中心

---

① Anna Agliari, Pasquale Commendatore, Ilaria Foroni, et al. Agglomeration dynamics and first nature asymmetries[J]. *Mathematics and Computers in Simulation*, 2015, 108: 81 – 98.

② Francois Perroux. “Economic space: theory and applications[J]. *Quarterly Journal of Economics*, 1950, (1): 89 – 104.

③ Krugman P. Increasing returns and economic geography[J]. *Journal of Political Geography*, 1991, 99: 183 – 199.

城市）形成。在市场机制作用下，资源的流动性和对“资源租金”的追逐①，使得资源要素倾向于从价格较低的地区向价格较高的地区流动和集聚（即“寻租行为”）②，从而获得更大的收益，在此过程中资源集聚核逐渐形成。

第三阶段：循环累积因果机制导致城市资源集聚产生“路径依赖”，产业区位“锁定”，与周边区域形成绝对分化（或地理空间上的中心—外围系统形成）。在合理的制度和组织模式下，伴随资源集聚带来的竞争压力刺激、专业化分工与协作、共享基础设施和知识创新等附加效应，资源集聚的正外部性和规模经济效应凸显③，资源利用效率成倍提高，反过来又进一步放大了资源的聚集效益，对各种资源要素产生更加强大的吸引力，使得资源要素源源不断地向中心城市集中，中心城市成为资源超级聚合体，并演化出长效的自生长模式稳固下来，城市竞争力得到进一步强化④。

第四阶段：城市资源要素的过度集聚，达到最优集聚规模阈值，出现生产要素成本快速上涨、资源环境约束趋紧等拥挤效应。外围低成本地区的吸引力不断增强，导致低层次资源要素和传统产业开始向外围扩散或转移，中心城市则通过产业升级来提升要素集聚力和城市竞争力，资源要素的空间配置趋于均衡合理（在地理空间上，外围地区在承接产业转移过程中出现新的城市，从而形成合理的多层级城市组合体——城市群）。

2.2.4 资源集聚能力主体研究

当前有关资源集聚能力的研究中，以城市群和城市为集聚主体的资源

① Klaus Eisenack, Ottmar Edenhofer, Matthias Kalkuhl. Resource rents: The effects of energy taxes and quantity instruments for climate protection [J]. *Energy Policy*, 2012, 48: 159 - 166.

② 白永平，王培安. 浙江省集聚经济类型的资源配置效应分析[J]. 资源科学，2012，34(3)：510 - 519.

③ Marrocu M., Paci R., Usai S. Production growth in the old and new Europe: the role of agglomeration externalities[J]. *Journal of Regional Science*, 2011, 53(7): 418 - 442.

④ Takatoshi Tabuchi Historical trends of agglomeration to the capital region and new economic geography[J]. *Regional Science and Urban Economics*, 2014(44): 50 - 59.

集聚能力研究逐渐增多。城市群经济作为区域一体化发展的必然结果，通过资源要素的合理配置，构建了有序的“城市资源网络”结构①，避免了大城市的负外部性效应；其资源集聚能力的测度备受关注，不仅有绝对集聚数量、集聚指数等量化集聚指标计算②③，还有资源集聚效应和资源集聚紧凑度等集聚质量指标的分析④⑤。大城市作为区域或城市群的发展核心，在区域发展中居于领导地位，其资源集聚能力的强弱直接影响到其对周边区域的辐射潜力和带动能力⑥；稀缺资源要素在大城市的集聚，将会产生乘数效应，反过来继续强化城市的资源集聚能力⑦。

2.2.5 资源集聚能力对象研究

城市或城市群的产生、生长往往伴随着其资源集聚能力的强弱演变，在城市（群）自组织运行机制下，借助于政府和市场“两只手”的作用，通过各行为主体的相互作用，使得各种资源不断向城市（群）集聚。根据集聚对象的不同，当前有关城市（群）资源集聚能力测度的研究也有较大差异。

（1）综合性全要素资源集聚能力研究

城市群作为一个复杂的有机巨系统，是各种资源要素的聚合体，其有效运转依赖于包括土地、能源、金融、人才、科技创新和制度等核心资源组成的综合性、全要素资源体系的支撑。城市群经济的本质是集聚经济，是经济活动主体在空间距离上的接近而产生的成本节约，城市群全要素资

---

① Capello R. Cities, agglomeration and spatial equilibrium[J]. *Urban Studies*, Vol. 47, No. 8.

② Cutler J. Cleveland, Robert K. Kaufmann, David I. Stern. Aggregation and the role of energy in the economy[J]. *Ecological Economics*, 2000, 32: 301 – 317.

③ 周韬．中原经济区要素空间集聚现状与政策选择[J]．西北人口，2012，33(1)：75 – 84.

④ Fabio Cerina, Francesco Mureddu. Is agglomeration really good for growth? Global efficiency, interregional equity and uneven growth[J]. *Journal of Urban Economics*, 2014(84): 9 – 22.

⑤ 方创琳，祁巍锋，宋吉涛．中国城市群紧凑度的综合测度分析[J]．地理学报，2008，63(10)：1011 – 1021.

⑥ 黄康胜．副省级城市要素集聚状况探析[J]．荆楚理工学院学报，2010，25(6)：71 – 75.

⑦ Takatoshi Tabuchi. Historical trends of agglomeration to the capital region and new economic geography[J]. *Regional Science and Urban Economics*, 2014(44): 50 – 59.

源的形成是集聚经济作用下的必然结果。有学者将城市群的资源集聚能力分为行政资源集聚能力、经济资源集聚能力、公共资源集聚能力和人力资源集聚能力四大类，并研究了不同行政级别和不同区位城市的资源集聚能力差异，发现这几类优质资源由行政级别较低城市向行政级别较高城市集聚的趋势明显（贾春梅、葛扬，2015）。实证研究表明，在城市群的快速发展阶段，其对各类资源要素的集聚能力逐渐增强，且由于资本和人才资源的集聚会带来技术进步和生产力的提高，这两者在城市全要素资源的集聚过程中居于重要地位①②。

（2）金融资源集聚能力研究

金融资源主要是指货币资金、金融机构、金融人力资源、金融产品、金融工具体系等构成金融业发展的各种要素。作为现代经济的核心，金融资源在城市全要素资源中占据重要地位，其具有非均衡分布和区际高速流动、扩散、配置的内在特征，金融资源的“空间运动”和选择性“空间组织”的结果便是金融集聚，在这一运动过程中，中心城市由于较强的集聚能力，往往成为金融资源集聚的结节点。金融资源的集聚过程大体上可以分为初步形成、快速集聚、稳定发展和扩散转移四个阶段，世界著名大城市群往往都是金融资源高度密集区③。金融资源集聚能够加快资本流动，降低融资成本和风险，提高资金使用效率，为实体经济发展创造良好的金融环境，带动城市经济增长，并引导其他资源的优化配置④。研究表明，城市金融资源集聚具有显著的空间溢出效应⑤，且金融资源的集聚程度总

① Yuming Fu, Stuart A. Gabriel. Labor migration, human capital agglomeration and regional development in China[J]. *Regional Science and Urban Economics*, 2012, 42: 473 - 484.

② Vandenbussche J. P. Distance to Frontier and Composition of Human Capital [J]. *Journal of Economic Growth*, 2006, 11(2): 35 - 78.

③ 覃剑．城市群金融资源空间配置研究进展[J]．区域金融研究，2013(4):35 - 39.

④ 茹乐峰，苗长虹，王海江．我国中心城市金融集聚水平与空间格局研究[J]．经济地理，2014，34(2)：58 - 66.

⑤ Audress D., Feldman M. Spillovers and the Geography of Innovation and Production [J]. *American Economic Review*, 2006, 86(3): 630 - 640.

体呈上升趋势[①]，其集聚能力影响着城市在区域发展格局中的地位[②]。

（3）科技创新资源集聚能力研究

在新的发展背景下，科技创新逐渐成为城市（群）发展的决定性内生增长力量，城市（群）间的竞争在某种程度上就是科技创新的竞争，对科技创新资源的追逐成为各城市（群）竞争的焦点。科技创新资源集聚是在特定条件下自发形成并不断增强的，市场作用（风险投资及其他科技服务）和政府推动（科研院所、创新人才等的集中配置）都是促进科技创新资源集聚的重要因素。大学、高新技术企业、科研机构等科技创新资源的集聚，能够有效降低获取知识的成本，促进知识溢出[③]，产生显著的社会经济效益，其最终价值主要体现在提高经济发展水平和层次，以及提升生产力水平上，形成"知识—经济"耦合网络[④]，对带动城市（群）发展、提升城市（群）竞争力水平具有重要作用，如美国硅谷的 IT 产业集群、印度的班加罗尔软件产业群、英国的剑桥科技园等成功案例。

（4）人力资源集聚能力研究

21 世纪作为知识经济时代，即典型的脑力驱动型或智力支撑型经济发展时代，突出特征是智力资源的占有和使用对经济发展具有决定性影响，而其物质表现形式则是知识创造主体——人才资源的集聚和积累。创新型人才的集聚带来各种资源要素的集中和产业的集聚，带动着产业的发展与技术升级，成为提升区域创新能力的真正源泉。人才集聚环境影响城市的人才集聚能力，研究表明，中心城市如北京、上海等对科技人才资源的集

---

① Baldwin R. , P. Martin. Global Income Divergence, Trade and Industrialization: The Geography of Growth Take off[J]. *Journal of Economic Growth*,2001(6):5 -37.

② 陈俊，胡宗义，刘亦文. 金融集聚的区域差异及影响因素的空间计量分析[J]. 财经理论与实践，2013,34(186): 21 -24.

③ Robinson D. K. , R. Rip A. , Mangematin V. Technological agglomeration and the emergence of clusters and networks in nanotechnology[J]. *Research Policy*, 2007(36):871 -879.

④ Chih - hai Yang, Hui - lin Lin, Hsiao - yun LI. Influences of production and R&D agglomeration on productivity: Evidence from Chinese electronics firms[J]. *China Economic Review*,2013,27:162 -178.

聚能力较强[①]。郭姝宇等的研究表明[②]，在考察城市群战略实施对人力资源集聚效率的影响时，可以发现不同城市由于政治、文化、经济规模等存在显著差异，若单独考核几个城市之间人力资源的某一项指标，或者用绝对数比较，都不能准确反映被评价城市的人力资源效率的真实水平，也就是说，相同的人力资源投入，由于使用人力资源模式的不同，也会出现不同的人力资源产出。城市群战略的实施对人力资源集聚效率的提升效应显著。

（5）企业总部资源集聚能力研究

大企业的总部，掌握着巨大的资源分配权，其决策将影响到地区甚至国家的发展。因此，大企业总部的数量关系到一个国家和地区的竞争力与影响力。国内外的研究普遍发现，大型企业的总部主要分布在大都市地区，并且呈现出高度集聚的态势[③]。大企业总部的空间分布不仅和城市体系结构有着紧密的联系，而且大企业总部的集聚程度也关系到大都市区在金融体系中的地位。首先，企业的总部位于大都市区是为了能够接近便捷的生产性服务产品供应商。企业总部的集中程度对城市发展能力的提升至关重要，聚集了大量跨国公司总部的城市往往成为控制和支配全球经济的世界城市。北京、上海和深圳是中国企业总部集聚能力最强的城市，尤其是北京，拥有超强的掌控力。其次，企业总部在大都市集聚是为了获得集聚经济的收益，扩大外部性收益。研究表明，当外国市场信息较难获取时，企业总部更趋向于集聚[④]。

（6）其他资源集聚能力研究

制度要素集聚反映制度要素各指标在地域分布上的集聚或分散状况，

---

① 王奋，韩伯棠．科技人力资源区域集聚效应的实证研究[J]．中国软科学，2006(3)：91－99.

② 郭姝宇，李宁，张丽．吉林省各主要城市工业生产人力资源效率评价[J]．工业技术经济，2006，25(6)：84－86.

③ 潘峰华，刘作丽，夏亚博，等．中国上市企业总部的区位分布和集聚特征[J]．地理研究，2013，32(9)：1721－1736.

④ Mary E. Lovely, Stuart S. Rosenthal , Shalini Sharma Information, agglomeration, and the headquarters of U. S. exporters[J]. *Regional Science and Urban Economics*, 2005(35): 167－191.

制度要素集聚状况取决于地区的经济发展基础和水平，同时也受地区地理环境及人们思想观念等因素的影响。我国经济制度的变迁主要表现在产权制度变迁、市场化程度提高、分配格局变化和对外开放程度四个方面。此外，还有学者对旅游资源、港口航运资源等资源的空间集聚进行了分析研究①，对促进资源开发利用提出了科学建议。

2.2.6 资源集聚能力测度方法研究

当前研究多通过资源集聚度的测算来衡量城市（群）的资源集聚能力，资源集聚能力测度的方法主要可以分为两大类。

（1）指标体系因子分析法

此方法通过构建资源集聚水平测度指标体系，运用 SPSS 软件对原始指标体系进行因子分析，计算相关系数矩阵并进行统计检验，从中提取公共因子，将评价指标体系降维，对每个因子权数进行加权归一化处理，得到因子的综合得分，即资源集聚指数。因子得分越高，集聚水平越高；因子得分越低，集聚水平越低。茹乐峰等通过构建金融资源集聚水平测度指标体系，对全国 286 个地级以上城市金融资源集聚情况进行了分析②。研究结果表明，金融资源集聚与城市规模之间存在极强的相关性，金融资源主要集聚在 200 万人以上的大城市，省会城市和省域副中心城市往往成为区域性金融中心，各城市金融资源集聚指数变化幅度较小，其集聚空间格局具有显著的路径依赖特征。周韬在资源集聚指标体系评价的基础上，对中原经济区 18 个城市的资源要素空间集聚现状进行了分析，发现资源要素向区域发展核心——中原城市群集聚流动的态势显著③。江永真从投入—产出角度出发，采用主成分分析与数据包络分析相结合的方法，构建区域企业创新资源集聚效益评价模型，对区域企业创新资源集聚效益进行综合

① 蒋惠园，王雪婷，李昂，等．长江中游港口航运要素集聚状态的判别[J]．数学的实践与认识，2015，45(8)：87－93.

② 茹乐峰，苗长虹，王海江．我国中心城市金融集聚水平与空间格局研究[J]．经济地理，2014，34(2)：58－66.

③ 周韬．中原经济区要素空间集聚现状与政策选择[J]．西北人口，2012，33(1)：75－84.

评价①。研究结果表明，企业创新资源集聚效益水平的高低，依赖于资源的优化配置以及资源集聚系统各行为主体的协同。

（2）集聚指数计算法

已有的集聚指数研究，更多的是采用全局性的规模指标来描述集聚程度。常用的指标有：集中度、洛伦兹曲线和基尼系数、赫芬达尔指数、熵指数等。赫芬达尔指数（Herfindahl Index）由于其良好的测算效果而得到广泛应用，有学者在其基础上进行改进，用集聚指数来综合分析城市资源集聚的规模与质量差异②。在资源集聚能力的数量规模差异研究方面，黄康胜③从资本要素集聚程度、劳动要素聚集指数和制度要素聚集状况出发，采用相对指标进行横向、纵向对比，对副省级城市间的要素集聚差异进行了描述统计分析。米娟④通过计算资本、劳动力、技术、制度等各要素的集聚指数，对我国东部、中部、西部地区的要素集聚差异状况进行了统计分析，发现各要素的区域分布呈现出显著的不均衡特征。此外，还有学者从资源集聚的质量和效益角度对城市群资源集聚能力进行了深入研究，鲁平俊⑤等实证分析了城市群战略与人力资源、土地资源、金融资源、创新资源和能源效率间的作用机制，结果显示，城市群战略能够显著提升人力资源、金融、创新和能源等资源集聚的配置和使用效率。

2.2.7 资源集聚效应研究

资源要素的空间集聚会对城市和区域经济社会发展、城镇化进程、地域空间组织形式、创新活动和生态环境产生全方位影响。

（1）资源集聚的经济效应

新古典经济增长理论认为，经济增长取决于资本、劳动、技术等生产

---

① 江永真. 区域企业创新要素集聚效益评价[J]. 福州大学学报(哲学社会科学版), 2015(3):43-50.

② 王奋,韩伯棠. 科技人力资源区域集聚效应的实证研究[J]. 中国软科学,2006(3):91-99.

③ 黄康胜. 副省级城市要素集聚状况探析[J]. 荆楚理工学院学报, 2010,25(6): 71-75.

④ 米娟. 中国区域要素集聚状况探析[J]. 改革与战略, 2008, 24(11): 133-135.

⑤ 鲁平俊,唐小飞,王春国,等. 城市群战略与资源集聚效率研究[J]. 宏观经济研究, 2015(5):150-159.

要素的投入，资源要素的集聚密度对经济发展至关重要。资源要素的空间集聚能够改变地区的要素供给条件，降低经济主体的生产成本，带动全要素生产率的提高，产生规模报酬递增的集聚经济效应，从而促进经济增长①。在城市（群）发展的初期和中期，人才、资本、创新等资源要素的集聚会极大地带动城市（群）规模效率的提升，促进产业结构的高级化和合理化进程，对提高经济效率、推动城市（群）经济快速发展具有重要作用②。但是，当资源要素集聚达到一定的规模后，土地、劳动力等要素价格快速上涨，出现资源紧缺、成本上升、环境污染等拥挤效应，从而导致规模不经济现象。对外商直接投资（FDI）地理集中指数的指标分解研究表明，资本集聚带来的溢出效应具有 5 年的衰减周期③。此外，部分研究表明，某些自然资源禀赋较好的地区可能存在“资源诅咒”现象，从而对地区经济发展造成负面效应。

（2）资源集聚的城镇化效应

资源集聚是资源空间配置的基本模式，也是城镇化的基本内涵，资源要素从农村向城市流动并在城市集聚是城镇化的重要表现形式。劳动力、资本、技术、信息等流动性要素，在城镇化过程中大量且持续的流动和重组④，从而带动城乡经济社会联系不断加强，城乡空间地域边界逐渐模糊，农村城镇化进程加快⑤。城乡资源要素流动受阻或资源要素分布的不合理，会阻碍城镇化的健康发展，如中国长期以来实行的城乡二元户籍制度严重阻碍了劳动力要素的城乡流动，造成人口城镇化水平与经济发展水平严重脱节。

---

① Ciccone A. , Hall R. E. Productivity and density of economic activity[J]. *The American Economic Review*,1996,86(1):54 -70.

② Krugman P. Increasing returns and economic geography[J]. *Journal of Political Geography*,1991(99): 183 -199.

③ Wren Colin Geographic concentration and the temporal scope of agglomeration economies: An index decomposition[J]. *Regional Science and Urban Economics*,2012(42): 681 -690.

④ Hansen, N. Impacts of Small and Intermediate - sizad Cites on Population Distribution: Issues and Responses[J]. *Regional Development Dialogue*,1990,11(1) : 60 -76.

⑤ Ming Ji, Weiping Zeng. Resources Agglomeration and Impact on Regional Urbanization in West China[J]. *Journal of Regional Financial Research*,2015,(9):77 -81.

（3）资源集聚的空间效应

资源集聚对城市空间发展和区域空间重构具有重要影响。在资源集聚初期，一些初始资源禀赋较好和基础优势突出的地区发展成为城市（或区域核心），其集聚效应较强，吸引了大量优质资源要素，城市得以快速发展和壮大，与外围地区相比形成显著的比较优势，区域核心—边缘结构初步形成。但当资源要素的集聚达到一定的临界值时，核心城市在拥挤效应下造成资源要素成本迅速增加，要素向周边低成本地区的流动加快，进而带动了周边地区发展并形成新的次级中心城市①，在市场和政府力量的双重作用下，区域空间结构逐渐向多层级的核心—边缘结构演化，并最终演化为城市群这一稳定成熟的地域空间组织形式②。

（4）资源集聚的创新效应

资源集聚的创新效应主要表现在两个方面：一方面是创新资源要素集聚对城市和区域发展的影响；另一方面是劳动力、资本、信息等其他资源集聚对创新活动的影响。①新经济地理学理论认为，创新资源在某一城市或区域的集聚，便于创新主体获取必要的资源投入，不断降低创新成本，提高资源利用效率，促进经济发展，从而吸引更多的资源向本地靠拢，保持其创新领先水平。创新资源集聚的数量、质量和创新主体对创新资源的优化配置能力，决定了地区的创新潜力③。②资源集聚的协同效应对创新绩效具有较大影响，地区资源集聚状况与创新能力存在显著的相互作用关系。根据知识生产函数模型，创新活动的开展依赖于创新所需的要素投入，其投入数量差异影响创新产出效果，资金、人才、技术等资源要素投入越多、越集中

---

① Williamson, J. Regional Inequality and the Process of National Development[J]. *Economic Development and Cultural Change*, 1965, 13(4): 3-45.

② Fujita M, Krugman P. When is the Economy Monocentric von Thunen and Chamberlin Unified[J]. *Regional Science Urban Economic*, 1995, 25 (4): 505-528

③ Shantha Liyange. Breeding innovation clusters through collaborative research networks [J]. *Technovation*, 1995(5): 553-567.

的空间单元，其创新成本越低①，往往更容易获得较多的创新产出②③。

（5）资源集聚的生态环境效应

资源集聚在产业和空间上的表现，即产业集群和城市的形成，往往会导致资源短缺、土地占用、土壤退化、环境污染、生物多样性减少等一系列生态环境影响④⑤。不同阶段资源集聚造成的产业结构升级变动和城市空间结构体系变化，也表现出不同的生态环境效应。在资源集聚初期（初级发展阶段），为获取外部经济效益和规模效益，生产要素在逐利机制导向下向某一地区或城市大规模集聚，带来产业和城市规模的盲目扩张，其在城乡之间和不同城市间的转移、重组和再分布过程中，往往造成资源的过度消耗和损失浪费，对生态环境造成破坏性影响。而到了资源集聚的中后期（中高级发展阶段），随着产业结构的转型升级，城市治理者对生态环境保护的重视，使得生态环境负效应因为废物循环、污染物排放技术升级、能源利用效率提高而缓解，形成完善的资源循环利用网络⑥，生态环境负面影响显著减小，逐渐向生态型经济和生态城市发展⑦。

2.2.8 资源集聚能力影响因素研究

学者们从不同方面对资源集聚能力的影响因素进行了分析，这些因素

---

① Griliches S. Lssues in assessing the contribution of R&D to productivity growth[J]. *Bell Journal of Economics*,1979,10(1):92–116.

② Feldman M. P. The new economics of innovation, spillovers and agglomeration: A review of empirical studies[J]. *Economics of Innovation and New Technology*,1999,8(1/2):5–10.

③ Jonker M., Romijn H., Szirmai A. Technological effort, technological capabilities and economic performance: A case study of the paper manufacturing sector in West Java[J]. *Technovation*,2006,26(1):121–134.

④ Duc T. A., Vachaud G., Bonnet M. P., Prieur N. Experimental Investigation and Modeling Approach of the Impact of Urban Wastewater on a Tropical River: a Case Study of the Nhue River, Hanoi, Viet Nam[J]. *Journal of Hydrology*,2007(334): 347–358.

⑤ Frank A. M., Leeuw, Moussiopoulos N., Sahm P., Bartonova A. Urban Air Quality in Larger Conurbations in the European Union[J]. *Environmental Modeling & Software*,2001(16): 399–414.

⑥ Verhoef E. T, Nijkamp P. Externalities in Urban Sustainability Environmental Versus Localization-type Agglomeration Externalities in a General Spatial Equilibrium Model of a Single – sector Monocentric Industrial city[J]. *Ecological Economics*,2002(40):157–179.

⑦ Ren W., Zhong Y., Meligrana J., Anderson B., Watt W. E. Urbanization, Land Use and Water Quality in Shanghai[J]. *Environment International*,2003(29):649–659.

主要可以归类为：①制度因素，如政府干预程度、对外开放水平、市场完善程度等；②经济因素，如人均 GDP、基础设施水平、运输成本、资源配置能力、产业联系、固定资产投资占 GDP 比重等[①]；③科技因素，如创新能力、技术溢出机会、人力资本水平、信息共享程度、教育水平等；④自然因素，如区位优势、资源禀赋差异、市场规模等。此外，朱英明等还指出环境损害会对资源的集聚乃至在该地区的发展与成长产生显著的约束作用。

2.2.9 资源集聚能力提升路径研究

关于城市资源集聚能力提升路径的研究，基本上是针对资源集聚能力的影响因素展开的：①制度方面，应该加大制度革新力度，深化经济与社会体制改革，推进管理体制创新、创造更加开放的市场环境；②经济方面，应该加大基础设施建设、合理进行固定资产投资，加快经济发展、优化产业结构，加大资源投入质量的政策支持、提高居民收入和消费水平、加强产业集聚程度；③科技方面，应该加大城市创新环境和创新能力的支持、推动城市技术进步，加大人力资本投入、提高教育质量等[②]；④自然方面，应该提升城市集约利用资源的能力，创造软环境吸引资源向本地集聚、扩大城市规模[③]，协调地区间的合理分工、弥补资源禀赋差异带来的弱势。

2.3 国内外研究评价

综上所述，当前学者们关于城市资源集聚能力的研究已取得较大突破和进展，对不同种类的城市资源集聚测度、资源集聚效应等内容进行了有效探索，为后续研究奠定了良好的理论与实践基础。但综合来看，在以下

---

① 李煜伟，倪鹏飞．外部性、运输网络与城市群经济增长[J]．中国社会科学，2013(3)：22.

② Stuart Rosenthal and William Strange：Evidence on the Nature and Sources of Agglomeration Economies，Handbook of Regional and Urban Economics，2004(4)：2119 - 2171.

③ Edward Glaeser and Joshua Gottlieb：The Wealth of Cites：Agglomeration Economies and Spatial Equilibrium in the United States，Journal of Economic Literature. 2009(4)：983 - 1028.

几个方面仍存在些许不足和欠缺，需要进一步深化研究：

（1）空间尺度上，已有关于资源集聚能力的研究多集中于单个城市层面，较少关注城市群体，对于城市群的实证研究有待加强。

（2）研究对象上，城市的发展和进步需要全要素资源体系的支撑，以往研究多侧重于某一单一维度资源的集聚能力分析，鲜有文献以城市全要素资源体系为主体对象进行城市资源集聚能力研究，尚未建立起系统的城市资源集聚能力评价指标体系。在中国知网数据库中，以同时包含“资源”和“集聚”关键词的文献为搜索对象，共检索出 328 篇文献，其中，以综合性资源集聚为研究对象的文献仅有 26 篇，占 7.93%，而以单一或若干资源种类为研究对象的文献则达 302 篇，占 92.07%。

（3）研究方法上，城市资源集聚能力的分析需要科学、标准的计算方法和技术手段，已有定量化研究多通过因子分析法、集中度指数、熵指数等方法进行分析，在揭示资源集聚能力的构成要素多元性、相互关联动态性等复杂性规律方面的能力较弱。

（4）研究视角上，存在一定的“重静态，轻动态；重评价，轻预判；重实证，轻规范”的趋势：以静态评价为主，评价与衡量标准缺乏动态性，时空发展演化研究力度不够；评价指标或指标群较多描述客观现实状态，较少分析其变动趋势的预警与调控，缺乏对其政策、体制、制度安排等多种效应下的情景模拟预测。不均衡性是资源要素分布的固有特征，而当前从地理空间视角对城市资源集聚能力分布差异的研究极度匮乏。

在城市化快速发展和全球城市发展竞争加剧的背景下，资源集聚能力的研究是未来城市群研究的一个热点。而且，现有研究的不足和欠缺，以及当前国内外期刊有关城市群资源集聚能力研究的文章较少，也为后续研究提供了宝贵的机会。因此，未来有关城市群资源集聚能力的研究，值得重点关注的方向有：①城市群全要素资源集聚能力综合评价指标体系的构建以及集聚能力测度。依靠某一种或若干种资源要素，无法支撑起城市群的全方位发展；从整体上构建一个系统的全要素资源集聚能力综合评价指标体系，对城市群资源集聚能力的测度至关重要，是一个潜在的重点研究方向。②科学、标准、普适性强的城市群资源集聚能力研究方法的探索。探索出一种科学统一的城市群资源集聚能力测度方法，对科学比较各城市间资源集聚能力差异、展开横向比较分析，具有重要意义，未来应拓展这一技术方法的研究。③城市群资源集聚能力的时空演化及提升路径研究。从时空动态演化角度研究城市群资源集聚能力的发展规律与脉络，揭示其背后城市群资源集聚能力差异的演化机理，为因地制宜、科学合理地制定城市群资源集聚能力提升路径提供理论支撑，从而提升城市群综合竞争力和城市发展水平。

基于此，本书以长江中游城市群为研究对象，在构建一套科学合理的资源集聚能力评价指标体系的基础上，研究长江中游城市群资源集聚能力的时空演化规律，并从复杂系统视角分析其时空演化的影响机理，在此基础上有针对性地提出提升长江中游城市群资源集聚能力的路径及相关政策保障。

2.4 本章小结

本章通过对城市群理论、资源集聚能力理论基础和思想来源、资源集聚能力定义与内涵、资源集聚能力形成过程与机制、资源集聚能力主体、资源集聚能力对象、资源集聚能力测度方法、资源集聚效应、资源集聚能力影响因素、资源集聚能力提升路径等基础理论内容进行分析，掌握了国内外当前研究进展，并对其进行了总结评价，为后续研究打下理论基础。

3 长江中游城市群概况

3.1 区位与范围

长江中游城市群位于长江中游地区，是以武汉城市圈、环长株潭城市群、环鄱阳湖城市群为主体形成的特大型城市群，其范围包括：湖北省武汉市、黄石市、鄂州市、黄冈市、孝感市、咸宁市、仙桃市、潜江市、天门市、襄阳市、宜昌市、荆州市、荆门市，湖南省长沙市、株洲市、湘潭市、岳阳市、益阳市、常德市、衡阳市、娄底市，江西省南昌市、九江市、景德镇市、鹰潭市、新余市、宜春市、萍乡市、上饶市及抚州市、吉安市的部分县（区）（见图 3－1）。土地面积约 31.7 万平方千米，2014 年地区生产总值 6 万亿元，年末总人口 1.21 亿人，分别约占全国的 3.3%、8.8%、8.8%①；2014 年常住人口城镇化率超过 55%。

长江中游城市群内，武汉城市圈（及周边宜荆荆地区）、环长株潭城市群、环鄱阳湖城市群三个城市群呈三角状分布于长江中游两侧，武汉、长沙、南昌三个中心城市形成“品”字形稳定“金三角”结构，该地区是鄂、湘、赣三省发展的核心区域。长江中游城市群承东启西、连南接北，是长江经济带的重要组成部分，也是实施“中部崛起”战略、全方位深化改革开放和推进新型城镇化的重点区域，在我国区域发展格局中占有重要地位，是全国区域发展新的增长极。

① 资料来源:《长江中游城市群发展规划》(2015)。

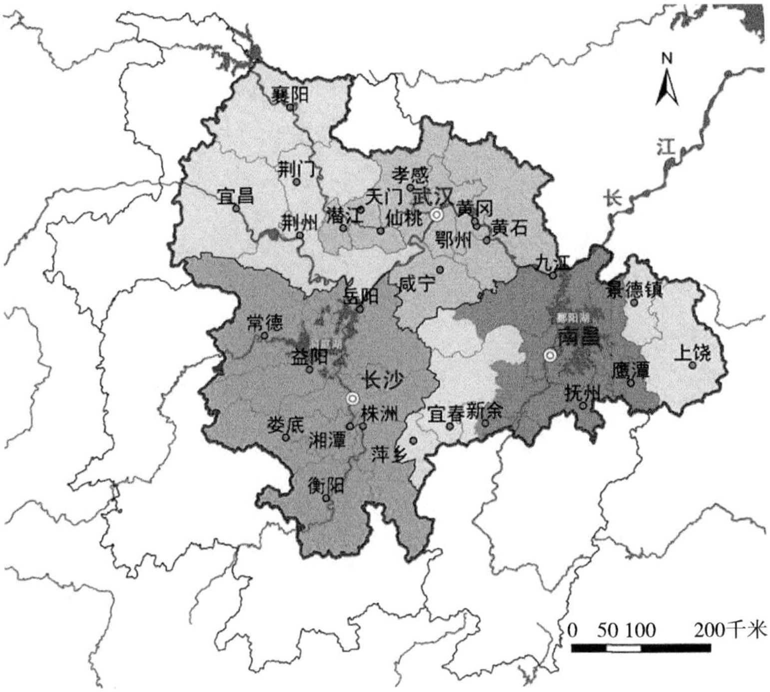

图3－1 长江中游城市群范围

3.2 资源环境概况

3.2.1 地形地貌

长江中游城市群主体位于长江中下游平原地区，地形以平原为主、山地和丘陵为辅。整体来看，城市群内由西向东地形可以划分为巫山—武陵山、江汉平原—洞庭湖平原、大别山—幕阜山、鄱阳湖平原、怀玉山—武夷山“三山夹两原”的五种地貌类型（见图3－2），城市群西部为巫山地区，地质条件复杂，最高点2408米，向南延伸到湖南境内武陵山区；向东为沿长江两侧的江汉平原和洞庭湖平原，地势平坦，湖泊密布，河网交织，土壤肥沃，是长江中游地区的“大粮仓”；幕阜山位于城市群中心位置，略呈东北—西南走向，是整个城市群的“绿心”；东侧为鄱阳湖平原及周边丘陵地带。

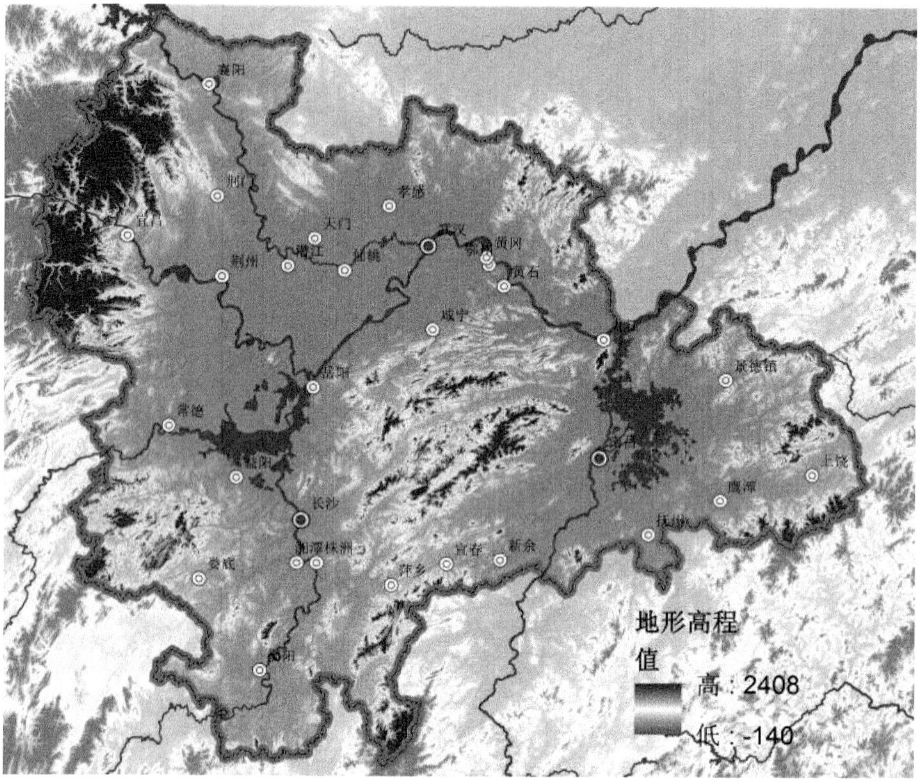

图 3－2　长江中游城市群地形图

3.2.2　气候

长江中游城市群地处亚热带地区，位于季风气候区内，除高山地区外，大部分为亚热带季风性湿润气候，四季分明，光照充足，热量丰富，雨热同期，降水充沛，无霜期长，气候条件优越。年平均气温 16～18℃，一年中，1 月气温最低，7 月气温最高，季节变化明显；6 月中旬至 7 月中旬为梅雨季，降水较多。

3.2.3　河流湖泊

长江中游城市群内河网密布，水系发达。主要干流河流有长江、汉江、湘江、赣江、清江等，其中汉江为长江最大的支流。此外，其他较小河流发育良好，水资源丰富。城市群内湖泊众多，是全国河湖资源最发达的城市群，拥有全国第一大和第二大淡水湖鄱阳湖和洞庭湖，以及洪湖等其他湖泊，其中湖北省有“千湖之省”之称。

3.2.4 生物资源

长江中游城市群位于我国亚热带常绿阔叶林带，自然地理条件优越，植被类型多样，生物资源异常丰富，珍稀野生植物、野生动物种类繁多。

3.2.5 生态环境

长江中游城市群的一大特色是其水生态环境丰富多样，多样化的地貌特征以及长江流域沿线河湖组成的水系，共同构成了一个山、水、林、田、湖等和谐共存的生态系统，是中国长江流域生态廊道的重要组成部分。因此，长江中游城市群的水生态环境，对整个长江流域的水生态安全至关重要。武汉城市圈、长株潭城市群、环鄱阳湖城市群作为鄂、湘、赣三省经济发展的核心区域，人口稠密，工业发达，城镇化水平较高，随着工业化和城镇化的持续加快，经济增长与人口、资源和环境的刚性约束矛盾加大，对生态环境保护提出了较高要求。

3.3 社会经济发展

3.3.1 人口与城镇化发展

截至2014年年底，长江中游城市群总人口1.21亿人，常住人口城镇化率超过55%。与全国其他城市群相比，长江中游城市群人口规模居全国城市群第2位，人口资源潜力巨大，经济发展所需的后备劳动力和人才资源丰富（见表3-1）。城市群人口密度相对较低，与其他高人口密度城市群相比，未来人口集聚的潜力仍然巨大。

2014年，长江中游城市群城镇化率为55.4%，超过全国平均城镇化率约0.6个百分点，城镇化发展水平总体略高于全国平均水平，但与沿海地区相比仍有一定差距。武汉城市圈、环长株潭城市群、环鄱阳湖城市群是湖北、湖南、江西三省城镇化水平最高的地区，也是三省城镇化发展的重点地区和重点开发区域。

表 3－1　2014 年长江中游城市群与全国其他城市群人口发展情况对比

城市群	人口规模/万人	城镇化率/%	人口密度（人/平方千米）	每万人在校大学生数/人
长三角	14398.5	62.0	680.0	304
长江中游	12103.5	55.4	381.7	207
京津冀	11560.9	59.0	520.0	209
成渝	9749.5	52.1	526.9	138
珠三角	5763.4	84.0	1049.1	419
哈长	4759.4	50.6	147.9	184
中原	4583.9	52.0	774.9	226
山东半岛	4109.7	61.3	550.6	332
辽中南	3126.6	66.6	323.4	190
海峡西岸	2785.3	63.0	496.3	275
关中	2371.3	64.3	427.5	262
北部湾	2351.4	47.8	317.2	146
滇中	1685.8	51.1	180.0	231
晋中	1536.6	57.9	206.7	345
黔中	1459.9	50.2	303.7	356
兰西	1447.4	52.3	175.6	268
呼包鄂榆	991.4	65.8	56.6	143
宁夏沿黄	538.2	57.8	110.9	158
天山北坡	450.6	92.0	100.4	176

注：本研究中的珠三角城市群特指狭义上的珠三角城市群，不包括香港、澳门地区。

2014 年，长江中游城市群的三个子城市群中，武汉城市圈及宜昌、襄阳、荆州、荆门人口数量 5148.4 万人，占湖北省总人口的 88.5%，其中，武汉城市圈人口规模达到 3087 万人，占湖北省总人口的 53.07%；环长株潭城市群人口 4250.6 万人，占湖南省人口总量的 63%；环鄱阳湖城市群人口 3474.7 万人，占江西省人口总量的 76%。在城市层面，长江中游城市群内市辖区常住人口超过 100 万人的城市有 13 个（见表 3－2），占长江中游城市群城市总数的 41.94%，城市人口规模最大的城市为武汉、长沙、南昌三个省会城市。规模最大的首位城市武汉市的人口规模首位度为2，城市指数为1.41，低于2的正常值。

长江中游城市群内人口密度的空间分布呈现“品”字形特征，即城市群内武汉市周边、长沙市周边、南昌市周边是三个人口密度最高的地区（见图3－3），而三个城市中间的三角地带则是人口密度较低的地区。此外，城市群西北部的宜昌、荆门等地区和东北部地区人口密度也较低。人口规模较大的城市，也主要分布于上述三个人口密度较高的地区。长江中游城市群的这种人口空间分布格局，与其“三山夹两原”的地形地貌格局相一致。

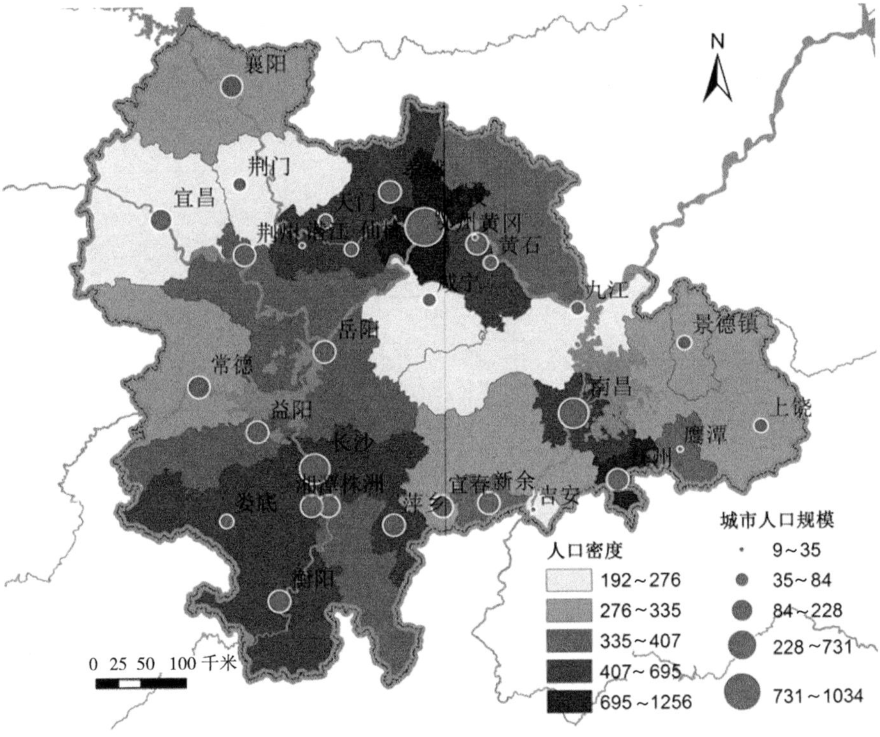

图3－3 长江中游城市群人口分布格局

表 3－2　2014 年长江中游城市群各城市人口规模对比

城市	人口数量/万人	排名	城市	人口数量/万人	排名
武汉	1033.8	1	萍乡	88.1	17
长沙	731.2	2	湘潭	87.7	18
南昌	517.7	3	黄石	84.0	19
襄阳	227.5	4	荆门	67.6	20
常德	140.1	5	九江	66.2	21
益阳	136.2	6	咸宁	60.9	22
宜昌	128.0	7	娄底	48.5	23
株洲	122.2	8	景德镇	47.8	24
抚州	119.9	9	天门	47.5	25
宜春	113.5	10	仙桃	46.6	26
荆州	111.3	11	上饶	42.0	27
鄂州	110.2	12	潜江	35.3	28
岳阳	109.7	13	黄冈	35.1	29
孝感	96.9	14	鹰潭	23.7	30
衡阳	93.8	15	新干县	9.4	31
新余	88.7	16			

3.3.2　经济发展

（1）综合经济实力

2014 年，长江中游城市群地区生产总值超过 6 万亿元，在全国主要城市群中排名第三（见表 3－3），但单位面积产出率只有 1913 万元/平方千米，固定资产投资强度为 1857 万元/平方千米，与长三角、珠三角、京津冀等城市群相比差距较大，在全国处于中等偏下水平，经济集约度和土地利用效率相对不高。人均 GDP 接近 5 亿元，职工平均工资超过 4 亿元，在全国城市群中表现一般。

表 3-3 长江中游城市群与全国其他城市群经济指标对比

城市群	单位面积产出率（万元/平方千米）	GDP/亿元	人均 GDP/元	GDP 增长率/%	固定资产投资强度（万元/平方千米）	职工平均工资/元
长三角	5988.5	126800.9	88065	9.2	4259.0	60274
长江中游	1913.3	60665.3	49468	9.8	1857.1	42516
京津冀	3074.4	68357.3	59128	7.2	2506.3	51411
成渝	2197.9	40668.0	41713	9.2	1321.9	47626
珠三角	10493.5	57650.0	100028	8.7	5318.2	57502
哈长	783.2	25200.9	52950	6.3	520.9	45531
中原	3459.0	20462.0	44639	9.1	2893.0	41356
山东半岛	4972.4	37113.2	90307	9.0	3413.3	54869
辽中南	2621.0	25342.5	81055	5.5	2238.3	45121
海峡西岸	3485.7	19560.6	70228	10.4	2398.9	53989
关中	1976.1	10962.0	46228	10.5	2202.0	46873
北部湾	1003.6	7439.7	31639	10.1	874.5	43956
滇中	774.1	7248.9	43000	7.8	578.4	45736
晋中	803.1	5970.7	38857	3.3	719.9	48543
黔中	1017.6	4891.7	33507	14.4	1001.8	55227
兰西	528.5	4356.3	30098	11.3	493.0	47910
呼包鄂榆	770.5	13506.4	36236	8.4	570.3	51227
宁夏沿黄	522.6	2536.9	47137	7.3	578.1	52122
天山北坡	951.5	4272.1	44821	8.3	540.5	52322

2014 年，武汉城市圈 GDP 总量 17265.15 亿元，占全省地区生产总值的 59.8%，其中，第一产业 1565.69 亿元，第二产业 8465.89 亿元，第三产业 7233.57 亿元；环长株潭城市群经济总量 21600 亿元，占湖南全省地区生产总值的 76.9%；环鄱阳湖城市群地区生产总值 12767 亿元，占整个江西省经济总量的 81.04%。

（2）产业发展

长江中游城市群土地、劳动力、水资源丰富，科技发达，在现代农业、装备制造、高新技术等产业领域基础雄厚，发展良好。2014 年，长江中游城市群产业结构比例为10.14∶52.33∶37.53（见表3－4），第二产业占主导地位，当前处于工业化快速发展阶段，第三产业比重有待进一步提高。在三个子城市群产业结构中，第一产业所占比重最低的是环长株潭城市群，第二产业所占比重最高的是环鄱阳湖城市群，第三产业所占比重最高的是环长株潭城市群，武汉城市圈第二产业和第三产业比重介于环长株潭城市群和环鄱阳湖城市群之间。

表3－4　长江中游城市群产业结构现状　（%）

城市群	第一产业	第二产业	第三产业
环鄱阳湖城市群	10.13	53.62	36.25
环长株潭城市群	9.25	52.65	38.10
武汉城市圈及周边	10.88	51.29	37.83
长江中游城市群	10.14	52.33	37.53

① 现代农业。长江中游城市群内的江汉平原、洞庭湖平原和鄱阳湖平原历来是著名的“鱼米之乡”，农业发达，产业化水平较高，农业发展优势突出，目前已形成一大批特色优势农业产业集群和农副产品生产加工基地。城市群内粮食（主要为水稻）、棉花、油菜、畜牧养殖、渔业水产、蔬菜、林果、茶叶等农业产业，在全国农业生产中居于重要的战略地位。

② 优势工业和高新技术产业。长江中游城市群是我国重要的老工业基地所在地，如武汉、长沙、株洲、湘潭、南昌、黄石、九江、景德镇、襄阳等，工业基础雄厚，制造业发达，在汽车整车及零部件制造、光电子、钢铁、冶金、石油化工、工程机械、现代装备制造、生物医药等方面技术力量雄厚，形成了光电子信息、重型工程机械、重大成套设备制造、汽车制造、轨道交通装备制造、船舶制造设计等多个国内乃至世界知名的优势产业集群。其中，武汉城市圈在光电子信息、装备制造、汽车制造、钢铁、石油化工、纺织等方面处于国内领先水平；长株潭城市群的重型工程机械、轨道交通运输装备制造、电子信息、冶金等在国内行业中拥有绝对话语权；环鄱阳湖城市群在光伏太阳能、新能源、生物、航空、汽车及零部件生产等方面具有突出优势。沿长江的“宜昌—武汉—黄石”高新技术

产业带和沿汉江的“十堰—襄阳—武汉”汽车工业走廊产业规模较为突出；而长沙、株洲、湘潭是湖南工程机械、装备制造、电子网络信息等产业发展的“金三角”；沿京九铁路布局的江西昌九工业走廊，是江西省产业经济发展的主要载体。

长江中游城市群内拥有 1 个国家自主创新示范区、16 个国家级高新技术产业开发区（见表 3 – 5），在光电子信息、汽车及零部件、先进装备制造、轨道交通装备、新能源、航空航天、电子信息及互联网技术应用、新材料、节能环保、生物医药等高新技术产业领域具有突出优势地位。武汉市获批国家创新型城市建设试点，2014 年实现高新技术产值 6725 亿元，进出口总额 137.91 亿美元，世界 500 强企业入驻 216 家①。武汉东湖高新区是全国最大的光纤光缆、激光设备生产基地和光通信产品研发制造基地，光纤光缆生产规模全球第一，国内市场占有率达 50% 以上，国际市场占有率达 12%②。在“武汉 · 中国光谷”形成了以武汉邮科院（烽火科技集团）、长飞、华工科技、长江通信、中原电子、武汉船舶通信研究所等大中型高新技术企业为骨干的光电子产业集群和产业链。

表 3 – 5　长江中游城市群内国家级高新技术产业开发区一览

省份	高新区名称	主导产业
湖北	武汉东湖新技术产业开发区（国家自主创新示范区）	光电子信息、生物医药、新能源节能环保、高端装备制造、现代服务业
	襄阳高新技术产业开发区	汽车及零部件、新能源汽车、电子信息、航空航天、高端装备制造、新能源新材料、生物医药
	宜昌国家高新技术产业开发区	精细化工、生物及医药、装备制造、新材料及节能环保、电子信息、现代服务业
	孝感国家高新技术产业开发区	光电子信息、先进装备制造、汽车及零部件
	荆门高新技术产业开发区	资源循环利用、无纺布生产、体育用品产业、绿色食品产业
	仙桃高新技术产业开发区	生物医药、新材料、新能源、电子信息、装备制造

① 武汉市 2015 年政府工作报告[EB/OL]. 武汉市政府网站，http://www.wuhan.gov.cn.

② 资源来源：湖北省经济和信息化委员会网站，http://cs.hbeitc.gov.cn/cyc/jqyyq/51994.htm。

续表

省份	高新区名称	主导产业
湖南	长沙国家高新技术产业开发区	先进装备制造产业、电子信息及互联网技术应用产业、新材料产业、新能源与节能环保产业、生物医药与健康产业、现代服务业
	株洲国家高新技术产业开发区	轨道交通装备、通用航空、新能源汽车、硬质合金深加工、汽车及零部件
	湘潭国家高新技术产业开发区	新能源装备制造、精品钢材深加工、机电一体化产业、矿山装备制造
	益阳高新技术产业开发区	新能源、新材料、高端装备制作产业及服务、新兴信息技术及服务产业、农产品精深加工
	衡阳国家高新技术产业开发区	先进装备制造、电子信息、生物技术、新材料、钢材深加工、输变电、节能环保
江西	南昌国家高新技术产业开发区	生物医药、电子信息及应用软件、精密机械制造及光机电一体化、新材料
	新余高新技术产业开发区	光伏新能源、新材料、金属压延、机械电子、纺织服饰、医药食品
	景德镇国家高新技术产业开发区	航空产业、机械家电、电子信息产业
	鹰潭国家高新技术产业开发区	铜基新材料、绿色水工、大健康、电子信息、汽摩配、创意制造
	抚州高新技术产业开发区	生物医药、电子信息和汽车及零部件

③ 商贸物流等服务业。长江中游城市群交通便利，自古至今，群内各城市商业贸易发达，现代商贸物流等服务业发展迅速。城市群内中心城市武汉市是我国内地著名的大商埠，近年来商贸业发展迅猛，一些国际国内大型商业公司纷纷在武汉设立分支机构，本地商贸企业如武商集团、中商集团、中百集团和汉商集团等也发展迅速，经营网络逐渐拓展到省内各城市，目前已拥有武商、王府井百货、中商、徐东、汉商、21 世纪购物中心、中百、群光、亚贸、卜峰莲花等大型商业设施，汉口北商品交易会是国家商务部和中国商业联合会重点支持与引导的全国性大型商贸活动①。长沙作为连南接北、承东启西的重要物流节点城市，通江达海，区位和交通优势明显，商贸物流产业已成为长沙经济核心增长点和支柱性产业。武

① 资源来源：武汉市黄陂区人民政府网站，http://www.huangpi.gov.cn/。

汉市“九省通衢”的区位交通优势，使得其物流业发展迅速，“十二五”期间，武汉市物流业增加值达1018.6亿元，物流业成为武汉两个“千亿级”服务业板块之一，占全市地区生产总值的比重达9.3%，占服务业的比重达20%；在全国60个城市物流质量评价中，武汉排名第五位①。武汉新港空港综合保税区东西湖园区、武汉新港空港综合保税区阳逻港园区、汉欧国际物流园、武汉物流交易所（总部）、武汉阳逻航运物流信息服务区等为武汉物流业的发展奠定了良好条件。

（3）对外经济贸易

2014年，长江中游城市群实际利用外资金额241.99亿美元，占全国实际利用外资金额的18.83%，在吸引外资方面，长江中游城市群在国内优势突出；全年进出口总额983.13亿美元，仅占全国进出口总额的2.29%，与沿海地区城市群相比差距较大；全年接待入境旅游人数460万人次，占全国总量的8.27%。

在长江中游城市群内，环鄱阳湖城市群、武汉城市圈及周边、环长株潭城市群三者实际利用外资金额占长江中游城市群实际利用外资金额的比重分别为30.35%、36.77%、32.88%，武汉城市圈及周边实际利用外资金额最多，其次为环长株潭城市群；三者进出口总额占长江中游城市群进出口总额的比重分别为35.07%、40.25%、24.68%，进出口总额最大的为武汉城市圈及周边，其次为环鄱阳湖城市群。在对外贸易伙伴方面，三个城市群各自主要的贸易对象不同，武汉城市圈及周边地区的六大对外贸易对象为欧盟、东盟、美国、中国香港、日本和澳大利亚，环长株潭城市群的三大对外贸易伙伴为中国香港、东盟和欧盟，环鄱阳湖城市群的对外贸易主要对象是欧盟、美国、日本、中国香港。在城市层面，武汉、长沙、南昌三个省会城市依然是长江中游城市群内对外贸易总量最大的几个城市，此外，九江、鹰潭、上饶、黄石、宜昌、株洲、衡阳等城市对外贸易发展也较好（见表3-6）。

① 资源来源：湖北省交通运输厅网站：http://www.hbjt.gov.cn/zwdt/fzsm/wh/134557.htm。

表 3－6　长江中游城市群各城市对外贸易发展情况

城市	实际使用外资金额/亿美元	进出口总额/亿美元	接待入境旅游人数/万人	城市	实际使用外资金额/亿美元	进出口总额/亿美元	接待入境旅游人数/万人
南昌	32.14	122.22	20.78	孝感	3.11	11.96	0.14
景德镇	1.55	7.84	27.76	荆州	1.22	16.51	3.90
萍乡	2.80	14.87	7.91	黄冈	0.87	6.12	1.32
九江	14.50	57.68	31.35	咸宁	0.59	4.67	1.71
新余	3.46	20.46	2.63	仙桃	0.90	5.21	0.23
鹰潭	2.16	41.25	7.48	潜江	0.54	4.38	0.05
宜春	5.93	23.83	7.89	天门	0.38	0.50	0.07
抚州	2.51	15.54	7.16	长沙	39.69	125.66	65.22
上饶	8.39	40.36	22.34	株洲	8.24	27.99	13.12
新干县	0.01	0.70	0.01	湘潭	8.28	22.81	6.73
武汉	61.99	264.29	170.57	衡阳	9.00	29.43	7.62
黄石	5.50	28.55	0.10	岳阳	3.29	7.92	24.27
宜昌	3.12	26.97	4.00	常德	6.06	7.58	14.76
襄阳	5.69	11.69	0.40	益阳	2.08	5.82	1.12
鄂州	2.11	5.19	0.24	娄底	2.92	15.46	7.99
荆门	2.96	9.67	1.20				

（4）金融

长江中游城市群是中部地区金融业发展最发达的区域，尤其以武汉市金融业最为繁荣。武汉金融发展历史悠久，新中国成立前武汉是仅次于上海的金融中心，汉口曾经有“东方芝加哥”之称，江汉路被誉为“汉口华尔街”。综合开发研究院（中国·深圳）发布的第七期“中国金融中心指数”（CDI·CFCI）显示，武汉市金融综合竞争力在全国排名第12位（见图3－4），是中部地区金融实力最强的城市①，从金融产业绩效、金融机构实力、金融生态环境等方面综合来看，武汉市成为中部地区事实上的区域

① 综合开发研究院（中国·深圳）课题组．中国金融中心指数（CDI·CFCI）报告（第七期）[R]．北京：中国经济出版社，2015：18－156.

金融中心；截至2014年，武汉市拥有上市公司60家，银行业机构31家（其中，外资银行6家），证券经营机构136家，期货公司2家，各级保险机构503家，金融机构本外币各项贷款余额14463.4亿元，存款余额16268.71亿元，银行业金融机构资产总值23741亿元①。但与上海、北京、深圳等金融业发达的城市相比，武汉市金融发展仍较滞后。此外，长沙市金融中心综合竞争力在全国排名第21位，南昌市排名第28位。

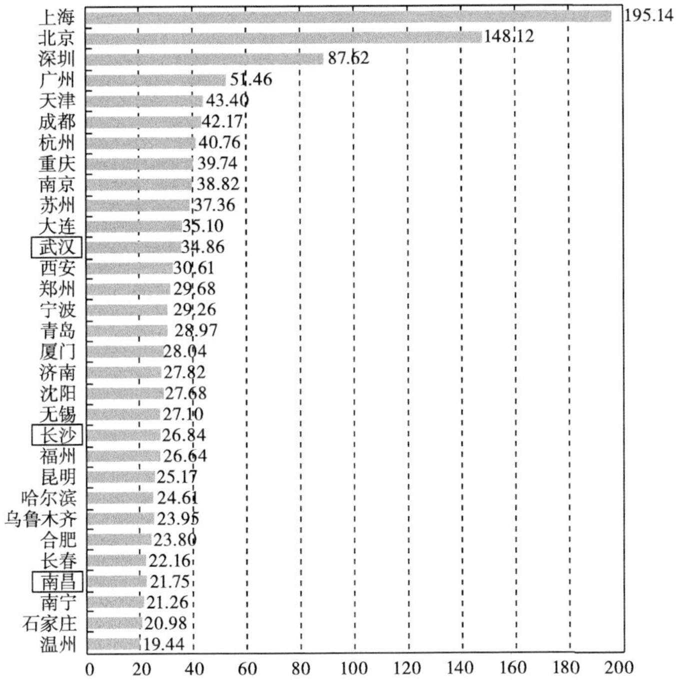

图3-4 长江中游城市群省会城市金融综合竞争力排名

3.3.3 综合交通

长江中游城市群地处中国经济地理的核心位置，承东启西，连南接北，是对接京津冀、珠三角、长三角和成渝四大国家级城市群的战略枢纽。城市群临江达海，航空、高铁、铁路、港口、高速公路等立体化综合

① 武汉市金融工作局.2014年武汉金融发展报告[EB/OL]. http://www.whjr.gov.cn/.

交通体系发达，城市群内京广、京九、沪昆高铁（铁路）干线与长江黄金水道交叉，形成了“井”字形交通大动脉（见图3－5），交通条件得天独厚，在全国综合交通网络中具有重要的战略地位，拥有武汉、长沙等国家级综合交通枢纽。

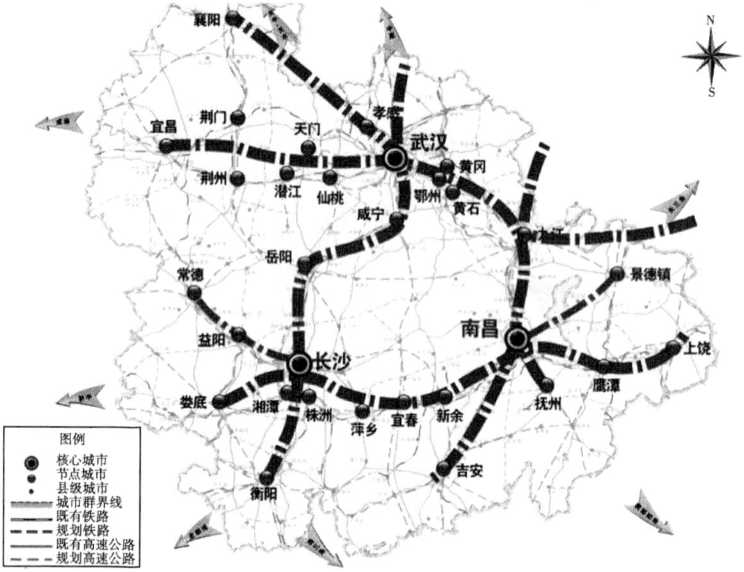

图3－5　长江中游城市群交通网络空间结构

（1）长江中游城市群内主要机场有武汉天河国际机场和长沙黄花国际机场两大枢纽机场，南昌昌北干线机场，以及襄阳刘集机场、常德桃花源机场、九江庐山机场、景德镇罗家机场等支线机场。

（2）主要高速铁路包括京广高铁、沪昆高铁、沪汉蓉客运专线、武九高铁（在建）、郑万高铁（在建）等，京广高铁把武汉城市圈和环长株潭城市群连接起来，沪昆高铁把环鄱阳湖城市群与环长株潭城市群紧密连接起来，武九高铁把武汉城市圈与环鄱阳湖城市群连接起来，城市群之间形成环形高铁网络，大大压缩了城市群内各城市的时空距离，形成1小时交通圈。

（3）普通干线铁路有京广铁路、沪蓉铁路、沪昆铁路、京九铁路、焦柳铁路等，是城市群对外货运和物流运输的大通道。

（4）长江“黄金水道”沿岸分布了一大批现代化港口群，包括长江中游最大的航运中心武汉港、宜昌港、荆州港、黄石港、岳阳港、九江港、长沙港、南昌港等，此外，汉江、洞庭湖水系、鄱阳湖水系、江汉运河、湘江、沅水、赣江等内河航道网络发达，地区性港口密集。

（5）高速公路干线包括汉长昌高速环路、京港澳高速、大广高速、二广高速、福银高速、济广高速、沪昆高速、沪蓉高速、沪渝高速、杭瑞高速、随岳高速、长张高速等，高速公路网络密集，形成了城市群内城际交通的主骨架。

3.3.4 教育科技

长江中游城市群是全国除京津冀地区和长三角地区外的第三大科教基地，科教资源密集，科教力量雄厚。城市群内有普通高等学校 260 所，在校大学生数超过 270 万人，两院院士 120 多个，是全国重要的科教和智力资源密集区。武汉市是全国第三大科教城市，科教实力仅次于北京、上海，居全国第 3 位。截至 2014 年，武汉市拥有普通高校 89 所，其中“985”高校 2 所、“211”高校 7 所，科研机构 700 多家，国家级科研院所 102 个，国家级孵化器 15 家，国家级科技产业化基地 25 个，国家级工程（技术）研究中心 20 家，国家实验室及国家重点实验室 21 个，两院院士总数达 68 人①，在校大学生人数超过 120 万人（见表 3－7）。武汉在光电子信息、激光加工、“3C”和“3S”软件、生物医药、电动汽车等领域，技术实力居全国领先水平②。但长期以来，与上海、北京、深圳等城市相比，武汉市科技创新成果的转化率并不高。此外，长沙市也是全国科教重镇，科教资源也较为密集。

表 3－7 长江中游城市群省会城市科教资源与其他城市对比

城市	院士数量/人	“211”工程大学/所	中科院院属单位/家
武汉	68	7	8
长沙	36	3	1
南昌	5	1	1

① 资源来源：武汉市科学技术局网站，http://www.whst.gov.cn/。
② 资源来源：湖北省科技厅网站，http://www.hbstd.gov.cn/。

续表

城市	院士数量/人	“211”工程大学/所	中科院院属单位/家
郑州	20	1	1
合肥	75	3	3
太原	27	1	1
成都	36	5	6
深圳	9	1	2

3.3.5 历史文化

长江中游城市群历史悠久、文化底蕴深厚，具有鲜明的地域文化特色。长江中游地区历史上属于楚文化区，受楚文化的熏陶，两湖地带是楚文化的核心地带，江西省有“吴头楚尾”之称，江南三大名楼“黄鹤楼、岳阳楼、滕王阁”正是城市群内特色文化的表现。城市群内分布着一批具有深厚历史文化底蕴的城市，如春秋战国时期楚国都城所在地荆州市、三国文化发源地襄阳市、洋务运动和辛亥革命起源地武汉市、湖湘文化的代表长沙市、赣文化和红色文化的代表南昌市、陶瓷文化的代表景德镇等城市都是国家级历史文化名城。湘鄂赣三省文化属性具有趋同性，城市群内人们的生活习惯、文化习性等都比较接近，文化交融程度较深，同宗、同源的文化特点使城市群的一体化发展具有天然的历史文化基础，对增强城市群凝聚力和软实力具有重要的推动作用。

近年来，武汉、长沙、南昌等城市文化产业蓬勃发展。长沙文化创意产业在全国处于领先地位，打造出“电视湘军”“出版湘军”“动漫湘军”“综艺湘军”等多个口碑品牌，全市文化产业就业岗位达 58.4 万个，占全社会从业人员总数的比重超过 10%；长沙动漫产业在国产卡通产业中处于“领头雁”地位，拥有 55 家动漫游戏企业，300 多家动漫工作室，动漫产业总产值 46.55 亿元，全国排名第 3 位。武汉市提出了建设读书之城、博物馆之城、艺术之城、设计创意之城和大学之城的“文化五城”计划，文化产业以楚风汉韵的汉派文化为特色，汉剧博物馆、汉秀剧场等文化设施建设较快，此外，动漫游戏、创意设计、软件与服务外包、网络文化、数字文化服务等产业实力在国内处于一流水平，武汉拥有动漫企业150多家，年产值达40亿元，从业人员达1.2万人①，形成了一批如江通动画、海豚传媒、超级玩家、诺克斯等骨干企业。南昌市在瓷板画、瓷雕、木雕、铜雕、赣绣、微雕等文化产业上具有突出优势。

3.3.6 区域协作

2012年2月，鄂、湘、赣三省在武汉签订《加快构建长江中游城市集群战略合作框架协议》。自此，长江中游城市群在基础设施、产业、市场、社会事业等多个领域的合作上取得突破，先后签订了《武汉共识》《长沙宣言》等跨省合作协议，目前长江中游城市群内跨省合作交流平台已超过30个。

（1）在基础设施共建共享方面，启动了跨省公路联网工程，相继打通了10余条省际高速“断头路”；长江航道合作建设方面，长江“645工程”（长江干流武汉至安庆6米、宜昌至武汉4.5米水深航道整治工程）有序推进②；长江中游城市群省会城市综合交通体系规划正在抓紧编制。

（2）在产业合作与一体化市场建设方面，三省围绕承接产业转移等进行合作，初期以石化和汽车产业为突破口，加强产业分工协作；三省旅游部门签署了合作协议，加强旅游合作，省会城市推出了城市群旅游优惠联票，300多家旅行社结成中三角旅行社联合体大联盟③，建设30余条跨省一体化旅游线路；省会城市间签署合作协定，为大型连锁商业企业在本城市的布局提供支持，加强市场物流合作。

（3）在公共服务一体化建设方面，打破教育、文化、医疗、卫生等部门的行政界限，整合公共资源，目前已在高校课程互选、学分互认、教师互聘等教育合作上取得重大突破，实现了城乡基本医疗保险异地就医的及

① 资料来源：武汉市委宣传部网站，http://www.whxc.org.cn/。

② 资料来源：中华人民共和国交通运输部网站，http://www.moc.gov.cn/jiaotongyaowen/201604/t20160428_2020021.html。

③ 资料来源：湖北省人民政府网站，http://www.hubei.gov.cn/tzhb/touzi/lxhb/201405/t20140519_501706.shtml。

时结算，武汉、长沙等省会城市实现跨区域公积金异地互认互贷①。

（4）在生态环境一体化保护方面，几个省会城市实现了核发机动车环保标志互认，成立了“长江中游城市群湿地生态保护联盟”②。

（5）在体制机制合作方面，创立了咸（宁）岳（阳）九（江）“小三角”、黄梅小池“经济特区”等跨省毗邻地区合作机制。

3.4 存在的问题

（1）城市群内合作范围与合作深度较小，区域分割态势仍较为明显

关于长江中游城市群的由来，最早见于2010年的《全国主体功能区规划》中，该规划提出以武汉城市圈、环长株潭城市群和鄱阳湖生态经济区为主体构成的“长江中游地区”是国家层面的重点开发区域。因此，从形成时间来看，长江中游城市群的“年龄”还较小，目前城市群内各城市间的合作还处于低水平，城市群发育尚不成熟；从形成原因来看，长江中游城市群不是随着各城市空间扩张发展到高级阶段的自然产物，而是在行政政策引导下组建起来的城市群，群内各城市的经济社会联系不够紧密，当前城市间合作主要限于三个省会城市之间；与长三角等发育较为成熟的城市群相比，长江中游城市群的一体化程度显著较低。就目前发展现状来看，长江中游城市群基本上还是以武汉城市圈、长株潭城市群和环鄱阳湖城市群为空间单元，在各自省域行政范围内独立发展。虽然近年来鄂、湘、赣三省的省际合作步伐日益加快，但群际经济联系和产业分工合作依然较少，各城市之间，特别是跨省城际合作的现实需求和意愿并不强烈，整个长江中游城市群的“板块”发展特征突出，区域分割局势仍较为明显，市场隔离依然存在，阻碍了商品和资源要素的自由流动。

---

① 资源来源：新华网，http://news.xinhuanet.com/mrdx/2012-08/23/c_131802011.htm。

② 资源来源：湖北省人民政府网站，http://www.hubei.gov.cn/zwgk/zfxxgkzt/hbggjxs/stlszl/201604/t20160408_816553.shtml。

（2）产业结构雷同与低水平同质化竞争现象突出，城市群发展的凝聚力不强

长江中游城市群内武汉城市圈、环长株潭城市群和环鄱阳湖城市群三个城市群基本上同处于工业化和城镇化快速发展的阶段，三者经济发展水平和总体实力较为接近，特别是武汉城市圈和长株潭城市群两者的差异较小。因此，整个城市群尚缺乏一个能够起到绝对支配地位的发展龙头的牵动，这直接导致了处于相同“起跑线”的三个“板块”对资金、技术、人才和市场等资源要素的激烈竞争。当前，三个城市群以及各城市间产业结构雷同，发展功能定位相似，经济联系松散，尚未形成合理的产业分工协作和错位发展互补关系，低水平的重复建设仍然存在，在承接国内外产业转移方面竞争大于合作，影响了整个城市群整体优势的发挥。此外，核心城市在发展过程中与周边中小城市展开同质化竞争，相互争夺发展资源，导致城市群的凝聚力和一体化水平较低。

（3）资源优势转化为发展优势的能力不强，人才、科技等资源外流现象严重

长江中游城市群区位条件优越，交通发达，资源丰富，尤其是土地资源、水资源、旅游资源、人才资源、科技教育资源等在全国层面具有突出的比较优势。但资源优势是静态的潜在性优势，不直接体现为生产力，如果资源得不到有效开发利用和合理配置，就不能转化为发展优势。与城市群内各种资源优势不对应的是，长江中游城市群发展水平在全国范围仍属于大而散的层次，这与其资源优势地位不相匹配。长江中游城市群内科教资源集聚规模在全国处于第 3 位，坐拥武汉市这一全国第三大科教基地，但城市群现实科技创新能力和科学技术的产业化应用却较为滞后，科研成果转化率较低。城市群总体创新实力偏弱，国际影响力较小，缺少大型科技“引擎”企业，整个城市群产业结构以重工业为主，高科技产业和现代服务业发展不足，国有经济的垄断地位突出，民营经济发展滞后，科技人才外流现象严重。

（4）集约节约发展水平不高，人口经济发展与资源环境约束的矛盾加剧

武汉城市圈和长株潭城市群是全国“两型社会”综合配套改革试验区，环鄱阳湖城市群是生态经济区，三者都肩负着发展绿色经济和生态经济的任务。但当前三个城市群都处于工业化和城镇化快速发展的阶段，人口集聚和经济增长的压力较大，且三个城市群内产业结构以钢铁、有色金属、化工、机械制造等污染较严重的重工业为主。近年来，工业化和城镇化的快速推进使得城市群内的生态环境问题突出，资源利用方式相对粗放，土地利用率相对较低（见表3－8），水生态遭到严重破坏，水体污染严重，过度开发导致河流湖泊逐渐萎缩，生态功能退化。在资源环境等刚性约束逐渐趋紧的背景下，协调好经济社会发展和资源环境之间的矛盾面临较大挑战。

表3－8　长江中游城市群与其他城市群资源利用集约度和开发密度对比

城市群	城镇化率/%	建成区面积/平方千米	单位面积产出率万元/平方千米	固定资产投资强度万元/平方千米
长三角	62.0	9975	5988.5	4259.0
珠三角	84.0	3734	10493.5	5318.2
京津冀	59.0	3591	3074.4	2506.3
成渝	52.1	2934	2197.9	1321.9
长江中游	54.4	3343	1913.3	1857.1
中原	52.0	1223	3459.0	2893.0
哈长	50.6	1847	783.2	520.9
山东半岛	61.3	2033	4972.4	3413.3
辽中南	66.6	1666	2621.0	2238.3
海峡西岸	63.0	915	3485.7	2398.9
关中	64.3	731	1976.1	2202.0
北部湾	47.8	577	1003.6	874.5
晋中	57.9	498	803.1	719.9
呼包鄂榆	65.8	603	770.5	570.3
黔中	50.2	454	1017.6	1001.8

续表

城市群	城镇化率/%	建成区面积/平方千米	单位面积产出率万元/平方千米	固定资产投资强度万元/平方千米
滇中	51.1	523	774.1	578.4
兰西	52.3	428	528.5	493.0
宁夏沿黄	57.8	337	522.6	578.1
天山北坡	92.0	643	951.5	540.5

4 城市群资源集聚能力综合评价指标体系构建

4.1 城市群资源集聚能力综合评价指标体系

4.1.1 指标体系构建原则

（1）科学性原则

城市群资源集聚能力评价指标体系要保证所选取的指标能够科学地反映资源集聚能力的特点，并建立在可行的、有保障的数据收集渠道之上，进行计算分析和量化处理。

（2）系统性原则

城市群资源集聚能力评价指标体系是由不同层次、不同类型的要素组成，构建指标体系要考虑其完整性。根据各层次、各要素之间的特点及相互关系，可把整个体系划分为若干个既相互联系又相互独立的子系统。

（3）可量性原则

可量化包括三层含义：一是要求定性指标可以间接赋值量化；二是定量指标直接量化；三是指标充分考虑动态变化。

4.1.2 指标体系构建方法

城市群资源集聚能力评价指标体系的构建经历四个步骤：理论准备→指标体系初选→指标体系完善→指标体系应用（见图4－1）。

（1）理论准备

通过研究国内外相关文献了解有关城市群资源集聚能力的研究进展，

学习城市群理论、资源经济学、集聚理论的相关理论知识，可以为指标体系构建打下良好的理论基础。

（2）指标体系初选

根据前人的研究结果，借鉴相关评价指标体系中的合理成分，结合研究特点，初步建立指标体系，从结构主义视角，用系统分析法构建指标体系的基本框架。

（3）指标体系完善

将初步构建的指标体系进行核实，分析是否能够反映城市群资源集聚能力，分析评价指标体系结构和评价功能，判断是否能够达到对城市群资源集聚能力评价的目的等。通过专家咨询法，对指标体系做进一步完善工作。

（4）指标体系使用

在对城市群资源集聚能力评价指标体系进行多次试评价、修改后，最终确定能够反映评价目的的指标体系。

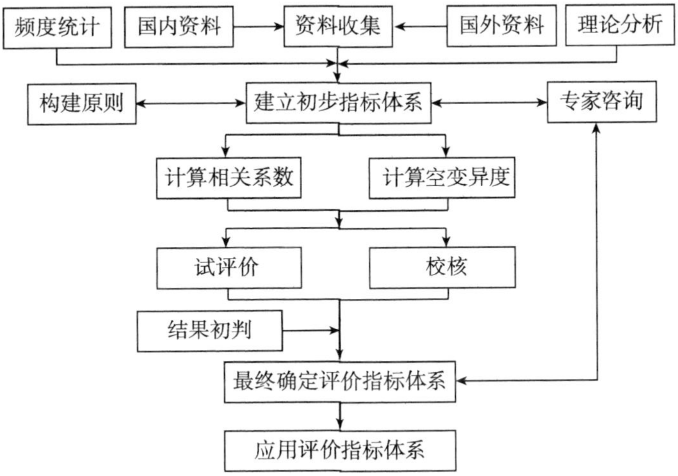

图4-1　城市群资源集聚能力综合评价指标体系构建流程

在指标体系的构建过程中，采用理论分析方法、频度统计方法和专家咨询方法设置与筛选指标，以满足科学性和完整性原则。理论分析方法是对城市群资源集聚能力的内涵以及特征进行综合分析时，选择重要的结构性指标；频度统计方法是指对目前有关城市群资源集聚能力测评与评价指标设计的报告、学术论文进行频度统计时，选择使用频度较高的评价指标；专家咨询方法是在初步指标体系的基础上，征询相关专家意见，进而对指标进行调整。

4.1.3 综合评价指标体系构建

城市群的快速发展，需要包括人口、土地、经济、科技、文化等多种资源要素在内的综合性资源体系的支撑。评价城市群的资源集聚能力需要从上述几个方面出发，分层、分类构建系统、完整的综合评价指标体系。需要指出的是，鉴于水、气候、耕地、森林、动植物、矿藏、自然风光旅游等资源的自然属性较强，人为干预的影响作用较小，流动性或可集聚性不明显，可量化性较差，因此，本研究所构建的指标体系不包括这些自然资源。

通过对国内外相关文献的研究，从科学性、系统性、可量性的指标选取原则出发，根据资源集聚能力的内涵，采用频度统计、专家咨询等指标确定方法构建起初步的评价指标体系，初步确定50多项资源集聚能力评价指标。同时，为了使构建的指标体系科学、合理、有效，对初步构建的指标体系进行检验，首先采用Z－Score法对基础指标进行标准化处理：

$$X'_{ij} = \frac{X_{ij} - \overline{X}_j}{\sigma_j} \quad (4-1)$$

其中，X'_{ij} 为标准化后的指标值，X_{ij} 为指标原始值，$\overline{X}_j$ 为该项指标的平均值，σ_j 为该项指标的方差。计算相关系数，合并重复指标。分别计算各个指标间的相关系数，找出相关系数小于临界值的独立指标，对指标进行独立性分析，定义真相关系数为0.95以及0.95以上的指标为重复指标并加以合并，合并时优先保留层次高的指标和综合性指标。

最终构建起一套包含人口、经济、金融、科技创新等50项指标的城市群资源集聚能力综合评价指标体系，在此基础上对1995—2014年长江中游城市群的资源集聚能力进行评价（见表4－1）。

表 4-1 城市群资源集聚能力综合评价指标体系

目标层	准则层	指标层	指标序号
资源集聚能力	人口资源集聚能力	城市群（城市）人口数量占全国（城市群）总量的比重	x_1
		城市群（城市）城镇化率与全国（城市群）指标水平的比值	x_2
		城市群（城市）人口密度与全国（城市群）指标水平的比值	x_3
		城市群（城市）每万人在校大学生数量与全国（城市群）指标水平的比值	x_4
		城市群（城市）从业人员占总人口比重与全国（城市群）指标水平的比值	x_5
	土地资源集聚能力	城市群（城市）土地总面积占全国（城市群）总量的比重	x_6
		城市群（城市）建成区面积占全国（城市群）总量的比重	x_7
		城市群（城市）单位土地面积产出率与全国（城市群）指标水平的比值	x_8
	经济资源集聚能力	城市群（城市）GDP 占全国（城市群）总量的比重	x_9
		城市群（城市）人均 GDP 与全国（城市群）指标水平的比值	x_{10}
		城市群（城市）GDP 增长率与全国（城市群）指标水平的比值	x_{11}
		城市群（城市）固定资产投资强度与全国（城市群）指标水平的比值	x_{12}
		城市群（城市）职工平均工资水平与全国（城市群）指标水平的比值	x_{13}
		城市群（城市）规模以上工业企业数量占全国（城市群）总量的比重	x_{14}
	金融资源集聚能力	城市群（城市）金融业从业人员比重与全国（城市群）指标水平的比值	x_{15}
		城市群（城市）年末金融机构各项存款余额占全国（城市群）总量的比重	x_{16}
		城市群（城市）保险公司保费收入占全国（城市群）总量的比重	x_{17}
		城市群（城市）金融机构网点密度与全国（城市群）指标水平的比值	x_{18}

续表

目标层	准则层	指标层	指标序号
资源集聚能力	科技创新资源集聚能力	城市群（城市）每万人拥有专业技术人员数量与全国（城市群）指标水平的比值	x_{19}
		城市群（城市）科学技术支出占财政支出比重与全国（城市群）指标水平的比值	x_{20}
		城市群（城市）高新技术产业增加值占 GDP 比重与全国（城市群）指标水平的比值	x_{21}
		城市群（城市）高校科研院所及高新技术企业数量占全国（城市群）总量的比重	x_{22}
		城市群（城市）发明专利申请量占全国（城市群）总量的比重	x_{23}
	公共设施资源集聚能力	城市群（城市）公路网密度与全国（城市群）指标水平的比值	x_{24}
		城市群（城市）旅客周转量占全国（城市群）总量的比重	x_{25}
		城市群（城市）货物周转量占全国（城市群）总量的比重	x_{26}
		城市群（城市）人均供水量与全国（城市群）指标水平的比值	x_{27}
		城市群（城市）人均用电量与全国（城市群）指标水平的比值	x_{28}
		城市群（城市）人均供气量与全国（城市群）指标水平的比值	x_{29}
		城市群（城市）人均邮电业务收入与全国（城市群）指标水平的比值	x_{30}
		城市群（城市）人均公共教育支出与全国（城市群）指标水平的比值	x_{31}
		城市群（城市）每万人拥有专任教师数量与全国（城市群）指标水平的比值	x_{32}
		城市群（城市）每万人拥有医生数量与全国（城市群）指标水平的比值	x_{33}
	文化资源集聚能力	城市群（城市）文化产业主营业务收入占 GDP 比重与全国（城市群）指标水平的比值	x_{34}
		城市群（城市）文化产业从业人员比重与全国（城市群）指标水平的比值	x_{35}
		城市群（城市）每百人公共图书馆藏书量与全国（城市群）指标水平的比值	x_{36}
		城市群（城市）艺术表演团体数量占全国（城市群）总量的比重	x_{37}

续表

目标层	准则层	指标层	指标序号
资源集聚能力	生态环境资源集聚能力	城市群（城市）环境治理投资额占财政支出比重与全国（城市群）指标水平比值	x_{38}
		城市群（城市）城镇生活污水处理率与全国（城市群）指标水平的比值	x_{39}
		城市群（城市）生活垃圾无害化处理率与全国（城市群）指标水平的比值	x_{40}
		城市群（城市）人均绿地面积与全国（城市群）指标水平的比值	x_{41}
	政策资源集聚能力	城市群（城市）政府公共财政收入支出比与全国（城市群）指标水平的比值	x_{42}
		城市群（城市）政府财政支出占 GDP 比重与全国（城市群）指标水平的比值	x_{43}
		城市群（城市）民营经济增加值占 GDP 比重与全国（城市群）指标水平的比值	x_{44}
	对外开放资源集聚能力	城市群（城市）进出口总额占 GDP 比重与全国（城市群）指标水平的比值	x_{45}
		城市群（城市）实际利用外资金额占全国（城市群）总量的比重	x_{46}
		城市群（城市）新签投资合同数占全国（城市群）总量的比重	x_{47}
		城市群（城市）跨国公司数量占全国（城市群）总量的比重	x_{48}
		城市群（城市）国际旅游外汇收入占全国（城市群）总量的比重	x_{49}
		城市群（城市）接待入境旅游人数占全国（城市群）总量的比重	x_{50}

4.2 城市群资源集聚能力评价指标权重的确定

目前关于指标权重的确定方法很多，大致可分为三类：主观赋权法、客观赋权法、组合赋权法。

主观赋权法是根据决策者（专家）主观上对各指标重要程度的判断来确定属性权重的方法，是人们研究较早、较为成熟的方法，主观赋权法的优点是决策者可以根据实际问题和自身知识经验合理地确定各指标权重的排序，不至于出现指标权重与指标实际重要程度相悖的情况。但决策或评价结果具有较强的主观随意性，客观性较差，同时增加了对决策者的负担，应用中有很大的局限性。常用的主观赋权法有专家调查法、层次分析法（AHP）等①。

客观赋权法的基本思想是：指标权重应当是各指标在指标集中的变异程度和对其他指标的影响程度的度量，赋权的原始信息应当直接来源于客观环境，处理信息的过程应当是深入探讨各指标间的相互联系及影响，再根据各指标的联系程度或各指标所提供的信息量大小来决定指标权重。如果某指标对所有决策方案而言均无差异，则该指标对方案的鉴别及排序不起作用，其权重应为0；若某指标对所有决策方案的指标值有较大差异，这样的指标对方案的鉴别及排序将起重要作用，应给予较大权重。总之，各指标权重的大小应根据该指标下各方案指标值差异的大小来确定，差异越大，则该指标的权重越大，反之则越小。常用的客观赋权法有主成分分析法、熵值法等。但是客观赋权法没有考虑决策者的主观意向，因此确定的权重可能与人们的主观愿望或实际情况不一致。

综合来看，主观赋权法在根据指标本身含义确定权重方面具有优势，但客观性较差；而客观赋权法在不考虑指标实际含义的情况下，确定权重具有优势，但不能体现决策者对指标重要程度的判断，有时会出现确定的

① 程平，刘伟．多属性群决策中一种基于主观偏好确定属性权重的方法[J]．控制与决策，2010，25(11)：1645－1656.

权重与指标的实际重要程度相悖的情况。针对主观赋权法、客观赋权法各自的优缺点，为兼顾到决策者对指标重要程度的判断，同时又力争减少赋权的主观随意性，使指标的赋权真实、可靠。因此，合理的赋权方法应该同时基于指标数据之间的内在规律和专家经验对决策指标重要程度判断进行组合赋权①。

因此，为了科学地确定城市群资源集聚能力各项评价指标的权重，本研究采用基于熵值法和 AHP 法相结合的组合赋权法，计算城市群的资源集聚能力。

4.2.1 熵值法

4.2.1.1 熵值法原理

熵（Entropy）原本是一个热力学概念，表示各种可能性的多少，某些物质系统的非均匀宏观状态的无序程度。熵的概念首先由德国物理学家鲁道夫·克劳修斯(R. Clausis)于 1850 年提出，再经过后来由C. E. Shannon引入信息论②。在信息论中，熵是系统无序程度的度量，信息是系统有序的度量，两者绝对值相等，符号相反③。

熵值法是一种在综合考虑各因素提供信息量的基础上计算指标权重的数学方法，其基本原理是：熵是对信息不确定性的一种量度，熵值越小，所蕴含的信息量越大④。所以，当某个属性下的熵值越小时，说明属性在决策时的作用越大，就应赋予较大的权重。这在一定程度上能避免主观因素带来的偏差，为确定评价指标的权重提供了科学依据，如今已广泛应用于社会经济、工程技术等各个领域。

---

① 董增川，马红亮，王明昊，等．基于组合决策的黄河流域水量调度方案评价方法[J]．水资源保护，2015，31(2)：89－94.

② 洪锦端，易露霞，孙美楠．广东省出口贸易可持续发展评价研究——基于熵值法模型评价[J]．生态经济，2013(8)：87－91.

③ 王富喜，毛爱华，李赫龙．基于熵值法的山东省城镇化质量测度及空间差异分析[J]．地理科学，2013，33(11)：1323－1329.

④ 欧向军，沈正平．江苏省产业带建设效应与演化动力[J]．地理研究，2011，30(3)：411－423.

4.2.1.2 熵值法步骤

（1）数据标准化处理

为了消除各项指标量纲差异对计算结果的影响，在计算指标权重之前，采用极差法对数据进行标准化处理，将指标数据值转化为 0～1 区间内。由于研究中指标值越大越好，因此采用正向转换，即指标 j 标准化后的值为：

$$x_{ij}^{*} = [x_{ij} - \min(x_j)]/[\max(x_j) - \min(x_j)] \quad (4-2)$$

其中，x_{ij}^{*} 为样本 i 第 j 项指标标准化后的值，x_{ij} 为样本 i 第 j 项指标的原始数值，$\max(x_j)$、$\min(x_j)$ 分别为 j 指标原始数据的最大值和最小值。

（2）计算第 j 项指标下样本 i 占该指标的比重

在对数据进行标准化之后，计算第 j 项指标下，样本 i 占该指标的比重 y_{ij} 为：

$$y_{ij} = x_{ij}^{*} / \sum_{i=1}^{n} x_{ij}^{*} \quad (i=1, 2, \cdots, n; j=1, 2, \cdots, m) \quad (4-3)$$

其中，n 为样本个数，m 为指标个数。

（3）计算第 j 项指标的信息熵 e_j：

$$e_j = -k \sum_{i=1}^{n} y_{ij} \ln(y_{ij}) \quad (4-4)$$

其中，$k = 1/\ln(n)$，有 $0 \leqslant e_j \leqslant 1$。

（4）计算第 j 项指标的差异性系数 g_i：

$$g_i = 1 - e_i \quad (4-5)$$

（5）求指标权重

对各项指标的差异性系数进行归一化，则第 j 项指标的熵值法权重为：

$$\omega_{aj} = g_j / \sum_{j=1}^{m} g_j \quad (4-6)$$

4.2.2 AHP 法

层次分析法（AHP 法）是一种解决多目标的复杂问题的定性与定量相结合的决策分析方法。该方法将定量分析与定性分析结合起来，用决策者的经验判断各衡量目标能否实现的标准之间的相对重要程度，并合理地给出每个决策方案的每个标准的权数，利用权数求出各方案的优劣次序，比较有效地应用于那些难以用定量方法解决的课题①。层次分析法根据问题的性质和要达到的总目标，将问题分解为不同的组成因素，并按照因素间的相互关联影响以及隶属关系将因素按不同层次聚集组合，形成一个多层次的分析结构模型，从而最终使问题归结为最低层（供决策的方案、措施等）相对于最高层（总目标）的相对重要权值的确定或相对优劣次序的排定。其主要步骤为：

（1）建立层次结构模型

利用层次分析法研究问题时，首先要把与问题有关的各种因素层次化，然后构造出一个树状结构的层次结构模型，一般问题的层次结构图分为三层。最高层为目标层（O）：问题决策的目标或理想结果，只有一个元素。中间层为准则层（C）：包括为实现目标所涉及的中间环节各因素，每一因素为一个准则，当准则多于9个时可分为若干个子层。最低层为指标层（P）：方案层是为实现目标而供选择的各种措施，即为决策方案。

（2）构造判断（成对比较）矩阵

设要比较 n 个因素 $C_1,C_2,\cdots,C_n$ 对上一层（如目标层）O 的影响程度，即要确定它在 O 中所占的比重。对任意两个因素 C_i 和 C_j，用 a_{ij} 表示 C_i 和 C_j 对 O 的影响程度之比，按1~9的比例标度来度量 $a_{ij}(i,j=1,2,\cdots,n)$，于是，可得到两两成对比较矩阵 $A=(a_{ij})_{n\times n}$，又称为判断矩阵，显然：

$$a_{ij}>0\,,\ a_{ji}=\frac{1}{a_{ij}},a_{ii}=1,(i,j=1,2,\cdots,n) \tag{4-7}$$

比例标度的确定：a_{ij} 取1~9的9个等级，a_{ji} 取 a_{ij} 的倒数，1~9标度确定如下：

$a_{ij}=1$，元素 i 与元素 j 对上一层次因素的重要性相同；

$a_{ij}=3$，元素 i 比元素 j 略重要；

$a_{ij}=5$，元素 i 比元素 j 重要；

① 赵焕臣，徐树柏．层次分析法[M]．北京：科技出版社，1986：1-3．

$a_{ij} = 7$，元素 i 比元素 j 重要得多；

$a_{ij} = 9$，元素 i 比元素 j 极其重要；

$a_{ij} = 2n$ ，$n = 1,2,3,4,\cdots$ 元素 i 与 j 的重要性介于 $a_{ij} = 2n - 1$ 与 $a_{ij} = 2n + 1$ 之间；

$a_{ij} = \frac{1}{n}$ ，$n = 1$，2，…，9，当且仅当 $a_{ji} = n$ 。

由正互反矩阵的性质可知，只要确定 A 的上（或下）三角的 $\frac{n(n-1)}{2}$ 个元素即可。在特殊情况下，如果判断矩阵 A 的元素具有传递性，即满足

$$a_{ik}a_{kj} = a_{ij}(i,j,k = 1,2,\cdots,n) \tag{4-8}$$

则称 A 为一致性矩阵，简称为一致阵。

（3）层次单排序及一致性检验

将 A 的各列（或行）向量求几何平均后归一化，可以近似作为权重，即

$$w_i = \sum_{j=1}^{n} \frac{\left(\prod_{j=1}^{n} a_{ij}\right)^{\frac{1}{n}}}{\sum_{k=1}^{n}\left(\prod_{j=1}^{n} a_{kj}\right)^{\frac{1}{n}}} (i = 1,2,\cdots,n) \tag{4-9}$$

通常情况下，由实际得到的判断矩阵不一定是一致的，即不一定满足传递性和一致性。不一致的程度应在容许的范围内，主要考查以下指标：

①一致性指标：$CI = \frac{\lambda_{max} - n}{n - 1}$ 。

②随机一致性指标：RI，通常由实际经验给定。

③一致性比率指标：$CR = \frac{CI}{RI}$ ，当 $CR < 0.10$ 时，认为判断矩阵的一致性是可以接受的，则 λ_{max} 对应的特征向量可以作为排序的权重向量。此时：

$$\lambda_{max} \approx \sum_{i=1}^{n} \frac{(A \cdot W)_i}{nw_i} = \frac{1}{n}\sum_{i=1}^{n} \frac{\sum_{j=1}^{n} a_{ij}w_j}{w_i} \tag{4-10}$$

其中，$(A \cdot W)_i$ 表示 $A \cdot W$ 的第 i 个分量。

(4) 计算组合权重和组合一致性检验

①组合权重向量

设第 $k-1$ 层上 n_{k-1} 个元素对总目标(最高层)的排序权重向量为

$$W^{(k-1)} = (w_1^{(k-1)}, w_2^{(k-1)}, \cdots, w_{n_{k-1}}^{(k-1)})^T \tag{4-11}$$

第 k 层上 n_k 个元素对上一层($k-1$ 层)上第 j 个元素的权重向量为:

$$P_j^{(k-1)} = (p_{1j}^{(k)}, p_{2j}^{(k)}, \cdots, p_{n_kj}^{(k)})^T (j = 1, 2, \cdots, n_{k-1}) \tag{4-12}$$

则矩阵:

$$P^{(k)} = [P_1^{(k)}, P_2^{(k)}, \cdots, P_{n_{k-1}}^{(k)}] \tag{4-13}$$

是 $n_k \times n_{k-1}$ 阶矩阵,表示第 k 层上的元素对第 $k-1$ 层各元素的排序权向量,那么第 k 层上的元素对目标层(最高层)总排序权重向量为:

$$W^{(k)} = P^{(k)} \cdot W^{(k-1)} = [P_1^{(k)}, P_2^{(k)}, \cdots, P_{n_{k-1}}^{(k)}] \cdot W^{(k-1)} = (w_1^{(k)}, w_2^{(k)}, \cdots, w_{n_k}^{(k)})^T \tag{4-14}$$

对任意的 $k > 2$ 有一般公式:

$$W^{(k)} = P^{(k)} \cdot P^{(k-1)} \cdots P^{(3)} \cdot W^{(2)} (k > 2) \tag{4-15}$$

其中,$W^{(2)}$ 是第二层上各元素对目标层的总排序向量。

②组合一致性指标

设 k 层的一致性指标为 $\mathrm{CI}_1^{(k)}, \mathrm{CI}_2^{(k)}, \cdots, \mathrm{CI}_{n_{k-1}}^{(k)}$,随机一致性指标为

$$\mathrm{RI}_1^{(k)}, \mathrm{RI}_2^{(k)}, \cdots, \mathrm{RI}_{n_{k-1}}^{(k)} \tag{4-16}$$

则第 k 层对目标层的(最高层)的组合一致性指标为

$$\mathrm{CI}^{(k)} = (\mathrm{CI}_1^{(k)}, \mathrm{CI}_2^{(k)}, \cdots, \mathrm{CI}_{n_{k-1}}^{(k)}) \cdot W^{(k-1)} \tag{4-17}$$

组合随机一致性指标为:

$$\mathrm{RI}^{(k)} = (\mathrm{RI}_1^{(k)}, \mathrm{RI}_2^{(k)}, \cdots, \mathrm{RI}_{n_{k-1}}^{(k)}) \cdot W^{(k-1)} \tag{4-18}$$

组合一致性比率指标为:

$$\mathrm{CR}^{(k)} = \mathrm{CR}^{(k-1)} + \frac{\mathrm{CI}^{(k)}}{\mathrm{RI}^{(k)}} (k \geq 3) \tag{4-19}$$

当 $\mathrm{CR}^{(k)} < 0.10$ 时,则认为整个层次的比较判断矩阵通过一致性检验。

本研究在熵值法客观赋权的基础上,结合各指标的实际情况,采用

AHP 法对指标权重进行二次计算，对指标层各指标进行两两比较，计算各指标对准则层指标的相对重要性，确定每个指标的 AHP 法权重系数 ω_{bj}。

4.2.3 组合赋权

合理的赋权方法应该同时基于指标数据之间的内在规律和专家经验对决策指标进行赋权，因此，本研究基于客观赋权和主观赋权两种方法所得的指标权重 ω_{aj} 和 ω_{bj}，求出指标的最终权重 ω_j，且三者应尽可能接近。根据最小相对信息熵原理可得①：

$$F = \sum_{j=1}^{m} \omega_j(\ln \omega_j - \ln \omega_{aj}) + \sum_{j=1}^{m} \omega_j(\ln \omega_j - \ln \omega_{bj}) \quad (4-20)$$

其中，$\sum_{j=1}^{m} \omega_j = 1$，$\omega_j > 0$，利用拉格朗日乘数法，求得最优解即第 j 项指标的最终组合权重 ω_j 为：

$$\omega_j = \sqrt{\omega_{aj}\,\omega_{bj}} \Big/ \sum_{j=1}^{m} \sqrt{\omega_{aj}\,\omega_{bj}} \quad (4-21)$$

其中，ω_{aj} 为熵值法确定的第 j 项指标权重，ω_{bj} 为 AHP 法确定的第 j 项指标权重。

根据式（4－21），计算城市群资源集聚能力综合评价指标体系中各项指标的最终权重，结果如表 4－2 所示。

表 4－2 城市群资源集聚能力评价指标权重

目标层	准则层	指标层	指标权重
资源集聚能力	人口资源集聚能力	城市群（城市）人口数量占全国（城市群）总量的比重	0.0511
		城市群（城市）城镇化率与全国（城市群）指标水平的比值	0.0311
		城市群（城市）人口密度与全国（城市群）指标水平的比值	0.0198
		城市群（城市）每万人在校大学生数量与全国（城市群）指标水平的比值	0.0259

① 韩增林，李彬，张坤领．中国城乡基本公共服务均等化及其空间格局分析［J］．地理研究，2015，34（11）：2035－2048.

续表

目标层	准则层	指标层	指标权重
资源集聚能力	人口资源集聚能力	城市群（城市）从业人员占总人口比重与全国（城市群）指标水平的比值	0.0286
	土地资源集聚能力	城市群（城市）土地总面积占全国（城市群）总量的比重	0.0182
		城市群（城市）建成区面积占全国（城市群）总量的比重	0.0383
		城市群（城市）单位土地面积产出率与全国（城市群）指标水平的比值	0.0376
	经济资源集聚能力	城市群（城市）GDP 占全国（城市群）总量的比重	0.0368
		城市群（城市）人均 GDP 与全国（城市群）指标水平的比值	0.0336
		城市群（城市）GDP 增长率与全国（城市群）指标水平的比值	0.0180
		城市群（城市）固定资产投资强度与全国（城市群）指标水平的比值	0.0274
		城市群（城市）职工平均工资水平与全国（城市群）指标水平的比值	0.0256
		城市群（城市）规模以上工业企业数量占全国（城市群）总量的比重	0.0195
	金融资源集聚能力	城市群（城市）金融业从业人员比重与全国（城市群）指标水平的比值	0.0256
		城市群（城市）年末金融机构各项存款余额占全国（城市群）总量的比重	0.0203
		城市群（城市）保险公司保费收入占全国（城市群）总量的比重	0.0204
		城市群（城市）金融机构网点密度与全国（城市群）指标水平的比值	0.0209
	科技创新资源集聚能力	城市群（城市）每万人拥有专业技术人员数量与全国（城市群）指标水平的比值	0.0231
		城市群（城市）科学技术支出占财政支出比重与全国（城市群）指标水平的比值	0.0169
		城市群（城市）高新技术产业增加值占 GDP 比重与全国（城市群）指标水平的比值	0.0291
		城市群（城市）高校科研院所及高新技术企业数量占全国（城市群）总量的比重	0.0278
		城市群（城市）发明专利申请量占全国（城市群）总量的比重	0.0244

续表

目标层	准则层	指标层	指标权重
资源集聚能力	公共设施资源集聚能力	城市群（城市）公路网密度与全国（城市群）指标水平的比值	0.0122
		城市群（城市）旅客周转量占全国（城市群）总量的比重	0.0077
		城市群（城市）货物周转量占全国（城市群）总量的比重	0.0106
		城市群（城市）人均供水量与全国（城市群）指标水平的比值	0.0111
		城市群（城市）人均用电量与全国（城市群）指标水平的比值	0.0104
		城市群（城市）人均供气量与全国（城市群）指标水平的比值	0.0113
		城市群（城市）人均邮电业务收入与全国（城市群）指标水平的比值	0.0192
		城市群（城市）人均公共教育支出与全国（城市群）指标水平的比值	0.0095
		城市群（城市）每万人拥有专任教师数量与全国（城市群）指标水平的比值	0.0074
		城市群（城市）每万人拥有医生数量与全国（城市群）指标水平的比值	0.0118
	文化资源集聚能力	城市群（城市）文化产业主营业务收入占 GDP 比重与全国（城市群）指标水平的比值	0.0152
		城市群（城市）文化产业从业人员比重与全国（城市群）指标水平的比值	0.0291
		城市群（城市）每百人公共图书馆藏书量与全国（城市群）指标水平的比值	0.0120
		城市群（城市）艺术表演团体数量占全国（城市群）总量的比重	0.0125
	生态环境资源集聚能力	城市群（城市）环境治理投资额占财政支出比重与全国（城市群）指标水平比值	0.0097
		城市群（城市）城镇生活污水处理率与全国（城市群）指标水平的比值	0.0085
		城市群（城市）生活垃圾无害化处理率与全国（城市群）指标水平的比值	0.0099
		城市群（城市）人均绿地面积与全国（城市群）指标水平的比值	0.0135

续表

目标层	准则层	指标层	指标权重
资源集聚能力	政策资源集聚能力	城市群（城市）政府公共财政收入支出比与全国（城市群）指标水平的比值	0.0117
		城市群（城市）政府财政支出占GDP比重与全国（城市群）指标水平的比值	0.0103
		城市群（城市）民营经济增加值占GDP比重与全国（城市群）指标水平的比值	0.0101
	对外开放资源集聚能力	城市群（城市）进出口总额占GDP比重与全国（城市群）指标水平的比值	0.0266
		城市群（城市）实际利用外资金额占全国（城市群）总量的比重	0.0215
		城市群（城市）新签投资合同数占全国（城市群）总量的比重	0.0158
		城市群（城市）跨国公司数量占全国（城市群）总量的比重	0.0230
		城市群（城市）国际旅游外汇收入占全国（城市群）总量的比重	0.0176
		城市群（城市）接待入境旅游人数占全国（城市群）总量的比重	0.0218

4.3 本章小结

本章通过提出城市群资源集聚能力综合评价指标体系构建原则，采用专家论证、频度统计和数理统计方法，通过结构分解，构建城市群资源集聚能力的综合评价指标体系，具有较强的普适性，整个评价指标体系贴合城市群资源集聚能力的基本内涵、结构和功能。在确定综合评价指标体系的基础上，使用组合赋权法对指标进行赋权，从而计算城市群资源集聚能力得分。

5 长江中游城市群资源集聚能力的时序演化

根据前文构建的城市群资源集聚能力综合评价指标体系以及确定的指标权重，对长江中游城市群 1995—2014 年的资源集聚能力时序演化进行分析，从城市群整体层面、子城市群（圈）层面、城市层面三个层面对各自的资源综合集聚能力、资源分类集聚能力进行详细计算分析，刻画长江中游城市群资源综合集聚能力和各类资源的集聚能力时序演化特征，揭示城市群内各个子城市群（圈）间、各城市间资源集聚能力时序演化差异，并探讨其背后的原因与影响因素，为制定提升资源集聚能力政策提供决策依据（见图 5 -1）。

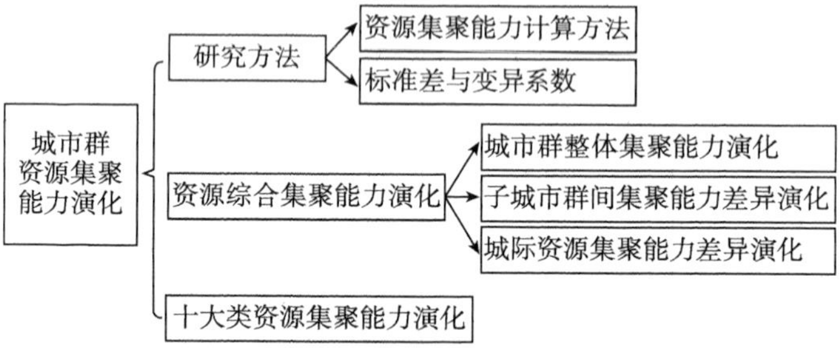

图 5 -1　研究思路框架

5.1 研究方法

5.1.1 资源集聚能力得分计算

根据第 3 章构建的城市群资源集聚能力综合评价指标体系以及所确定

的各项指标权重，对各项指标原始数据进行标准化处理，并对标准化之后的值与指标权重的乘积进行加权求和，计算城市群或各城市的资源集聚能力。资源集聚能力得分计算公式为：

$$A = \sum_{j=1}^{m} \omega_j x_{ij}^* \quad (j = 1, 2, \cdots, m) \tag{5-1}$$

5.1.2 标准差与变异系数

（1）标准差

如果用平均数作为城市资源集聚能力的代表，其代表性的强弱受城市资料中各观测值变异程度的影响。如果各观测值变异小，则平均数对城市群的代表性强；如果各观测值变异大，则平均数代表性弱。因而仅用平均数对一个资料的特征作统计描述是不全面的，需引入一个表示资料中观测值变异程度大小的统计量。标准差便是用来反映每个实际变量值与其趋势值（或算术平均值）的平均离散程度的统计量，作为随机误差的代表，它是随机误差绝对值的统计均值①。

统计学上把样本方差 S^2 的平方根叫作样本标准差，记为 S，即：

$$S = \sqrt{\frac{\sum (x - \bar{x})^2}{n - 1}} \tag{5-2}$$

由于：$\sum (x - \bar{x})^2 = \sum (x^2 - 2x\bar{x} + \bar{x}^2) =$

$$\sum x^2 - 2\frac{(\sum x)^2}{n} + n\left(\frac{\sum x}{n}\right)^2 = \tag{5-3}$$

$$\sum x^2 - \frac{(\sum x)^2}{n}$$

所以式（5-2）可改写为：

$$S = \sqrt{\frac{\sum x^2 - \frac{(\sum x)^2}{n}}{n - 1}} \tag{5-4}$$

① 陈未．浅析标准差在经济上的应用[J]．当代经济，2009(2)：164-165.

（2）变异系数

变异系数是衡量城市群中各城市资源集聚能力观测值变异程度的统计量。当进行两个或多个城市资源集聚能力变异程度的比较时，如果度量单位与平均数相同，可以直接利用标准差来比较。如果单位和（或）平均数不同时，比较其变异程度就不能采用标准差，而需采用标准差与平均数的比值（相对值）来比较。标准差与平均数的比值称为变异系数，记为 $C \cdot V$。变异系数可以消除单位和（或）平均数不同对两个或多个资料变异程度比较的影响。

变异系数的计算公式为①：

$$C \cdot V = \frac{S}{\bar{x}} \times 100\% = \frac{1}{\bar{x}} \sqrt{\frac{\sum (x - \bar{x})^2}{n - 1}} \times 100\% \qquad (5-5)$$

5.1.3 数据来源与处理

统计数据主要来源于1996—2015年《中国城市统计年鉴》《湖北统计年鉴》《湖南统计年鉴》《江西统计年鉴》和《中国县域统计年鉴》等统计年鉴，以及各城市国民经济与社会发展统计公报。考虑到数据的连续性和稳定性，对于在研究时段内发生行政区划调整的城市，基于调整后最新的行政区划，对调整前的行政单元数据进行归并处理。

5.2 长江中游城市群资源综合集聚能力的时序演化

5.2.1 长江中游城市群资源综合集聚能力的整体演化

基于构建的资源集聚能力综合评价指标体系，根据式（5－1）计算1995—2014年长江中游城市群资源集聚能力的变化情况，计算结果如表5－1所示。

① 刘彦随，杨忍．中国县域城镇化的空间特征与形成机理[J]．地理学报，2012，67(8)：1011－1020.

表5-1 1995—2014年长江中游城市群资源集聚能力计算结果

年份	资源集聚能力值										
	综合	人口资源	土地资源	经济资源	公共设施资源	生态环境资源	科技创新资源	金融资源	文化资源	政策资源	对外开放资源
1995	0.607	0.116	0.07	0.137	0.076	0.031	0.039	0.028	0.031	0.031	0.048
1996	0.703	0.127	0.072	0.145	0.093	0.049	0.042	0.062	0.026	0.039	0.048
1997	0.729	0.141	0.07	0.158	0.094	0.056	0.043	0.061	0.025	0.033	0.048
1998	0.705	0.131	0.067	0.169	0.086	0.053	0.04	0.054	0.025	0.035	0.045
1999	0.652	0.127	0.058	0.158	0.07	0.05	0.037	0.043	0.026	0.034	0.049
2000	0.62	0.123	0.06	0.143	0.068	0.038	0.046	0.043	0.029	0.025	0.045
2001	0.597	0.119	0.062	0.128	0.061	0.038	0.04	0.032	0.034	0.048	0.035
2002	0.611	0.116	0.062	0.127	0.085	0.034	0.037	0.031	0.042	0.044	0.033
2003	0.592	0.105	0.066	0.129	0.09	0.035	0.038	0.032	0.035	0.031	0.031
2004	0.659	0.115	0.065	0.147	0.103	0.041	0.034	0.041	0.034	0.042	0.037
2005	0.661	0.111	0.062	0.158	0.1	0.047	0.036	0.04	0.031	0.044	0.032
2006	0.701	0.116	0.061	0.165	0.101	0.047	0.04	0.038	0.045	0.044	0.044
2007	0.675	0.111	0.06	0.16	0.093	0.042	0.049	0.048	0.035	0.039	0.038
2008	0.694	0.117	0.069	0.164	0.089	0.039	0.048	0.052	0.033	0.045	0.038
2009	0.697	0.113	0.069	0.165	0.088	0.053	0.051	0.04	0.033	0.045	0.04
2010	0.68	0.109	0.067	0.163	0.084	0.057	0.052	0.036	0.031	0.042	0.039
2011	0.734	0.113	0.07	0.179	0.086	0.077	0.058	0.042	0.033	0.034	0.042
2012	0.753	0.111	0.07	0.186	0.089	0.073	0.064	0.043	0.025	0.046	0.046
2013	0.775	0.102	0.079	0.191	0.091	0.078	0.07	0.043	0.034	0.038	0.049
2014	0.853	0.113	0.085	0.195	0.099	0.074	0.09	0.056	0.037	0.047	0.057

（1）城市群资源综合集聚能力在波动中保持增长

结果显示，长江中游城市群的资源综合集聚能力值由1995年的0.607增长到了2014年的0.853，年均增长率为1.8%，增长相对缓慢（见图5-2）。从20年间资源综合集聚能力的变化曲线来看，总体呈波动性变化特征，大体可以分为快速上升（1995—1997年）、快速下降（1997—2003年）、波动增长（2003—2014年）三个阶段。

① 1995—1997年：长江中游城市群资源综合集聚能力值呈快速增长势

头，年增长率达10.77%，这与1992年之后中国正式确立社会主义市场经济体制、实行改革开放的大背景相符合，经济改革成果初步显现，区域经济社会发展取得较大进步，对各种资源要素的吸引力增强，集聚能力增长较快。

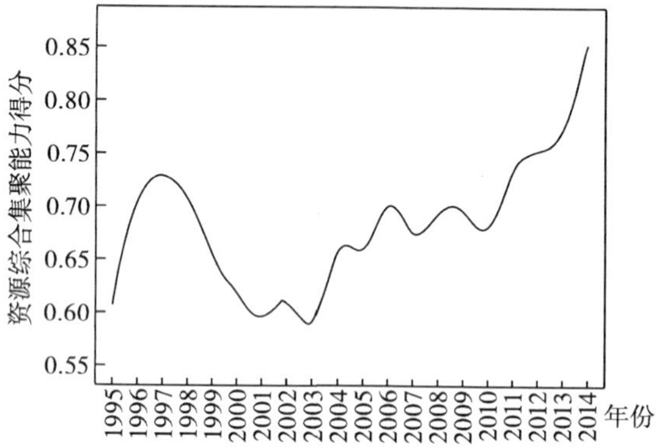

图5－2　长江中游城市群资源综合集聚能力的时序演化

②1997—2003年：长江中游城市群的资源综合集聚能力得分从1997年的0.729快速下降到2003年的0.592，虽然在2002年有所回升，但2003年又继续下跌，其原因很可能是由于1997年亚洲金融危机、1998年长江洪涝灾害和2003年的“非典”事件影响，对实体经济造成严重负面影响，资源要素为躲避危机而四处转移，集聚能力显著下降。

③2003—2014年：长江中游城市群资源综合集聚能力在波动中总体呈跳跃上升趋势，市场经济发展和加入世贸组织后的政策红利，以及区域内三个子城市群（圈）战略的实施，使得区域经济发展速度加快，其间虽然受到了2008年国际金融危机的短暂影响，资源集聚能力值有所下降，但在政府的政策刺激作用下，城市群发展受到的影响较小，在经济回暖的大背景下，资源集聚能力总体仍呈现上升趋势。

（2）不同类别的资源集聚能力变化差异显著

从长江中游城市群各类资源的集聚能力值计算结果来看（见图5－3），各类资源间的集聚能力值变化差异较大。其中，经济资源集聚能力值与城市群资源综合集聚能力值的演化曲线具有较高的一致性，经济资源是城市群综合资源体系中的“序参量”。人口资源集聚能力值在 1997 年达到峰值 0. 141，此后便呈现出逐渐下降趋势，暗示城市群内人口有向外迁出流失的趋向，这与现实人口流动特征相符。土地资源集聚能力值呈缓慢下降和缓慢上升的特征，变化幅度较小。公共设施资源集聚能力值的演化表现出波动较大的变化特征，但期末集聚能力值较期初略有下降，公共设施的发展滞后于经济发展速度。城市群生态环境资源和科技创新资源的集聚能力值演化趋势较为一致，都表现出前期略微下降后期较快增长的走向特征，得益于“两型社会”建设和教育科研等事业的快速发展，研究期末城市群生态环境资源和科技创新资源集聚能力有了较大增长。金融、文化、政策和对外开放资源的变化特征较为相似，四种资源集聚能力总体呈弱增长或略有下降，在综合资源体系中表现不突出。

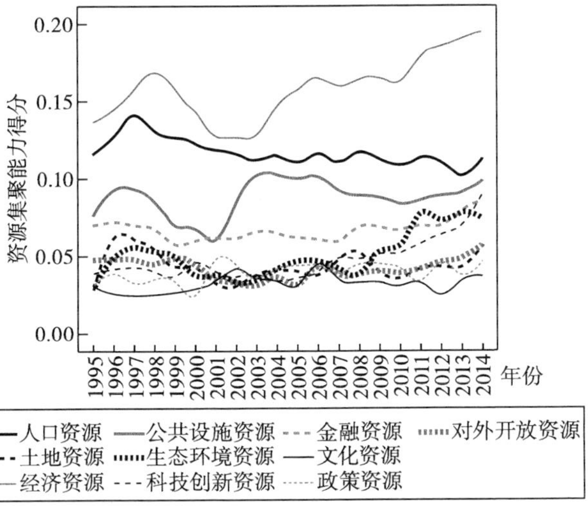

图 5－3 长江中游城市群各大类资源集聚能力的时序演化

（3）城市群资源综合集聚能力在全国处于第四极地位，部分优势资源集聚能力较强

为了更加直观地判断长江中游城市群资源集聚能力在全国的地位，采用对比分析的方法，收集五个国家级城市群（长三角城市群、珠三角城市群、京津冀城市群、长江中游城市群、成渝城市群）的相关数据并进行归

一化处理，计算分析五个城市群的资源集聚能力差异，从而判断各自在全国资源体系中的地位。

结果显示，五大国家级城市群中，资源综合集聚能力最强的是长三角城市群（见图5-4），其资源集聚能力值高达0.819，是排名第二位的珠三角城市群资源集聚能力值（0.567）的1.44倍；京津冀城市群排名第三位其资源集聚能力值为0.512；长江中游城市群的资源综合集聚能力在五大国家级城市群中排名第四位，资源集聚能力值为0.361，低于五个城市群的平均水平（0.507），成渝城市群排名第五。

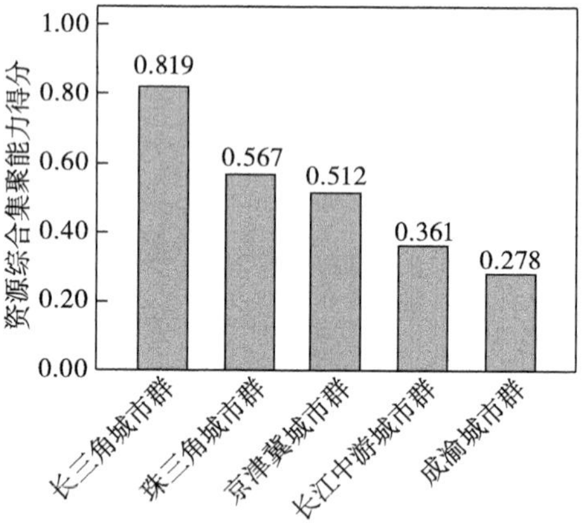

图5-4　五大国家级城市群资源综合集聚能力差异对比

在各大资源类别层面，人口、经济、金融、科技创新、对外开放、土地等资源集聚能力排名第一的城市群是长三角城市群（见图5-5），表明其作为中国最大、发育最成熟的城市群的地位无可争议。紧随其后的是珠三角城市群，在大部分种类的资源集聚能力上排名第二，尤其是生态环境和公共设施资源集聚能力甚至超过了长三角城市群。长江中游城市群在经济、土地、文化、科技创新、公共设施等优势资源方面排名第三位，集聚能力表现突出，如果补足其他几类资源方面的短板，具有成为全国第四大增长极的潜力和优势。

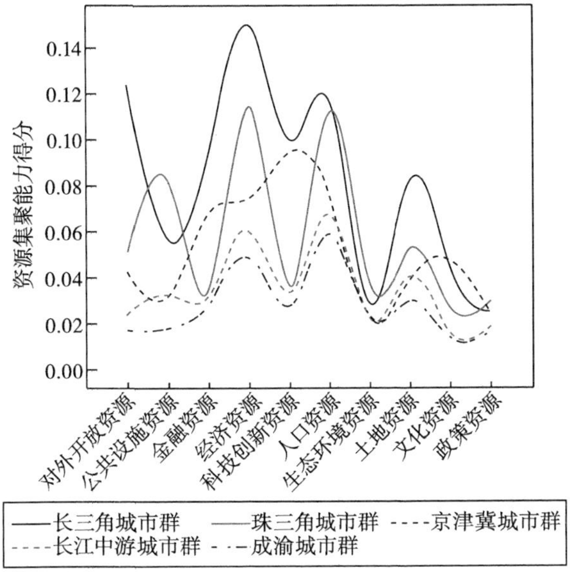

图 5－5　五大国家级城市群各大类资源集聚能力差异对比

5.2.2　长江中游城市群资源综合集聚能力的群（圈）际差异演化

武汉城市圈及周边地区、环长株潭城市群、环鄱阳湖城市群是长江中游城市群的三大组成部分，通过对这三个子城市群（圈）的资源综合集聚能力进行计算可知：1995—2014 年，三个子城市群（圈）资源集聚能力呈跳跃式变化，但群（圈）际差异总体趋于扩大（见图 5－6）。武汉城市圈及周边地区是三个子城市群（圈）中资源集聚能力最强的城市圈，环长株潭城市群居中，最弱的为环鄱阳湖城市群。在资源集聚能力的时序演化方面，三个子城市群（圈）在 1997 年之后，都经历了"断崖式"下跌的过程，2001 年之后才在波动中上升，呈跳跃式变化特征，可能是由于 1997 年之后逐渐走出亚洲金融危机和洪涝灾害的影响。武汉城市圈的资源集聚能力值演化曲线趋向于周期性剧烈波动变化特征，其值从 1995 年的 0.31 增长到 2014 年的 0.44，总体增幅较大，2008 年的下跌暗示受到国际金融危机的影响较大。环长株潭城市群和环鄱阳湖城市群的资源集聚能力值走向较为一致，更趋向于先下降后上市的“V”形演化特征，且2001年之后其集聚能力值总体都呈增长趋势，尤其是环鄱阳湖城市群的资源集聚能力值从1995年的0.24上涨到了2014年的0.29，增幅较大。整体来看，由于武汉城市圈资源集聚能力值在武汉等城市带动下的后期增长，以及环长株潭城市群和环鄱阳湖城市群资源集聚能力值的较快增加，使得群（圈）际资源集聚能力差异总体趋于扩大。

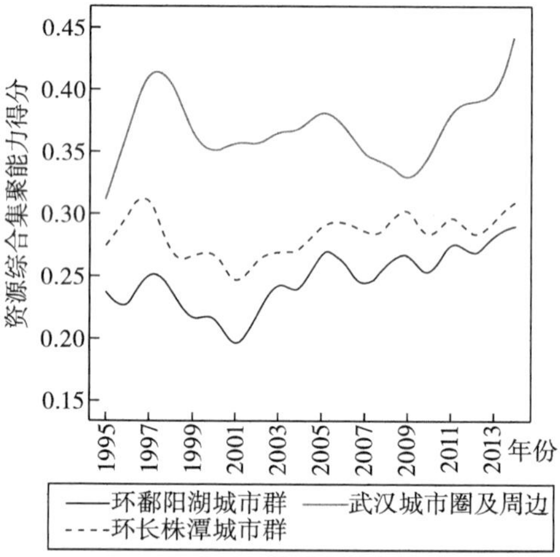

图5-6 长江中游城市群三个子城市群（圈）资源集聚能力差异演化

5.2.3 长江中游城市群资源综合集聚能力的城际差异演化

（1）城市间资源综合集聚能力的“阶级”差异基本固化

在分析长江中游城市群的整体资源集聚能力的基础上，计算城市群内部各城市间的资源综合集聚能力差异。结果显示，1995—2014年，长江中游城市群31个城市（或县区）间的资源综合集聚能力演化曲线变化较为稳定（见图5-7），大致可以分为中心城市和非中心城市两大类型。三个省会中心城市武汉、长沙、南昌的资源集聚能力值曲线走势基本一致，20年间一直处于前三强的位置，且其与整个长江中游城市群的资源集聚能力演化趋势高度相似，暗示长江中游城市群的资源集聚特征是中心城市带动型；而其他非中心城市资源集聚能力变化曲线则基本都成波浪形的演化趋势，年际间变化的波动性较大，与三大中心城市相比差距较大，且这种“阶级”差距已基本固化。

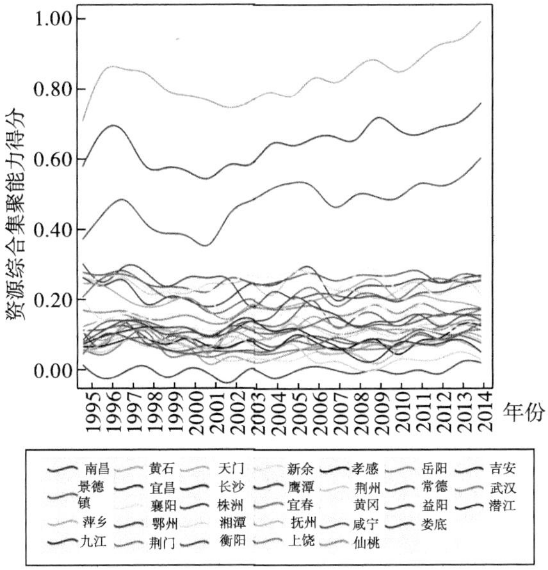

图5-7 长江中游城市群各城市资源综合集聚能力演化

（2）城际资源综合集聚能力绝对差异变化较小，相对差异在波动中保持平衡

为了分析长江中游城市群内部城市间的资源综合集聚能力差异，计算其标准差和变异系数。结果发现，各城市间资源集聚能力值的标准差从1995年的0.136增长到2014年的0.151，变化幅度极小，几乎成直线型演化趋势（见图5-8），表明城市间资源综合集聚能力的绝对差异基本固定。而各城市间资源集聚能力的相对差异则在波动中保持了小幅增长，研究期末城际资源综合集聚能力相对差异较期初略微增大，变异系数从1995年的0.606仅增长到2014年的0.708。从变异系数的演化特征来看，表现出一种在经济发展环境不景气年份（如1997—1998年）城市资源集聚能力差异缩小而在经济发展势头良好年份（如2005—2008年）城市资源集聚能力差异扩大的特征。

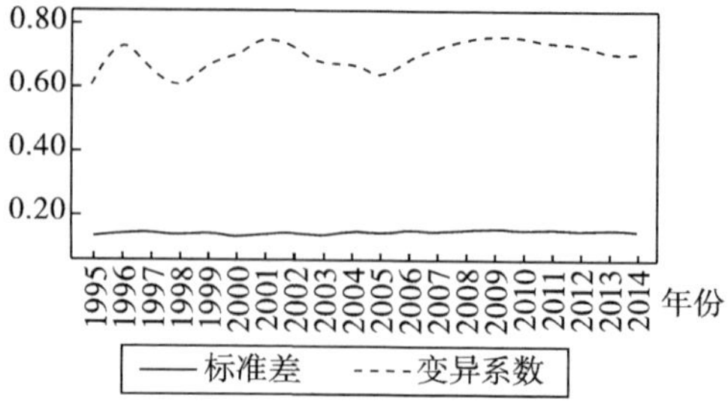

图 5-8 长江中游城市群城际资源综合集聚能力标准差与变异系数演化

5.3 长江中游城市群各类资源集聚能力的时序演化

5.3.1 人口资源集聚能力演化

人口资源作为城市群发展的基础性资源，对城市群发展至关重要，从某种程度上来说，城市（群）发展竞争归根到底是人才的竞争。人口的集聚，特别是外来流动人口的流入，能够为城市群发展提供充足的劳动力和人才资源，以人口集聚为媒介，带动先进知识技术工具、丰富工作经验和优良工作制度在城市群内传播开来，促使劳动力通过参与城市就业竞争不断提高自身素质，为城市群发展不断注入新的活力与动力。同时，人口的集聚也意味着庞大的市场和消费服务需求，能够刺激城市群经济发展，带动城市群公共服务设施和基础设施的更新升级，提升城市群影响力和辐射力。

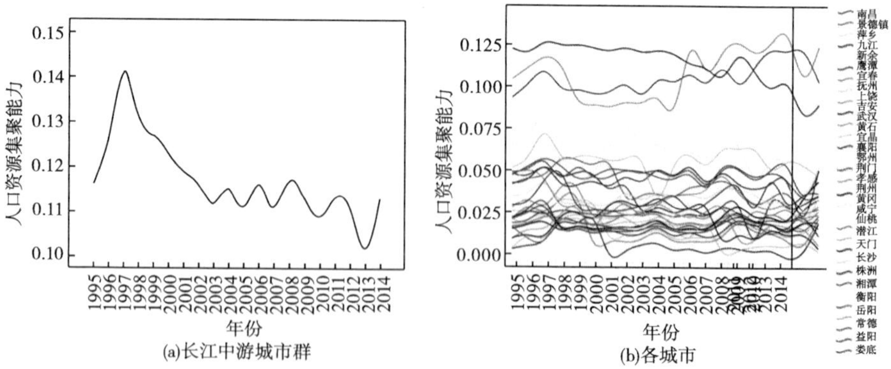

图 5-9 长江中游城市群及城市群内各城市人口资源集聚能力演化

（1）1995—2014 年，长江中游城市群的人口资源集聚能力由 1997 年的最高值 0.141 下降到 2014 年的 0.113，整体呈波动下降趋势（见图 5 - 9a）。1995—1997 年，长江中游城市群人口资源集聚能力处于快速增长阶段，但在 1997 年之后快速下降，到研究期末其集聚能力值 0.113 低于期初的 0.116。究其原因，这与城市群所处的发展阶段直接相关，1992 年中国确立市场经济制度以后，东南沿海地区获得快速发展，内陆欠发达省份地区劳动力向东南沿海发达地区大量迁移，形成了著名的“孔雀东南飞”现象；湖北、湖南、江西三省由于在地理位置上更靠近珠三角地区，且三省城镇化率相对较低，农村剩余劳动力数量较大，因此在 20 世纪 90 年代之后的发展中逐渐成为珠三角地区重要的劳动力来源地。根据第六次全国人口普查结果，湖北、湖南、江西三省一直属于人口净流出的省份①（见图 5 - 10），且珠三角和长三角成为其重要的人口迁移目的地。长江中游城市群位居湖北、湖南、江西三省境内，城市群内人口密度整体较低，且经济发展水平和就业市场发展水平滞后于沿海发达地区，对高端人才的吸引力较小，长期以来农村剩余劳动力和高科技人才资源流失现象严重，导致人口资源集聚能力持续下降。

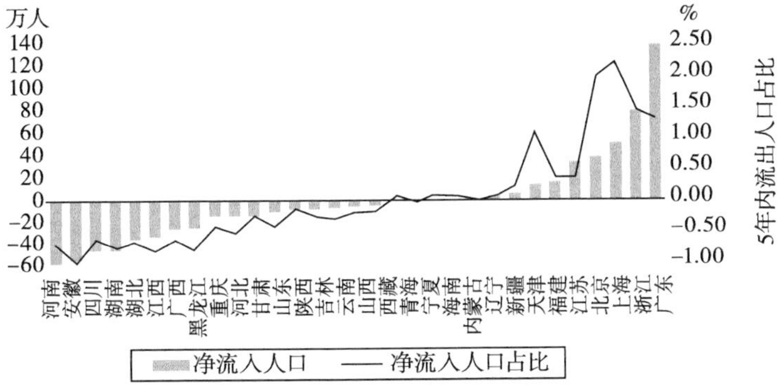

图 5 - 10　2005—2010 年全国人口净流入净流出分布

（2）长江中游城市群内各城市人口资源集聚能力变化差异显著，除少

① 资料来源：城市数据团，http://www.raincent.com/content-10-4628-1.html。

数几个大城市人口资源集聚能力显著上升外，其他城市总体增长较小或略有下降。1995—2014 年，武汉、南昌、九江、鹰潭等几个城市的人口资源集聚能力显著增长。长沙市人口资源集聚能力有所下降，近年来其城市人口数量呈低速增长趋势，2010—2013 年长沙市常住人口年均增长 0.85%，比 2000—2010 年增速下降 0.53 个百分点，2010—2013 年长沙市年均增加净流入人口仅 1.21 万人①，这对于一个省会城市来说发展较为缓慢，与同期城市群内武汉年均 13 万人的净流入人口数量相比差距巨大。武汉城市圈及周边“宜荆荆”地区内，除武汉市外的大部分城市（包括宜昌、襄阳副中心城市）人口资源集聚能力基本呈下降、略微增长或基本不变的特征，这与湖北省内武汉“一城独大”的城市发展特点相符合，武汉市对湖北全省的人口资源形成巨大的“抢夺”效应。环长株潭城市群和环鄱阳湖城市群内的大部分非省会城市人口资源集聚能力总体保持稳定，变化幅度较小。

5.3.2 土地资源集聚能力演化

土地资源集聚能力主要以土地总面积、建成区面积、单位建成区面积产出率等指标为衡量标准，在区域土地总面积不变的情况下，城市建设用地扩张、土地利用效率成为主要的考察方向。1995—2014 年，长江中游城市群土地资源集聚能力在波动变化中总体呈增长趋势（见图 5 - 11a），一方面表明其城市扩张速度加快，建成区面积不断增加；另一方面土地集约利用效率不断提高，土地开发强度和密度较大。从城市群内各城市土地资源集聚情况来看，高集聚能力的城市表现出中心城市或大城市指向性特征，大城市意味着超高密度、压缩型的发展模式，由于其城市规模、人口密度、经济总量较大，因此在土地资源集聚能力方面得分最高。城市群内武汉、长沙、南昌三个城市的土地资源集聚能力最高，其次为黄石、宜昌、襄阳、株洲、九江等次级城市。总体来看，各城市土地资源集聚能力呈略微上升趋势，表明以往的城市粗放发展模式和用地模式得到一定程度

---

① 资料来源：长沙统计信息网，http://www.cstj.gov.cn/static/jcztfx/20140429/26069.html。

的纠正。

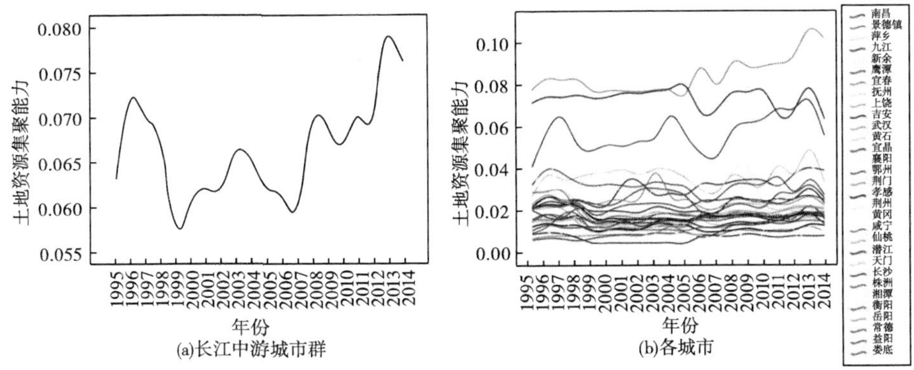

图 5－11 长江中游城市群及城市群内各城市土地资源集聚能力演化

5. 3. 3 经济资源集聚能力演化

经济实力和经济发展水平是衡量城市（群）发展水平的重要依据，经济资源的集聚能力在一定程度上能够代表城市群的发展潜力和吸引力。从本质上讲，城市群经济是集聚经济的一种重要体现。经济资源在城市群的集聚，使各经济主体能够享受到空间临近带来的劳动力市场与基础设施共享、专业化服务、空间交易成本降低等方面的正外部效应。

1995—2014 年，长江中游城市群经济资源集聚能力经历了先上升、后下降、再上升的阶段性变化，总体呈“V”形变化特征（见图 5－12a）。1995—1998 年，长江中游城市群经济资源集聚能力快速提升，但 1998 年之后迅速下降，且下降趋势持续到 2003 年才探底回升，2003 年之后基本上呈不断提升趋势。这种变化特征与 1997 年亚洲金融危机和 1998 年长江大洪水大背景相吻合，金融危机和洪涝灾害的叠加影响对经济发展的“冲击波”直到 2003 年之后才逐渐消除；2008 年国际金融危机对长江中游城市群经济资源集聚能力影响较小，可能是在政府基础设施投资政策刺激作用下，对城市群内装备制造、汽车及交通运输设备制造、冶金、化工等优势产业起到促进作用。从长江中游城市群内各城市经济资源集聚能力变化曲线来看（见图 5－12b），在总体演化特征上，各城市基本上与城市群整体保持一致，即在1998—2003年也存在低值区间，2003年之后逐渐上升，但变化幅度相对缓和，其波动性特征更为明显。此外，1995—2014年武汉、长沙、南昌三个中心城市经济资源集聚能力提升较快，其他大部分城市则在波动中保持相对稳定，上升或下降幅度较小，表明在经济发展领域，三个省会城市仍然是长江中游城市群的“领头羊”。

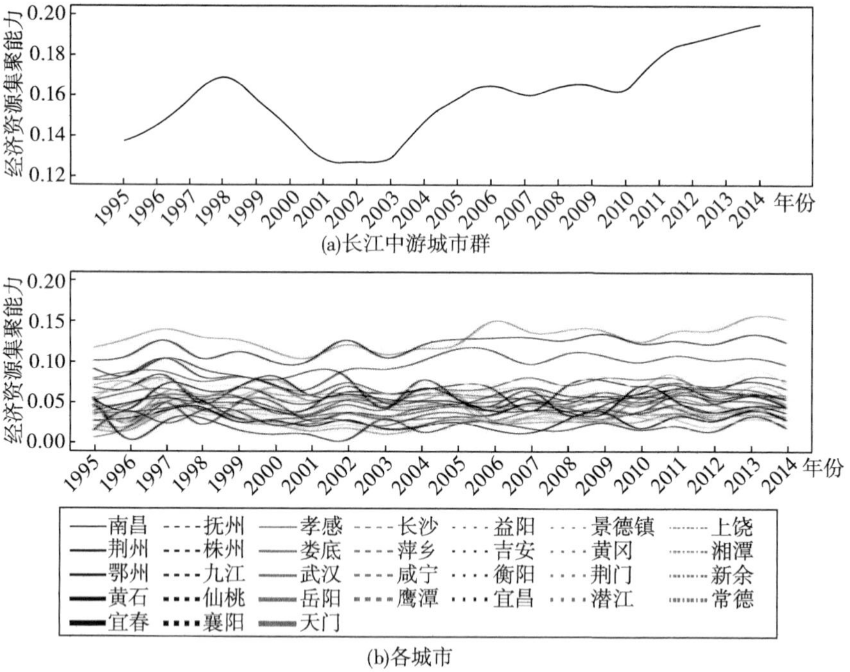

图5-12 长江中游城市群及城市群内各城市经济资源集聚能力演化

5.3.4 金融资源集聚能力演化

现代经济是市场经济，而金融是其核心，是调控宏观经济的重要杠杆，对市场中各种资源配置起到关键作用。金融在市场经济中是联结各经济主体的纽带，金融运动引导物质资源运动和资源配置。金融资源作为一种战略稀缺资源，其空间分布存在显著的集聚特征①，全球各大城市群往

① 覃剑．城市群金融资源空间配置研究进展[J]．区域金融研究，2013(4):35-39.

往也是金融资源高度密集区，如世界著名五大城市群（美国东北部大西洋沿岸城市群、北美五大湖城市群、日本太平洋沿岸城市群、欧洲西北部城市群、以伦敦为中心的英国城市群）囊括了纽约、芝加哥、东京、巴黎、伦敦等主要的国际金融中心。

本研究在构建评价指标体系时，将金融资源从经济资源中单独剥离出来，对长江中游城市群和群内各城市金融资源集聚能力进行单独分析。结果显示，1995—2014 年，长江中游城市群金融资源集聚能力波动变化较大，但其研究期末得分值（0.056）相较于研究期初（0.028）有大幅提升，总体表现出一种“W”形曲线的剧烈波动特征（见图 5－13a）。在 1997 年和 2008 年两个节点上，长江中游城市群金融资源集聚能力出现两次高峰，这与两次金融危机的发生时间高度吻合，表明其受到金融危机的直接影响。到研究期末，长江中游城市群金融资源集聚能力值比期初增长两倍，金融资源集聚能力大幅提高，这与城市群内拥有武汉、长沙等金融实力较强的城市密不可分。

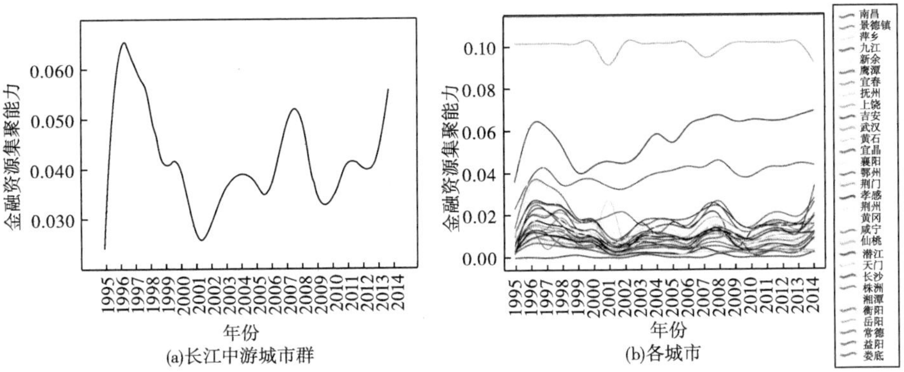

图 5－13 长江中游城市群及城市群内各城市金融资源集聚能力演化

在城市群内部，武汉市以其绝对金融优势占据龙头地位，其金融资源集聚能力得分值一直处于高位水平，略有波动（见图 5－12b），这与现实中武汉历史悠久、基础雄厚的金融业发展状况相符。1949 年以前，武汉曾是仅次于上海的金融中心，汉口曾有“东方芝加哥”之誉，江汉路有“汉口华尔街”之称，当前汇聚了 300 余家银行总部、证券、期货、保险、信托等各类金融机构，金融网点高度密集。在第七期《中国金融中心指数（CDI·CFCI）报告》中，武汉处于全国区域金融中心前十地位，是中部地区的区域金融中心①。除武汉外，长江中游城市群内其他城市的金融资源集聚能力表现出高度相似的演化特征，尤其是1997年和2008年两次金融危机时间节点出现两个得分值高峰，其中长沙是城市群内仅次于武汉市的第二大金融资源集聚能力较强的城市，且其金融发展竞争力在全国排名第21位。

5.3.5 科技创新资源集聚能力演化

从某种程度来讲，城市群科技创新水平的高低决定了其未来的发展潜力，因此能够集聚各种高端科技创新资源要素对城市群发展至关重要。科技资源由于其稀缺性和重要性，其分布具有明显的地域集聚特征。在城市群内，通过政府间、政府与企业、企业间的信息交流和知识共享，可以促使科技创新资源要素有效地集聚、共享和流动，产生集聚效应和溢出效应，实现资源的优化配置。

长江中游城市群以武汉、长沙、南昌等城市为主的科技创新资源尤为丰富，科技创新资源集聚能力拥有雄厚的基础依托，优势明显。1995—2014年，其得分值由0.039增长到0.09，增长幅度较大（见图5－14a）。从城市群内部来看，武汉市以其毫无争议的巨大资源优势处于城市群绝对支配地位（见图5－14b），集聚能力持续增强；其次为同样拥有较多科技创新资源的长沙市，集聚能力也不断提高且后期增速较快；南昌、襄阳、宜昌、株洲、九江等几个科技创新产业发展较好的城市，科技创新资源集聚能力总体波动增长或略有增长；其他城市科技资源集聚能力则略有下降。

① 综合开发研究院（中国·深圳）课题组．中国金融中心指数（CDI·CFCI）报告（第七期）[M]. 北京：中国经济出版社，2015：18－156.

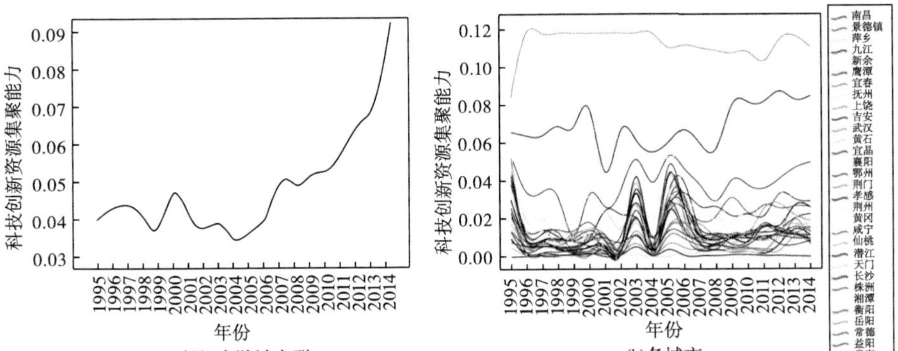

(a)长江中游城市群 (b)各城市

图 5－14 长江中游城市群及城市群内各城市科技创新资源集聚能力演化

5.3.6 公共设施资源集聚能力演化

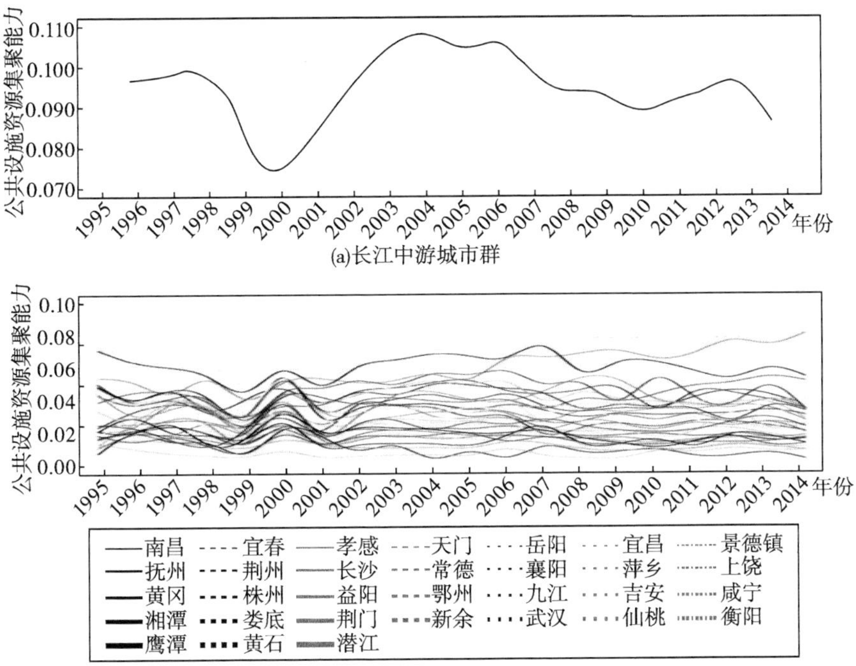

(a)长江中游城市群

(b)各城市

图 5－15 长江中游城市群及城市群内各城市公共设施资源集聚能力演化

城市群的发展需要完善的交通、供水、供电等基础设施和教育、医疗等公共服务设施提供基础支撑和保障，公共设施资源的集聚水平能够反映城市群的后续发展保障支撑能力。1995—2014 年，长江中游城市群公共设施资源集聚能力在波动中有所下降（见图 5 - 15a），其经历了 1998 年长江洪涝灾害对公共设施的破坏，直到 2000 年设施集聚水平才得到提高，但 2004 年以后又逐渐呈下降趋势，这反映出公共设施的发展水平滞后于城市群的发展，需要强化设施的保障能力，为人口等资源要素的集聚提供良好环境。

在城市群内，除武汉市公共设施资源集聚能力在 1995—2014 年呈上升趋势外，其他城市大都略有下降（见图 5 - 15b），公共设施水平都有待提高，且城市间公共设施资源集聚水平差距相较于其他类资源较小，大部分城市公共设施资源集聚能力波动变化较为均匀，“波浪形”演化特征显著。

5.3.7 文化资源集聚能力演化

文化资源是城市在历史发展过程中不断积累起来的体现城市底蕴和特色的重要资源，是城市软实力的象征和城市综合竞争力的重要组成部分，是彰显城市个性、提升城市品位、塑造城市品牌形象的内涵所在。合理利用城市文化资源可以培育新的经济增长点，对城市发展能够起到重要的带动作用。1995—2014 年，长江中游城市群文化资源集聚能力在波动中上升，得分年际变化差异较大（见图 5 - 16a）。长江中游城市群是以荆楚文化、湖湘文化等为主体的区域，文化资源丰富，但与国内其他文化资源丰富、文化产业发展迅速的地区相比，当地文化资源有待进一步挖掘。长江中游城市群内，各城市文化资源集聚能力变化差异显著，城市群内长沙市文化资源集聚能力最高、增长速度最快（见图 5 - 16b），近年来长沙市通过合理保护和开发城市特色文化资源，加大文化创新和文化品牌建设力度，形成了媒体传播、文化娱乐、卡通动漫、文化旅游等城市支柱产业，对提升长沙城市形象和知名度起到重要的推动作用。除长沙市外，其他几个文化资源丰富、文化产业发展较快的城市，如武汉、景德镇、荆州、襄阳、宜昌、九江的文化资源集聚能力也增长较快。

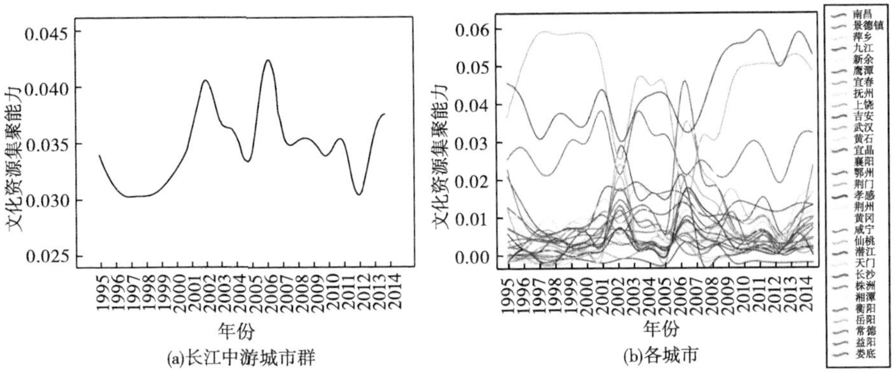

图 5-16 长江中游城市群及城市群内各城市文化资源集聚能力演化

5.3.8 生态环境资源集聚能力演化

“绿水青山就是金山银山”，作为城市（群）软实力的重要组成部分，良好的生态环境资源是城市（群）综合竞争力的重要表现。生态环境是城市群复杂系统的重要构成，对城市群人口、产业、技术等资源要素的集聚产生直接影响。长江中游城市群属于江河湖集聚区，城市群内生态环境资源丰富，拥有鄱阳湖、洞庭湖、洪湖、长江、汉江、湘江、清江等江河湖泊，连接鄂湘赣的幕阜山、湘赣边界的罗霄山北段，形成了一个天然的“绿色心脏”地带（见图 5-17），是长江中游城市群的“绿心”。从全国范围来看，长江中游城市群是生态环境资源丰富的城市群之一。

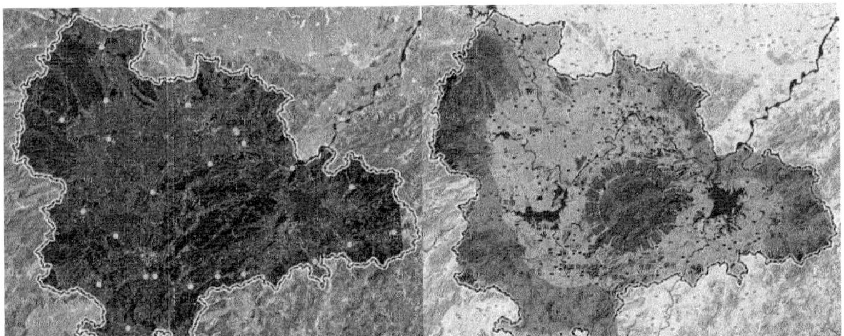

图 5-17 长江中游城市群生态绿系分布

1995—2014 年，长江中游城市群生态环境资源集聚能力大幅提升，得分值由 1995 年的 0. 031 到增长到 2014 年的 0. 074，增长了 139%（见图 5－18a）；特别是 2008 年之后，生态环境资源集聚能力大幅提升，这与当时的政策背景有密切关联。国家层面和赣、鄂、湘三省分别出台了一系列生态环境保护政策，2007 年国家发改委批准武汉城市圈和长株潭城市群为全国资源节约型和环境友好型社会建设综合配套改革试验区，2009 年国务院正式批复《鄱阳湖生态经济区规划》，这三个“国字号”政策大大推动了长江中游城市群的生态环境建设。

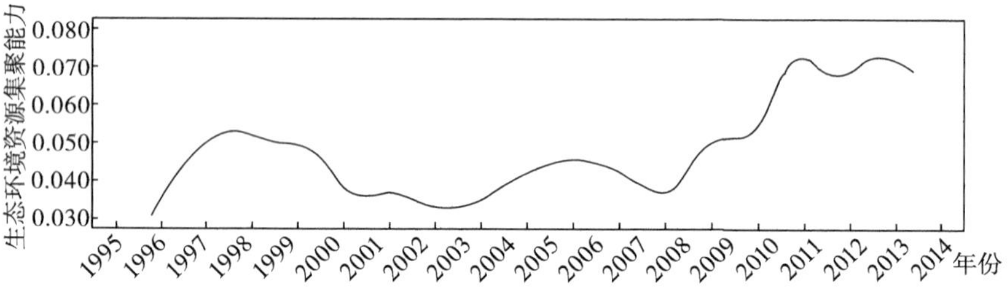

(a)长江中游城市群

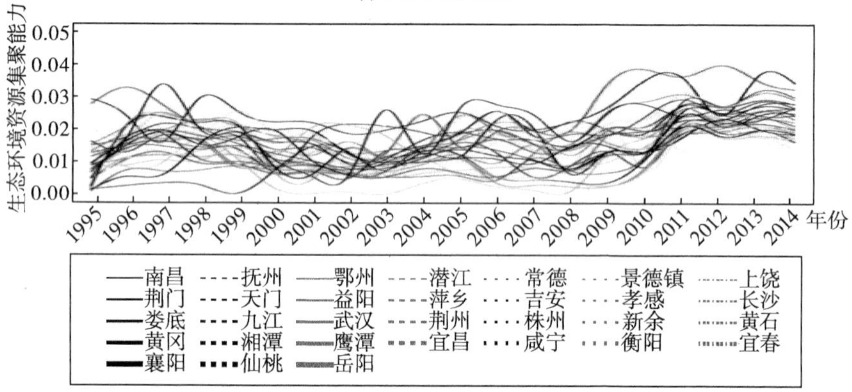

(b)各城市

图 5－18　长江中游城市群及城市群内各城市生态环境资源集聚能力演化

从城市尺度来看，1995—2014 年，长江中游城市群内大部分城市生态环境资源集聚能力都显著提高，得分值曲线从 2008 年开始快速上扬（见图 5－18b），这与 2007 年以后武汉城市圈和长株潭城市群“两型社会”综合改革试验区政策实施，以及 2009 年后鄱阳湖生态经济区建设的发展背景相符合。得分最高的几个城市，如九江、景德镇、咸宁、上饶、鹰潭、南昌、益阳等城市增长幅度较大，排名前几位的城市大部分是环鄱阳湖城市群内城市，这是因为江西省工业化和城市化发展相对较为滞后，对生态环境的破坏较小，生态环境资源得以保留和受到保护，2014 年江西省全省被列入国家生态文明先行示范区建设名单。2013 年江西省率先出台了《2013 年度市县科学发展综合考核评价实施意见》，《江西省生态文明先行示范区建设实施方案》获国家发改委等六部委正式批复，湖北省发布了《湖北生态文明建设考核办法（试行)》，湖南省率先在全国出台《湖南省环境保护工作责任规定（试行)》和《湖南省重大环境问题（事件）责任追究办法（试行)》，建立完善了生态红线、生态补偿、生态损害赔偿、排污权有偿使用和交易等系列环境保护管理制度。2014 年，长江中游城市群森林覆盖率达 44%，是全国平均水平的 2 倍，地级以上城市空气质量达标比例为 75% 以上。

5.3.9 政策资源集聚能力演化

作为影响经济活动运行的两大因素之一，政策是与市场同等重要的区域发展影响因子，甚至从某种程度上说，政策可以支配和调控区域内各种资源的优化配置。政府各种优惠政策叠加作用于某一区域，会引导各种资源向该区域集聚，促进该区域快速发展，中国改革开放后东南沿海地区快速发展起来便是对外开放政策实施的结果。然而，直接对政策资源的集聚能力进行定量计算难度较大，因此，本研究从政府执行力、市场经济发育水平等侧面指标来分析其集聚能力。

1995—2014 年，无论是整个长江中游城市群，还是城市群内各个城市，其政策资源集聚能力变化都表现出巨大的波动性，得分值曲线呈现出“W”形波幅变动的特征（见图 5－19)，但到研究期末，长江中游城市群的政策资源集聚能力相较于期初有较大提升，各城市得分值大都实现了一定增长。这表明，整体上长江中游城市群的发展得到的政策优势逐渐增多，政府财政收入增加，执行力增强，市场经济发育良好，这与 21 世纪后该区域经济发展速度加快，以及近年来国家和鄂、湘、赣三省出台多项政策促进长江中游城市群发展紧密相关。

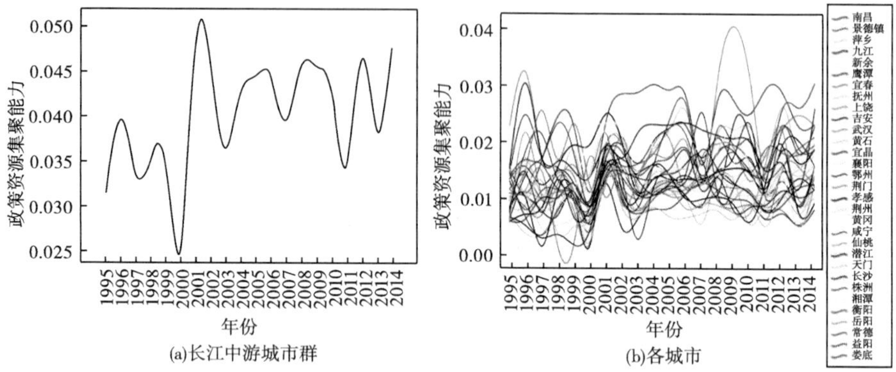

(a)长江中游城市群　　(b)各城市

图 5-19　长江中游城市群及城市群内各城市政策资源集聚能力演化

5.3.10　对外开放资源集聚能力演化

区域对外开放程度提高，不仅能够引入经济发展所急需的各类资金和先进技术、管理方法，增加外来投资，加强国际合作交往，更重要的是，能够提高区域发展水平和层次、促进产业升级和经济转型。对外开放资源的集聚，往往能够推动城市朝更高层次发展，提高城市在城市体系中的层级，增强城市综合竞争力。

1995—2014 年，长江中游城市群对外开放资源集聚能力经历了两个上升—下降的波动变化后，到研究期末整体呈上升趋势，2014 年得分值较 1995 年有大幅提升（见图 5-20a）。其中，1997 年前后和 2007 年前后的两个低谷值时间点与两次金融危机的发生相关联，表明金融危机的发生对长江中游城市群的对外国际贸易和交往产生显著影响，出口贸易压力较大。但总体来看，2008 年以后，对外开放资源集聚能力加速提升，城市群对外开放水平进一步提高。在城市群内部，各城市对外开放资源集聚能力变化差异较大，表现出明显的中心城市指向性特征，对外开放资源集聚能力提升的城市主要是排名前三的省会中心城市（见图 5-20b），其他城市对外开放资源集聚能力提升幅度较小，变化不明显。这表明，作为战略性资源的对外开放资源，其具有一定的“门槛”要求，只有城市发展到一定规模才能吸引对外开放资源的集聚。

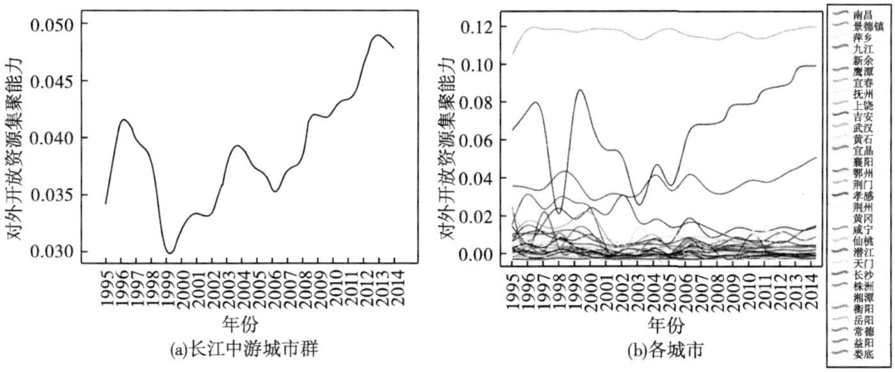

图5-20 长江中游城市群及城市群内各城市对外开放资源集聚能力演化

5.4 本章小结

本章通过构建的资源集聚能力综合评价指标体系，对长江中游城市群资源综合集聚能力和各类资源集聚能力进行计算分析，并解析其时序演化过程与机理。主要结论如下：

（1）1995—2014 年，长江中游城市群资源综合集聚能力在波动中保持增长，其资源集聚特征表现为中心城市带动型。在全国层面，长江中游城市群资源综合集聚能力在全国处于第四极地位，部分优势资源集聚能力较强；在子城市群（圈）层面，武汉城市圈、环长株潭城市群、环鄱阳湖城市群三个子城市群（圈）资源集聚能力差异总体趋于扩大；在城际层面，各城市间资源集聚能力的“阶级”差异基本固化，城际相对差异在波动中保持平衡。

（2）不同类别的资源集聚能力变化差异显著。1995—2014 年，长江中游城市群的人口资源集聚能力由 1997 年的最高值 0.141 下降到 2014 年的 0.113，整体呈波动下降趋势，这与城市群所处的发展阶段直接相关，农村剩余劳动力和高科技人才资源流失现象严重，导致人口资源集聚能力持续下降；土地资源集聚能力在波动变化中总体呈增长趋势，一方面表明其城市扩张速度加快，建成区面积不断增加；另一方面土地集约利用效率不断提高，土地开发强度和密度较大；经济资源集聚能力经历了先上升、后下降、再上升的阶段性变化，总体呈“V”形变化特征，这种变化特征与1997年亚洲金融危机和1998年长江大洪水大背景相吻合，武汉、长沙、南昌三个中心城市经济资源集聚能力提升较快，其他大部分城市则在波动中保持相对稳定；金融资源集聚能力波动变化较大，但其研究期末得分值相较于研究期初有大幅提升，总体表现出一种“W”形曲线的剧烈波动特征，受到金融危机的直接影响；科技创新资源集聚能力总体呈上升趋势，武汉市处于绝对支配地位，集聚能力持续增强；公共设施资源集聚能力在波动中有所下降，公共设施的发展水平滞后于城市群的发展；文化资源集聚能力在波动中上升，得分年际变化差异较大，当地文化资源有待进一步挖掘；生态环境资源集聚能力大幅提升，特别是2008年之后增长幅度较大，这与政策背景有密切关联；政策资源集聚能力变化表现出巨大的波动性，得分值曲线呈现出“W”形波幅变动的特征，研究期末政策资源集聚能力较期初有较大提升，各城市得分值也大都实现了一定增长；对外开放资源集聚能力经历了两个上升—下降的波动变化后，到研究期末整体呈上升趋势，2014年得分值比1995年有大幅提升，各城市对外开放资源集聚能力变化差异较大，表现出明显的中心城市指向性特征。

6　长江中游城市群资源集聚空间格局演变

在对长江中游城市群1995—2014年资源集聚能力时序演化进行分析的基础上，为了更加直观地摸清城市群内不同城市资源集聚能力高低分布及变化情况，本章借助空间插值、重心模型等技术方法，对长江中游城市群资源集聚能力的空间分布格局演变情况进行分析，清晰刻画其变化趋势。

6.1　研究方法

6.1.1　反距离权重空间插值

空间插值是利用数学模型通过空间上已知点的数据来估算空间上其他点数据，从而形成连续数据面的空间分析方法。在诸多空间插值方法中，反距离权重空间插值法（Inverse Distance Weighted，IDW法）简便而不失精确，在分析地理现象空间分布规律方面得到广泛应用①。反距离权重空间插值的原理是根据地理学第一定律，即距离越接近的事物具有越相近的属性，反之其相似属性随着距离的增大而减小（见图6－1）。反距离权重插值以插值点与样本点间的距离为权重进行加权平均，离插值点越近的样本点赋予的权重越大，离插值点越远的样本点赋予的权重越小②。

---

① 史坤博，杨永春，白硕，等．成都市体验性网络团购市场发展的空间特征[J]．地理研究，2016，35(1)：108－122.

② 董志南，郑拴宁，赵会兵，等．基于空间插值的风场模拟方法比较分析[J]．地球信息科学，2015，17(1)：37－44.

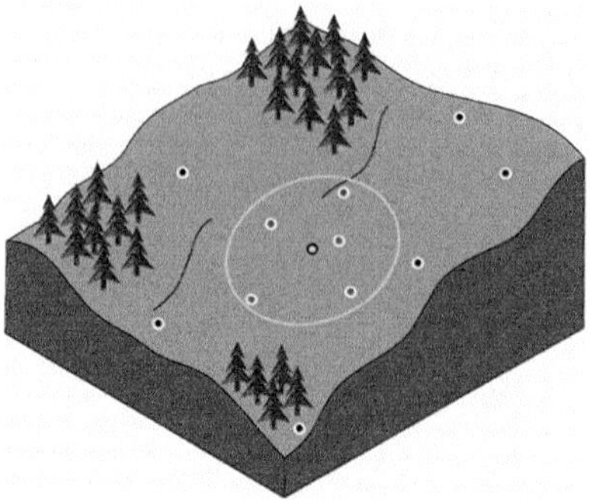

图6－1　反距离权重空间插值示意图

在插值过程中，使用一组采样点的线性权重组合来确定像元值，插值权重是一种反距离函数，进行插值处理的表面应当是具有局部因变量的表面。其公式为：

$$Z(S) = \sum_{i=1}^{N} \lambda_i Z(S_i) \tag{6-1}$$

其中，Z（S）为未知点 S（插值点）资源集聚能力的估测值，N 为计算过程中要使用的预测点周围样点的数量；λ_i 为计算过程中使用的各样点的权重（权重值随着样点与预测点之间距离的增大而减小）；Z（S_i）是在 S_i 处获得的真实值。确定权重的公式为：

$$\lambda_i = d_{i0}^{-p} / \sum_{i=1}^{N} d_{i0}^{-p} \tag{6-2}$$

$$\sum_{i=1}^{N} \lambda_i = 1 \tag{6-3}$$

其中，P 为指数值；d_{i0} 为模拟点 S_0 与各已知点 S_i 之间的距离。通过空间插值，模拟城市群内各城市资源集聚能力的连续分布情况。

6.1.2　城市基尼指数

城市群资源集聚能力的研究，不仅需要对其整体集聚分布状况进行分析，还要关注中心城市资源集聚能力对城市群的影响，如首位城市资源集聚能力在城市群中的地位。因此，采用城市基尼指数和首位城市资源集聚能力的比重，对长江中游城市群资源集聚能力的整体分布特征和城市群内部资源集聚空间结构进行分析。城市基尼指数的计算方法为①：

$$G = T/2S(n-1) \tag{6-4}$$

其中，n 代表城市群的城市数量，S 为整个城市群的资源集聚能力得分值，T 为城市群中每个城市之间的资源集聚能力得分值之差的绝对值总和。城市基尼指数的取值范围在 0 ~ 1，基尼指数越接近于 0，表示城市资源集聚能力的分布越分散；越接近于 1，则表示城市资源集聚能力的分布越集中。

同时，结合首位城市资源集聚能力首位度，对城市群内城市资源集聚能力的内部结构特征进行分析，与城市基尼指数形成互补。城市基尼指数和首位城市资源集聚能力首位度都较高，表明城市群内资源集聚特征表现为单中心的空间结构；城市基尼指数高而首位城市资源集聚能力首位度较低，表明为多中心或双中心的空间结构；城市基尼指数和首位城市资源集聚能力首位度都较低，则表明城市群内中心城市资源集聚能力不突出，城市资源集聚呈分散化特征。

6.1.3 首位度

1939 年，马克·杰斐逊（M. Jefferson）首先提出了著名的首位城市和城市首位度概念②。首位度在一定程度上代表了城市体系中的资源要素在最大城市的集中程度。城市首位度通常用二城市指数来表示，为了改善两城市系数的简单化，有学者提出了四城市指数与十一城市指数的概念③。本研究借助城市首位度这一概念，将其引入城市群资源集聚能力等级体系的研究中。城市资源集聚首位度的计算公式为

二城市指数：$$S_2 = A_1/A_2 \tag{6-5}$$

四城市指数：$$S_4 = A_1/(A_2 + A_3 + A_4) \tag{6-6}$$

十一城市指数：$$S_{11} = A_1/(A_2 + A_3 + A_4 + \cdots + A_{11}) \tag{6-7}$$

其中，A_1，A_2，A_3，A_4，…，A_{11}为从大到小排序后的城市资源集聚能力得

---

① 李佳洺，张文忠，孙铁山，等．中国城市群集聚特征与经济绩效[J]．地理学报，2014，69(4)：474－484.

② 黄康胜，岳彩娟．武汉城市圈规模体系的演变与特征[J]．中南财经政法大学研究生学报，2011(2)：138－143.

③ 刘丙章．中原城市群城市规模现状分析[J]．许昌学院学报，2009，28(2)：135－137.

分值。首位度指数越大，说明城市群内首位城市的首位度越高。一般来讲，理想的二城市指数应该是2，四城市指数为1。

6.1.4 资源集聚能力重心模型

借鉴牛顿力学原理，引入资源集聚能力重心的概念：假设某一区域由 n 个城市构成，其中，第 i 个城市的中心坐标为（X_i，Y_i），C_i 为该城市的资源集聚能力大小，则研究区域资源集聚能力重心坐标（X，Y）为[①]：

$$X = \sum_{i=1}^{n} C_i X_i / \sum_{i=1}^{n} C_i \tag{6-8}$$

$$Y = \sum_{i=1}^{n} C_i Y_i / \sum_{i=1}^{n} C_i \tag{6-9}$$

通过计算分析城市群资源集聚能力重心坐标，对历年重心坐标迁移路径进行分析，从而探究城市群资源集聚格局的整体发展方向。

6.1.5 数据来源与处理

统计数据主要来源于1996—2015年《中国城市统计年鉴》《湖北统计年鉴》《湖南统计年鉴》《江西统计年鉴》和《中国县域统计年鉴》等统计年鉴，以及各城市国民经济与社会发展统计公报。考虑到数据的连续性和稳定性，对于在研究时段内发生行政区划调整的城市，基于调整后最新的行政区划，对调整前的行政单元数据进行归并处理。空间可视化分析所需的矢量数据来源于国家1∶400万基础地理信息数据库。

6.2 长江中游城市群资源综合集聚能力空间格局演变

6.2.1 城市群内资源综合集聚能力的空间分异格局演变

1995—2014年，长江中游城市群资源综合集聚能力的多中心的“核心—边缘”空间结构已经形成并产生“锁定”，且空间格局差异变化不明

---

① 王彬，王宜强．改革开放以来福建省经济重心格局演变及其空间差异[J]．地理研究，2011，30(10)：1882－1890.

显。从长江中游城市群各城市资源综合集聚能力的空间插值图可以看出（见图6-2），基本形成了以武汉、长沙、南昌等城市为主导的多中心空间结构，且20年间这种多中心空间结构保持了极高的稳定性，空间格局差异变化较小，基本已形成空间“惯性”并“锁定”下来。在城市群边缘地区，形成了连续的弱资源集聚能力城市分布带，围绕三个中心城市形成了多个“核心—边缘”空间地域，这种空间格局特征与其他学者在相关研究中得出的研究结果相类似①②。

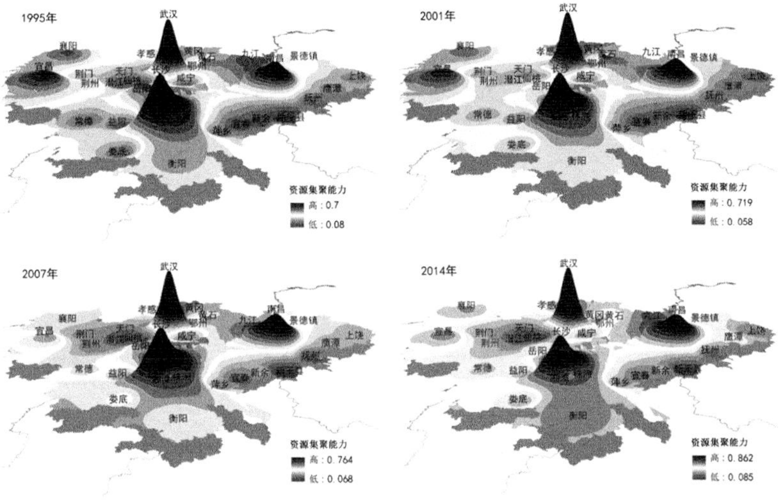

图6-2 长江中游城市群资源综合集聚能力空间分异格局演变

在三个子城市群（圈）层面，武汉城市圈及周边区域，武汉（省域中心城市）、宜昌（省域副中心城市）、襄阳（省域副中心城市）三个城市的资源综合集聚能力最强，这与湖北省实施的“一主两副”空间发展战略相符合，在武汉—襄阳—宜昌三个城市所包围的三角地带内，形成了一个反差巨大的资源集聚能力“塌陷”区域，该区域内以仙桃、天门、潜江、

① 王涛，刘承良，段德忠，等．长江中游城市群城市竞争力的空间演化[J]．世界地理研究，2014，23(3)：92-101.

② 蒋大亮，孙烨，任航，等．基于百度指数的长江中游城市群城市网络特征研究[J]．长江流域资源与环境，2015，24(10)：1654-1664.

荆门等城市为主，在湖北省资源集聚格局中处于边缘地带，集聚能力较弱。环长株潭城市群形成了以长沙、株洲、湘潭为核心区域的资源集聚分布格局，基本上以该区域为中心呈圈层结构向外扩散，这与湖南省经济、产业、人口的分布格局相吻合，是湖南省内人口、经济等发展最好、最密集的地区。环鄱阳湖城市群资源集聚最集中的地区分布于南昌和九江沿线的“昌九走廊”地带，在东南部形成了长江中游城市群内规模最大、分布最集中的弱资源集聚能力城市分布带，整体上，环鄱阳湖城市群资源集聚能力弱于武汉城市圈和环长株潭城市群。值得注意的是，到研究期末，在整个长江中游城市群资源集聚格局中，襄阳、宜昌、岳阳、九江等资源集聚能力相对较强的城市，其集聚能力值较期初有了不同程度的弱化，原因可能是由于长江中游城市群当前仍处于城市群发育的初级阶段，仍以中心城市的极化发展为主，在与周边城市竞争的过程中，武汉、长沙、南昌核心城市对周边资源要素的“袭夺”作用强烈，客观上抑制了其他城市的发展。

6.2.2 城市群内资源综合集聚能力的首位分布特征演变

为了定量揭示长江中游城市群内部资源集聚空间结构的特征，衡量城市群内中心城市资源集聚能力在整个城市群中的地位和作用，采用城市基尼指数和资源集聚首位度来对其进行分析（见表6－1）。

表6－1 资源集聚能力城市基尼指数

年份	城市基尼指数	首位度	年份	城市基尼指数	首位度
1995	0.342	1.196	2005	0.322	1.198
1996	0.350	1.223	2006	0.334	1.232
1997	0.312	1.240	2007	0.338	1.209
1998	0.298	1.401	2008	0.357	1.277
1999	0.328	1.338	2009	0.360	1.208
2000	0.326	1.354	2010	0.348	1.215
2001	0.356	1.354	2011	0.327	1.284
2002	0.339	1.245	2012	0.334	1.305
2003	0.326	1.271	2013	0.318	1.299
2004	0.353	1.203	2014	0.329	1.279

计算结果显示，1995—2014 年 20 年间长江中游城市群资源综合集聚能力的城市基尼指数均小于 0.4，长期在 0.3 左右徘徊，暗示城市群内城市资源综合集聚能力的空间分布比较分散。20 年间长江中游城市群资源集聚的首位度都在 1.5 以下（见图 6－3），小于 2.0 的正常值水平，但总体来看首位度指数呈升高趋势（见表 6－1）。城市群内资源集聚的城市基尼指数和城市首位度都较低，表明长江中游城市群内首位城市——武汉的资源综合集聚能力在整个城市群层面并不突出，资源集聚呈现分散化特征，这与其多中心的空间结构特征相一致。资源集聚首位度指数在 1998 年达到 1.401 之后下跌，持续到 2010 年前后，此后又开始缓慢增长，总体来看，研究期末资源集聚首位度比研究期初有一定程度的提高，说明武汉市资源集聚能力在城市群中的龙头地位不断增强。

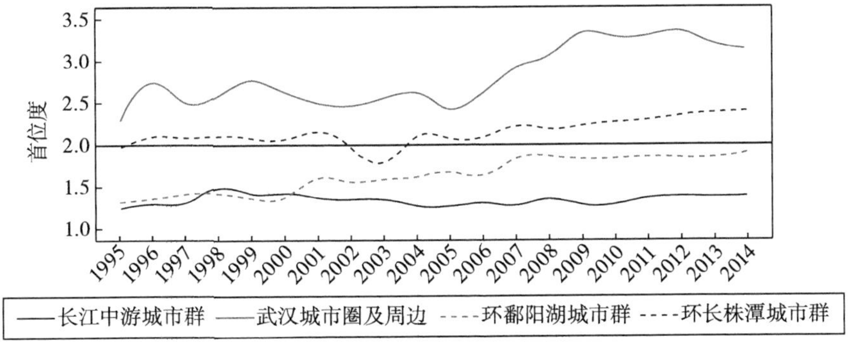

图 6－3 城市群中心城市资源集聚首位度演化

在子城市群（圈）层面，武汉在武汉城市圈的城市资源集聚首位度较高且增长较快，由 1995 年的 2.28 增长到了 2014 年的 3.13（见图 6－3），武汉在城市圈及周边区域的“一城独大”地位继续强化；长沙市在环长株潭城市群的资源集聚首位度处于正常水平范围，到期末首位度略有提高，表明环长株潭城市群的资源集聚空间结构较为合理；南昌市在环鄱阳湖城市群的资源集聚首位度较低，并且经历了较大幅度的波动，到期末增长幅度有限，表明南昌市的资源集聚在环鄱阳湖城市群内并不占绝对优势，对周边资源要素的吸引力和凝聚力稍显不足。

6.2.3 城市群资源集聚重心跃迁

从长江中游城市群资源综合集聚能力的重心迁移路径图（见图6－4）中可以看出，1995—2014年，长江中游城市群资源综合集聚能力的重心位于城市群空间几何中心附近，其迁移路径基本按照西北—东南的整体走向进行往复迁徙，并最终定位于向西北迁移，经历了西南→东南→西北→东南→西北→东南→北→西等不同阶段的变动过程，大致可以分为三个阶段：

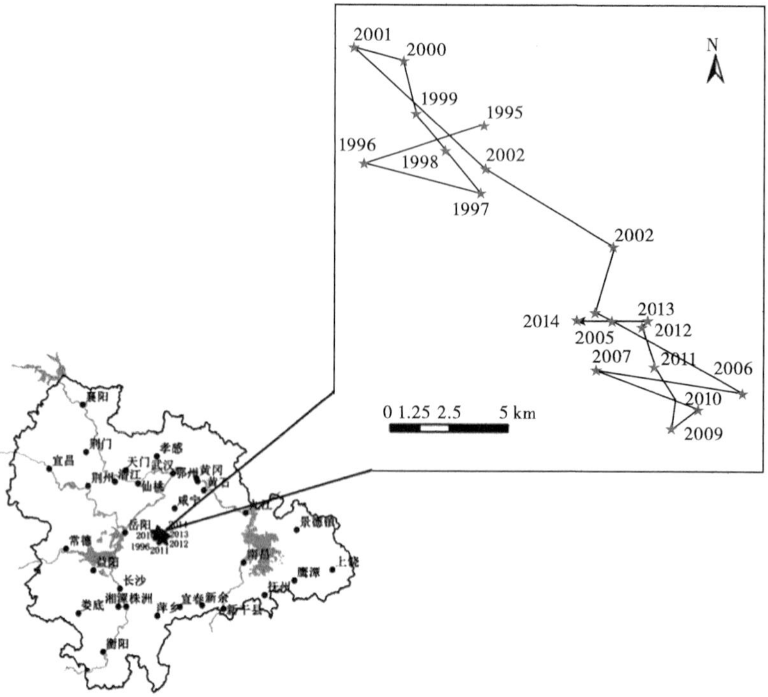

图6－4 长江中游城市群资源综合集聚能力的重心跃迁

（1）1995—2001年，资源集聚重心总体上是朝北偏西方向迁移，这一时期属于市场经济发展初期，城市群北部的武汉1992年被确定为首批对外开放的城市，在政策优惠作用下发展迅速，与其他城市拉开差距，发展速度快于长沙及南昌周边地区，推动了城市群资源集聚能力重心向西北迁移。

（2）2001—2006年，这一阶段长江中游城市群资源集聚能力重心总体向东南方向迁移运动，这与这一时期江西省快速发展的背景相吻合。此外，与前文研究结论相对应的是，这一时期也是长江中游城市群首位城市——武汉市资源集聚首位度最低的时期（见图6－3）。进入21世纪，江西省提出建设“三个基地一个后花园”以及“对接长珠闽，融入全球化”战略，在承接产业转移和开放型经济发展方面取得良好成效，从而形成了长江中游城市群资源集聚能力重心向东南迁移的拉力。

（3）2006—2014年，这一阶段是资源集聚能力重心向北、向西北回迁的阶段，这段时期武汉城市圈、长株潭城市群等发展战略开始实施，两者2007年被确定为国家“两型”社会综合配套改革试验区，迎来大好发展机遇，城镇化进程加快；武汉市在这一时期提出了“复兴大武汉、建设国家中心城市”的战略，开始大规模的城市建设，城市吸引力和承载力大幅增强，城市规模持续扩大，长沙市在这一时期也实现了城市的快速发展，经济实力不断提高；从长江中游城市群范围来看，这一时期武汉城市圈和长株潭城市群的发展要明显快于环鄱阳湖城市群，前者整体发展实力也大于后者，因此，该阶段资源集聚能力重心表现出了向北、向西北迁移的路径演变特征，这也与前文所述武汉首位度的逐渐增高相吻合。

6.2.4 长江中游城市群在全国资源集聚格局中的位置

为了探究长江中游城市群与其他同等级城市群之间资源集聚空间格局的差异，本研究对2014年五大国家级城市群的城市资源综合集聚能力值进行空间插值，从而分析五个城市群资源集聚格局的空间差异。

结果表明，不同发育阶段的城市群在资源集聚空间格局方面存在显著差别。长三角和珠三角这类发育成熟的城市群，资源集聚处于高水平阶段，资源集聚规模达到最优集聚规模阈值后，带来要素成本快速上涨、资源环境约束趋紧等问题，而随着资源的流动，在市场机制作用下，资源会趋向于城市群外围成本更低的地区流动和集聚（即“资源寻租”），从而使得资源集聚的空间格局趋于均衡分布。因此，其资源集聚空间格局表现出强烈的“板块”特征，群内各城市资源集聚能力整体较高，整个城市群组成了一个有机的资源集聚组合体。而长江中游城市群和成渝城市群这类行政导向特征鲜明、发育程度较低的城市群，仍以中心城市的极化发展为主，中心城市在城市群的资源集聚过程中占有压倒性的支配地位，一体化的城市群资源集聚组合体尚未形成，资源的外溢效应不明显，其资源集聚空间格局也基本上呈现出“鹤立鸡群”的非均衡差异特征，属于典型的“寡头型”集聚方式。

6.3 长江中游城市群各类资源集聚能力格局的空间演变

6.3.1 人口资源集聚能力空间演变

从人口资源集聚能力空间格局演变（见图6－5）可以看出，1995—2014年，长江中游城市群内人口资源集聚空间格局由最初相对均匀的“核心—外围”结构向中心城市极化的方向发展。在演变过程中，城市群内一些人口集聚能力较强的二级城市如襄阳、宜昌、景德镇、岳阳等的人口集聚能力与中心城市差距进一步拉大，到2014年，基本形成了以武汉、长沙、南昌三个核心城市为增长极的人口资源集聚空间格局。这种空间格局的形成，与人口流动的自身规律相一致。

和平时期人口流动的主要动力是经济因素和人口的地区差距。地区间的经济发展不平衡导致劳动力流向就业机会更好的地区，人口老化的地区需要吸引外来年轻劳动力以维持经济增长的活力。劳动力的流动方向对经济变化高度敏感，经济发展水平和工资水平高的大城市对劳动力的吸引力远超中小城市，城镇收入水平高和人均GDP高的地区，更可能成为流入劳动力集中的地区。此外，除更多就业机会和发展空间外，大城市完善的公共政策、医疗卫生服务、生活质量和社会文化环境等，都是吸引劳动力向大城市流动的重要因素。近年来，武汉市一直致力于实现“复兴大武汉，建设国家中心城市”，城市建设速度逐年加快，光电子、汽车、装备制造、船舶制造、商贸等新兴产业和传统优势产业发展良好，就业机会增多，城市吸引力逐年增强，外来人口数量增长迅速，武汉市净流入人口由2000年

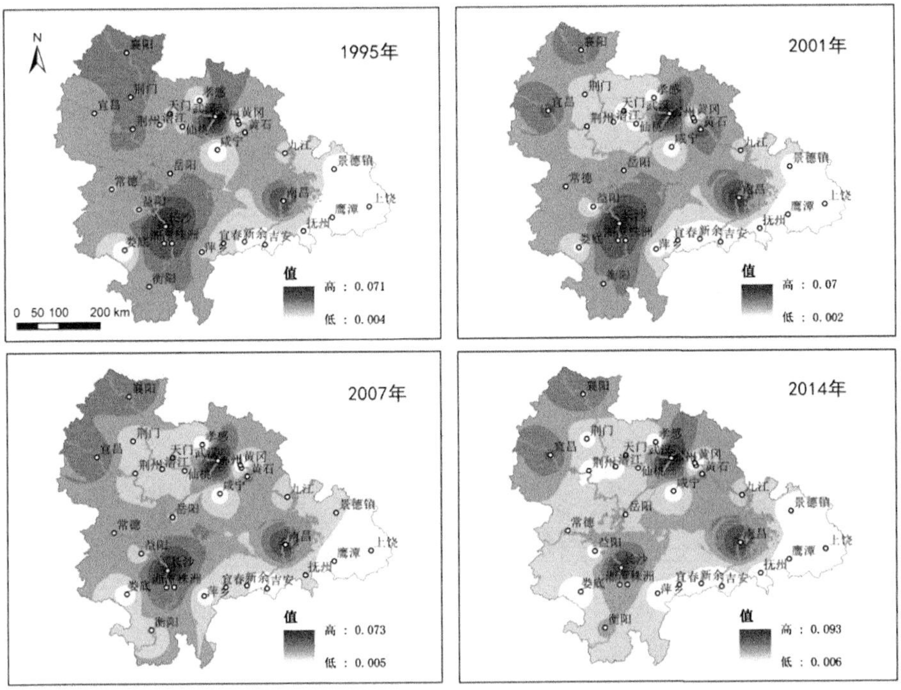

图6－5　长江中游城市群城市人口资源集聚能力空间格局演变

的103万人增加到2014年的206.49万人①，人口集聚能力显著提高。随着城镇化的不断推进和第二、第三产业的快速发展，城市就业功能不断扩大，长沙市城市承载力和人口聚集能力不断增强，2014年长沙市净流入人口57.74万人②，是湖南省唯一的人口净流入城市。近年来，南昌市在光电光伏、航空、新能源、生物、软件和服务外包等产业方面发展迅速，吸引了周边大量外来人口就业，城市人口集聚规模持续扩大。

6.3.2　土地资源集聚能力空间演变

1995—2014年，长江中游城市群土地资源集聚能力空间格局表现出与人口资源集聚能力空间格局高度一致的演变特征，也是由最初相对均匀的

① 资料来源：湖北省统计局网站，http://www.stats－hb.gov.cn/wzlm/tjbs/fztjbs/94820.htm。

② 资料来源：湖南统计信息网，http://www.hntj.gov.cn/sxfx/csfx/201504/t20150420_116091.htm。

“核心—外围”结构向武汉、长沙、南昌三个中心城市极化的方向发展（见图6－6）。需要指出的是，宜昌、襄阳两个城市是城市群内除三个省会城市外的土地资源集聚能力相对较强的城市，这与湖北省“一主两副”的中心城市空间发展战略相符合。

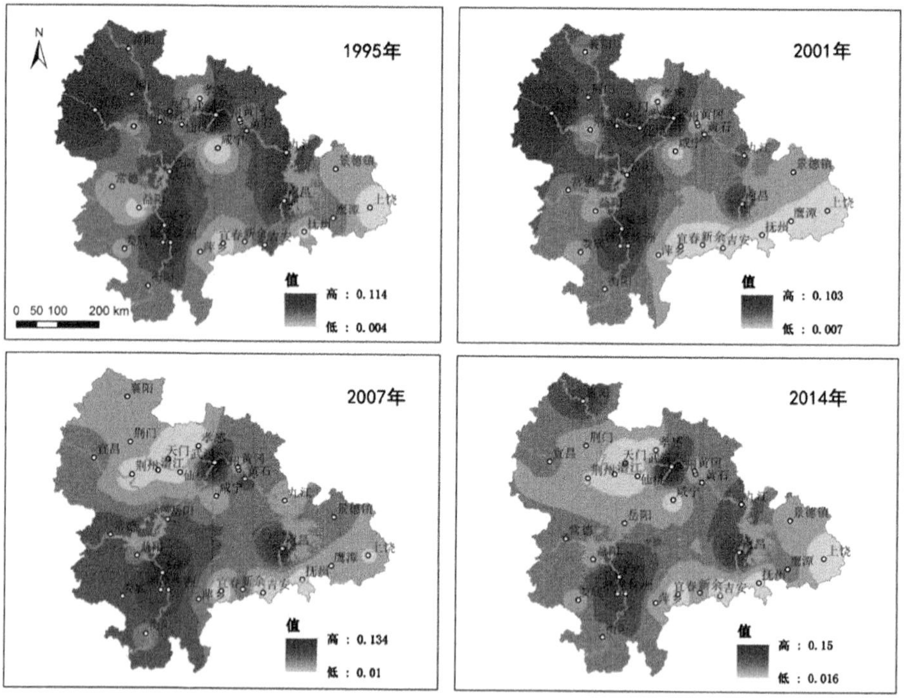

图6－6 长江中游城市群土地资源集聚能力空间格局演变

人口与土地资源之所以有如此高的一致性演变特征，与两者的相互耦合作用关系密切相关。人口是土地利用变化的主要驱动力，特别是城市建设用地扩展直接与人口数量变化挂钩。城市是人类聚落发展到一定阶段的高级空间地域组织形式，是生产生活的主要场所，城市人口的增长对空间的需求是城市建设用地增长的直接动力。20世纪90年代后，随着中国市场经济和城镇化的快速发展，各大城市进入发展的快车道，大量农村人口进入城市，导致城市人口逐年递增，特别是大城市非农人口的增加，使得满足人口衣食住行的建设用地需求大增，此外，道路广场、公园绿地等高层次娱乐休闲设施的建设，也在一定程度上加快了城市建设用地的增长速度。因此，长江中游城市群这种土地资源集聚格局的出现，是与人口资源的中心城市极化发展态势所对应的，两者存在一致的耦合关系。

6.3.3 经济资源集聚能力空间演变

1995—2014 年，长江中游城市群经济资源集聚能力的空间演化呈现出由轴带发展向点状极化发展转变的特征（见图 6 – 7）。比较明显的是，期初京广发展轴、长江发展带、京九发展轴上除省会中心城市外的其他经济实力较强的城市，如宜昌、岳阳、九江等，到期末其资源集聚能力相对弱化，这并不是说其经济资源集聚能力下降，而是在与武汉、长沙、南昌三个中心城市的集聚能力对比上，相对差距拉大，因此，其空间格局表现出向中心城市极化发展的特征转变。到 2014 年，长江中游城市群内形成了以武汉、长沙、南昌三个省会城市为中心的“核心—边缘”结构。

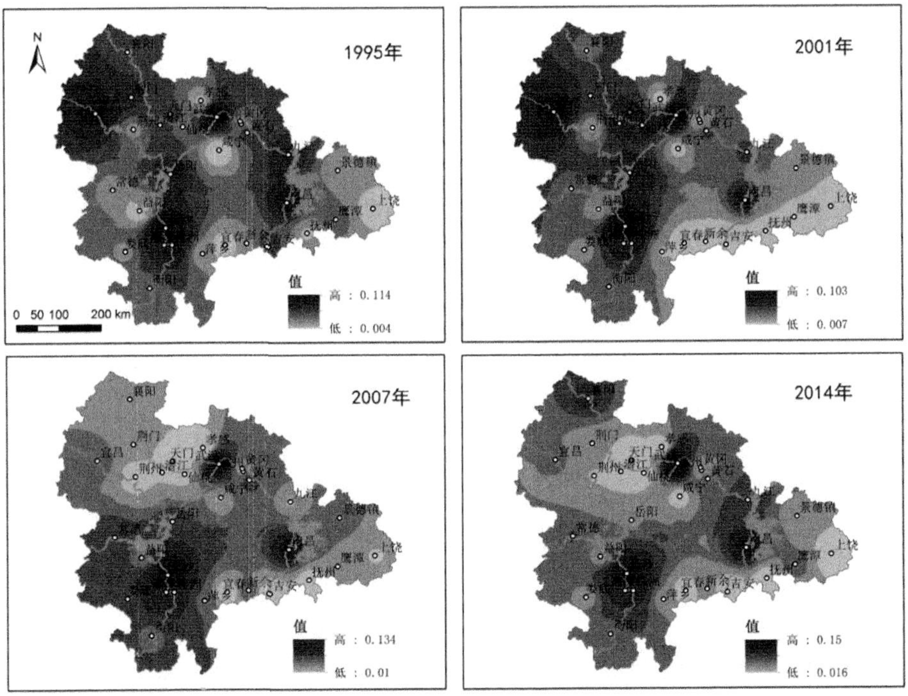

图 6 – 7 长江中游城市群经济资源集聚能力空间格局演变

究其原因，这种空间演变特征与长江中游城市群和三个子城市群所处发展阶段有一定关系。从基于夜间灯光强度的数据来看其发育成熟度，当前武汉城市圈、环长株潭城市群、环鄱阳湖城市群依然处于城市群成长的初期阶段，行政导向特征比较明显，尚未形成联系紧密的城市网络。根据增长极理论，区域发展的初期阶段是以中心城市的极化发展为主，其对周边各种资源产生极强的吸引力和向心力，使周围地区的劳动力、资金、技术等要素转移到增长极地区，剥夺了周围区域的发展机会，使增长极与区域周围地区的经济发展差距不断扩大。

6.3.4 金融资源集聚能力空间演变

1995—2014 年，长江中游城市群金融资源集聚能力的空间格局基本上呈武汉、长沙、南昌三个中心城市“三足鼎立”的局面(见图 6－8)，空间演变表现出极强的稳定性，总体空间变化差异较小。这种以大城市为中

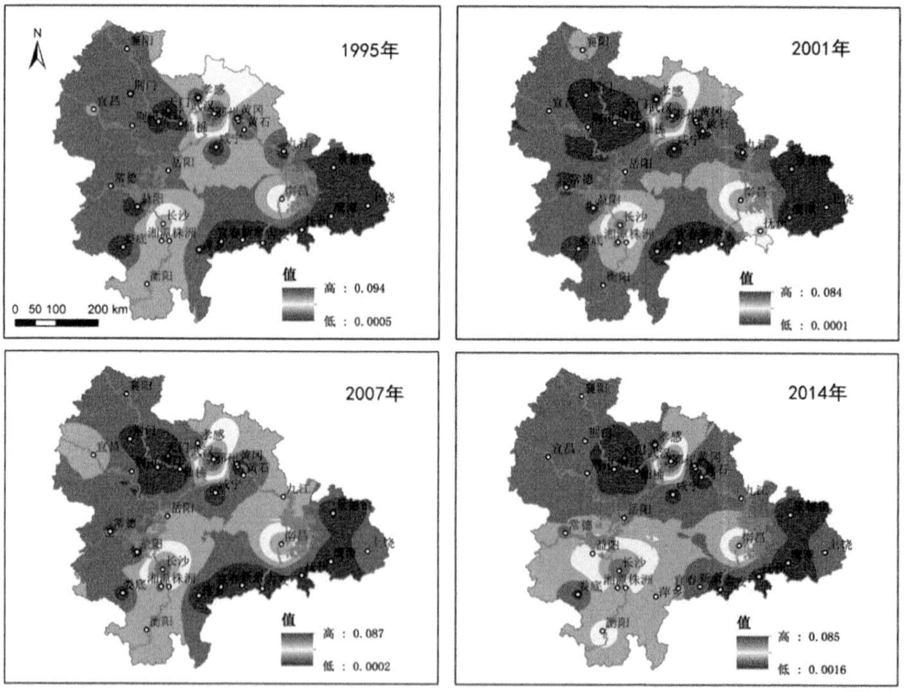

图 6－8 长江中游城市群金融资源集聚能力空间格局演变

心的集聚空间格局及其变化特征，是金融资源自身空间分布和运动规律的必然结果。

经济发展与金融发展是相互伴生的，金融集聚是产业集聚和经济发展的一个重要组成部分，是在经济发展的基础上形成的。从金融地理学的角度来讲，金融资源空间分布的演进过程是一个金融集聚与扩散的运动过程①，其空间分布的演进具有先趋异后趋同的倒“U”形变动趋势（见图6－9），在经济发展初期的极化阶段，金融资源空间分布呈非均衡的趋异态势，作为增长极的中心城市金融资源快速集聚。经济发展水平较高的中心城市巨大的经济活动规模为交易成本的节约提供了广阔的空间，有利于集约经营；而中小城市由于分工发展与市场扩张进程较为缓慢，金融资源的空间配置效率远低于发达的大城市。

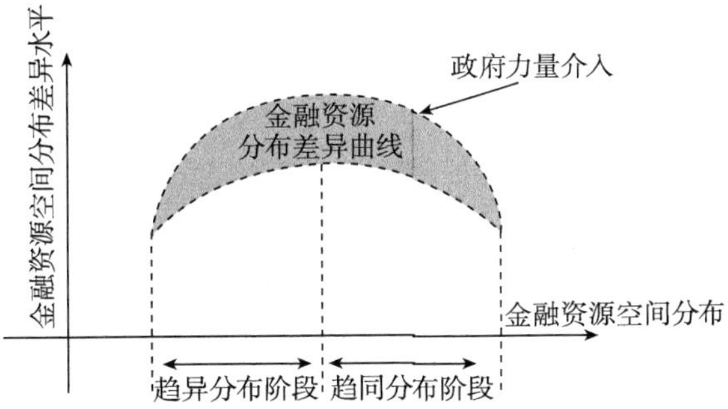

图6－9　金融资源空间分布演进曲线

6.3.5　科技创新资源集聚能力空间演变

与人口、土地、经济、金融等资源类似，1995—2014年，长江中游城市群科技创新资源集聚能力空间格局演变也表现出向中心城市极化发展的趋势（见图6－10）。1995年，城市群内科技创新资源的集聚格局相对分散，主要分布在武汉、长沙、南昌、襄阳、宜昌、株洲、湘潭、荆州、景德镇等城市；到2014年逐渐演变为武汉、长沙、南昌三个中心城市极化发

① 王修华，黄明．金融资源空间分布规律：一个金融地理学的分析框架［J］．经济地理，2009，29（11）：1808－1811.

展的格局，除襄阳外的大部分城市科技创新资源集聚能力趋于弱化。这种空间格局的演变，是科技创新资源自组织机制作用的结果①。科学技术行业高风险、长周期的特点，决定了科技创新资源的集聚是在特定区域和历史环境条件下产生、增强和发展演化的，需要一定的创新资源禀赋和开放条件下畅通高效的风险融资渠道为基础，资金流、技术流、物质流都是必不可少的条件。资金为科技创新资源集聚提供直接载体和支撑，技术交流、人才流动、学术交流等活动则促进了技术分享和有效竞争，降低交易成本，刺激创新的涌现和发生，而相应的科研设备、原材料、生产设备、网络和通信设备等先进的高技术含量设备和高素质人才则是科技资源集聚的物质保证。因此，所有这些科技创新资源集聚的条件都对集聚地提出了较高要求，而在这些方面具有先天禀赋优势的大城市，无疑成为科技创新资源集聚的首选地。

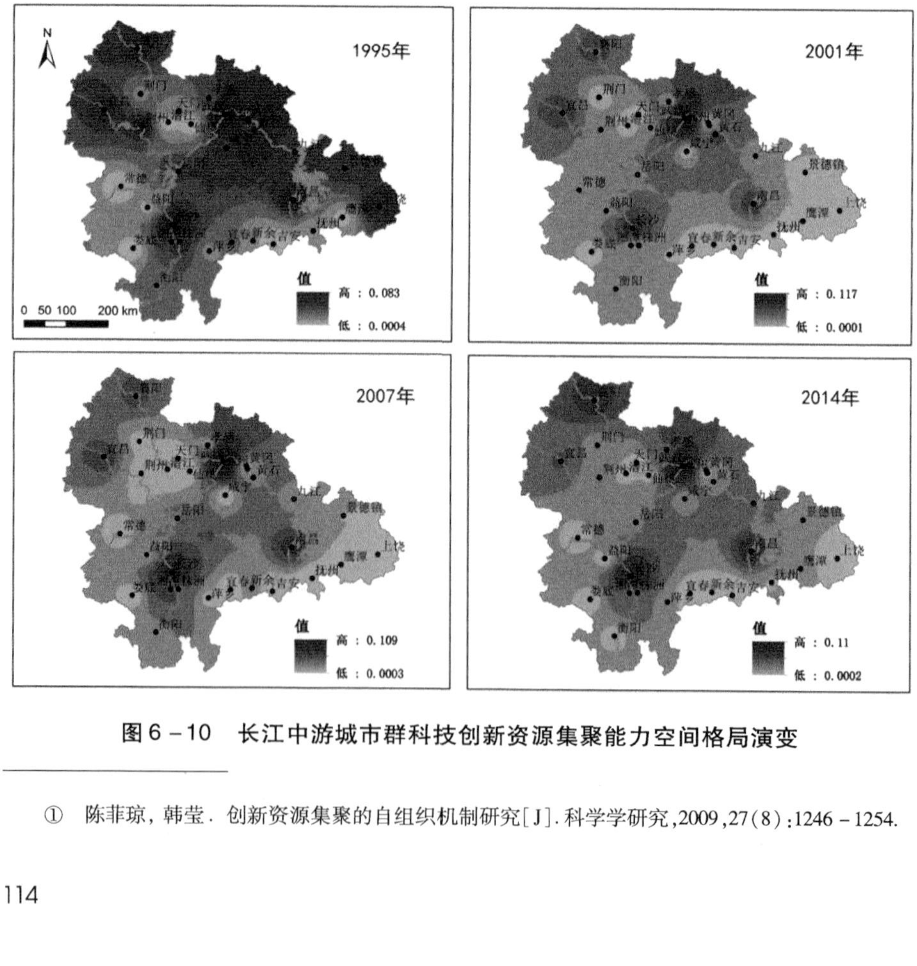

图 6－10　长江中游城市群科技创新资源集聚能力空间格局演变

① 陈菲琼，韩莹．创新资源集聚的自组织机制研究[J]．科学学研究，2009，27(8)：1246－1254.

长江中游城市群内武汉、长沙、南昌三个省会中心城市，拥有众多“985”和“211”高等院校、国家（重点）实验室和国家工程（技术）研究中心等科研院所，一大批高新技术骨干企业和高端装备制造企业，在光电子、太阳能、新材料、重型机械、重大成套设备制造、汽车与轨道交通设备制造、船舶、信息、航空、有色金属精深加工、超级杂交水稻等领域的科技创新能力十分突出。武汉市是除北京、上海外的全国第三大科教基地，2009 年武汉东湖国家自主创新示范区成为第二个国家自主创新示范区，区内拥有 58 所高等院校、100 多万名在校大学生和 71 个国家级科研院所，科技创新实力雄厚。长沙市拥有国家级企业技术中心 11 家、省级企业技术中心 55 家，科学研究开发机构 96 个，长株潭地区在超级计算机、轨道交通、重型工程机械、轨道交通、新材料等科研领域代表了国内领先水平，2015 年 1 月，长株潭被国务院批准为全国第 7 家国家自主创新示范区。此外，南昌、襄阳、宜昌等城市科技创新资源集聚能力也逐渐增强，其拥有大批科技创新平台及产业基地、创新型产业集群、技术中心、重点实验室、高新技术企业等，在航空、生物医药、光电、新材料、新能源、云计算等科研领域的实力不断提升。

6.3.6 公共设施资源集聚能力空间演变

与人口、土地、经济、金融、科技创新等资源集聚能力趋向于中心城市极化发展的空间演变态势不同，公共设施资源集聚能力的空间格局表现出明显的分散化、均衡化发展态势（见图 6 - 11）。从公共设施资源集聚能力空间格局演变图中可以看出，早期公共设施资源集聚能力较强的城市主要分布在武汉、长沙等中心城市，随着时间的推移，逐渐向九江、岳阳、襄阳等城市扩展，到 2014 年，形成了以武汉、长沙、南昌、宜昌、襄阳、株洲、湘潭、岳阳、九江等多个城市为主的资源集聚格局。这种由极化向分散化发展的空间演变态势，是由公共设施资源的资源属性所决定的。公共设施资源包括支撑社会经济发展的各类基础设施和满足城市居民生活需求的各类公共服务设施，这些设施是支撑城市发展必不可少的基础要素，公共设施资源在发展上游阶段是扩大投资、刺激经济发展的重要内容，在中游阶段是满足发展需求和生活需求的基本保障，在下游阶段是提高城市承载力、吸引力和服务能力的重要保障，反过来进一步推动城市提高公共设施水平、加快城市发展、提升城市综合竞争力，从而形成良性发展循环。所以，无论城市规模大小和发展水平高低，公共设施都是各个城市重点建设的方向，且公共设施资源的“众需”属性并不像金融、科技创新等资源具有明显的中心城市集聚偏好。因此，其空间分布格局的发展方向必定是趋向于分散化的方向发展，并最终形成均衡、高效、公平、合理的公共设施资源网络。

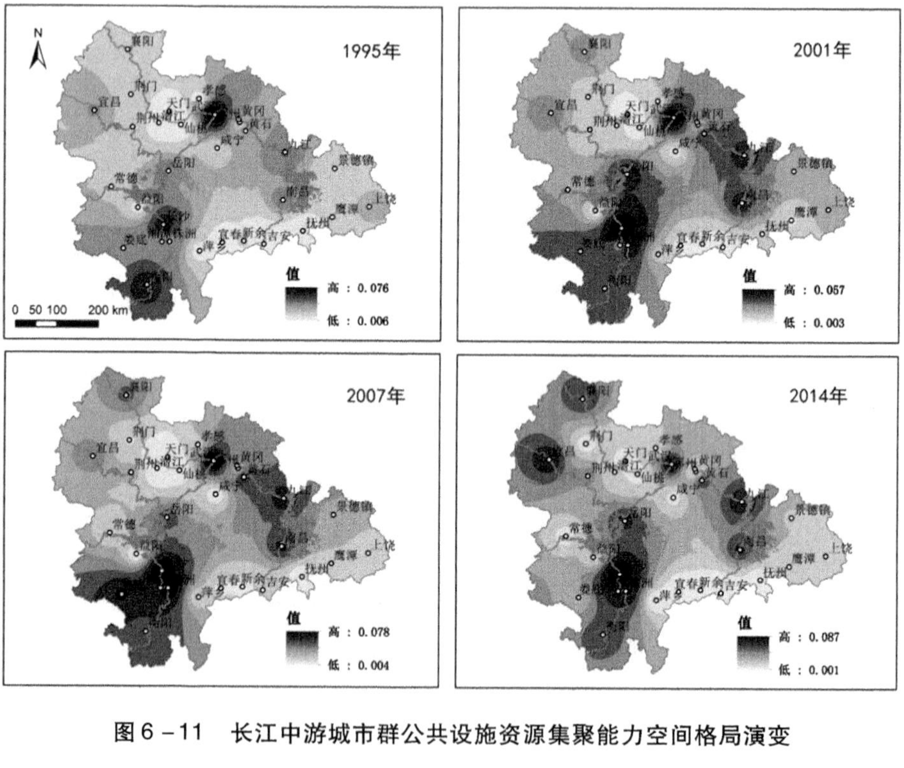

图6－11 长江中游城市群公共设施资源集聚能力空间格局演变

6.3.7 文化资源集聚能力空间演变

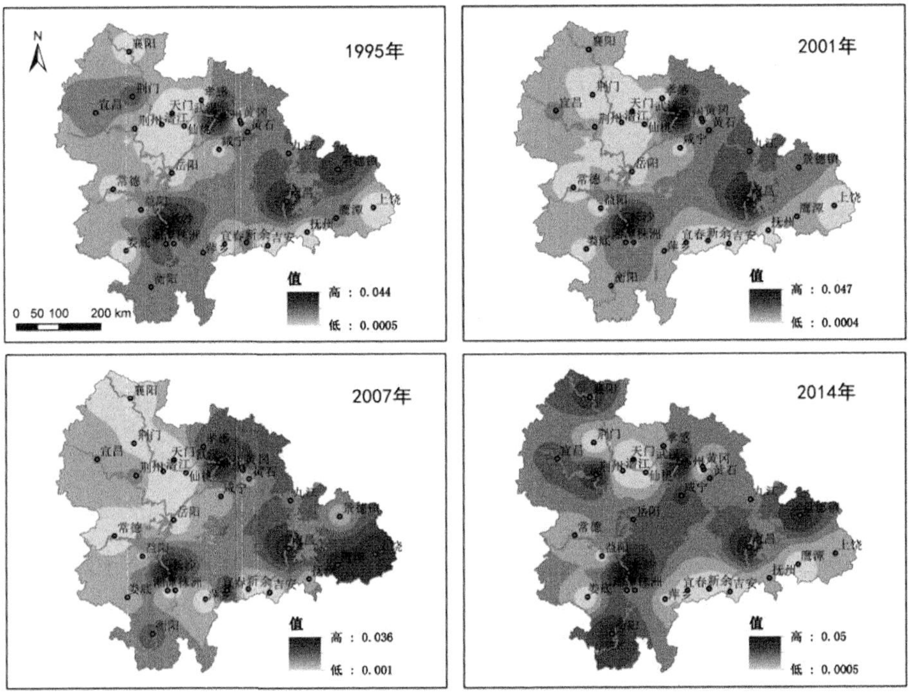

图6－12 长江中游城市群文化资源集聚能力空间格局演变

文化资源是体现城市底蕴和特色的特有资源，是一个城市区别于其他城市、代表城市品牌形象的软实力象征，文化资源既包括传统文化，也包括现代文化；既包括精神文化，也包括物质文化。1995—2014 年，长江中游城市群文化资源集聚能力空间格局呈现出非均衡演变的特征（见图 6－12），并且随着时间的推移，文化产业发展良好的城市表现出高集聚能力的发展潜力，具有高度的文化指向性。到 2014 年，长江中游城市群文化资源集聚能力较强的区域主要分布于襄阳、荆州、武汉、长沙、景德镇、咸宁、衡阳、岳阳等城市，从城市共同性来看，这些城市大部分为国家历史文化名城，具有各自独特的文化资源优势，如襄阳是楚文化、汉文化、三国文化的发源地，以三国文化为主要特色，近年来文化旅游产业发展迅速，成为鄂西生态文化旅游圈的中心城市；荆州是楚文化的发祥地和三国文化的中心，历史悠久，文化灿烂，是全国首批历史文化名城之一；武汉作为国家历史文化名城，是中国民主革命的发祥地，红色文化和近代革命文化是典型代表；长沙是全国首批历史文化名城，有马王堆汉墓、岳麓书院等历史文化遗迹，境内发生过清末维新运动、旧民主主义革命和新民主主义革命等爱国救亡运动，有黄兴、蔡锷、毛泽东、刘少奇、雷锋等名人，凝练了“经世致用、兼收并蓄”的湖湘文化，近年来打造了“电视湘军”“出版湘军”“动漫湘军”“演艺湘军”等现代文化品牌；此外，景德镇陶瓷文化享誉全世界、咸宁赤壁文化历史悠久等，都成为各自文化大发展的独特优势。

6.3.8 生态环境资源集聚能力空间演变

1995—2014 年，长江中游城市群生态环境资源的空间集聚格局整体呈现出以环鄱阳湖城市群为中心、以襄阳和宜昌为副中心向内扩散的特征（见图 6－13），整个过程中环鄱阳湖城市群一直是长江中游城市群内生态环境资源集聚能力最强的地区，襄阳和宜昌由于近年来城市生态环境质量水平不断提升，其生态环境资源集聚能力也得以不断提高。

长江中游城市群生态环境资源的空间集聚格局演变特征，与三个子城市群的发展阶段差异相关。高速城镇化进程中人口、产业的集聚和城市规模的扩大，使得环境中单位面积物质代谢和能源消耗强度增加、土地利用方式改变，给生态环境带来了持续的负面影响。根据环境库兹涅茨曲线理论，当经济发展水平较低时，环境污染的程度较轻，但是随着人均收入的增加，环境污染由低趋高，环境恶化程度随经济的增长而加剧；当经济发展达到某个临界点或“拐点”以后，环境污染又由高趋低。从经济发展来看，武汉城市圈和长株潭城市群的工业化和城市化发展总体快于环鄱阳湖城市群，在经济实力上，三个子城市群中环鄱阳湖城市群实力最低，但武汉城市圈和长株潭城市群经济的快速增长消耗了大量的资源能源，部分老工业基地重、化工业污染物排放总量较大，生态环境质量水平总体退化；环鄱阳湖城市群虽然经济发展滞后于前两者，但最终成为整个长江中游城

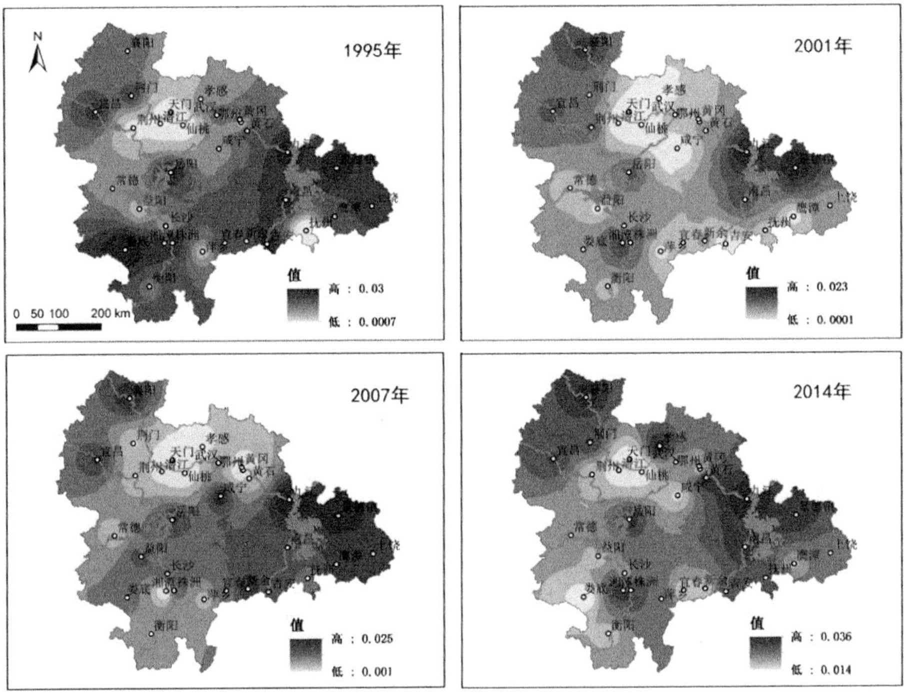

图6－13 长江中游城市群生态环境资源集聚能力空间格局演变

市群保存最完整的“绿色板块”。2007年12月，国务院批准设立武汉城市圈和长株潭城市群作为“全国资源节约型和环境友好型社会建设综合配套改革试验区”，随着“两型社会”综合配套改革试验区的建设，两个城市群在节能减排、环境保护及资源高效利用等方面取得了一定的成绩，生态环境质量水平有所好转。

6.3.9 政策资源集聚能力空间演变

政策资源主要包括政府财政收入能力、政府执行力以及体现市场经济发育的民营经济发展水平，在资源的优化配置中，政策可以起到重大的宏观调控作用。1995—2014年，长江中游城市群政策资源集聚能力空间格局演变差异巨大，政策资源集聚能力较高的城市分布范围不断变化，整体空间格局变化特征呈不规则的非均衡态势（见图6－14），但总体来看，经济实力较强的城市其政策资源集聚能力也相对较强。政策资源的这种集聚格局特征，反映出了政策资源作为一种直接或间接的主观能动性较强的资源，受各方面因素影响较大，其演变规律也变化较大。从图 6－14 中可以看出，武汉、宜昌、长沙、南昌、景德镇等城市周边地区的政策资源集聚能力较强，表明这些地区民营经济发展良好和政府财政收支较为宽裕，政府决策的执行可以较好地实施，这与当前上述地区的民营经济发展和城市建设状况相符合。

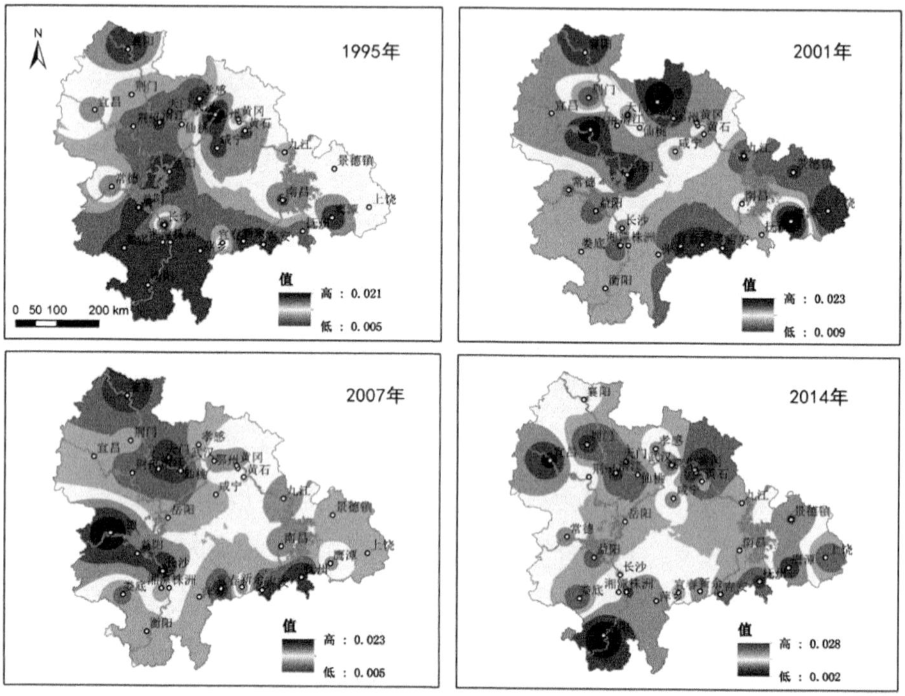

图 6－14　长江中游城市群政策资源集聚能力空间格局演变

6.3.10　对外开放资源集聚能力空间演变

与人口、经济、土地、金融、科技创新等资源的集聚格局类似，1995—2014 年，长江中游城市群对外开放资源集聚能力的空间格局也呈现出武汉、长沙、南昌三个中心城市绝对支配和垄断的分布特征（见图 6－15），且武汉和长沙的核心地位尤为突出，20 年间这种空间格局变化幅度较小，基本形成了中心城市极化发展的空间格局“路径依赖”。之所以出现这种空间格局，与对外开放资源的追逐经济效率和城市体系严密的层级结构有密切关联。对外开放资源中一个重要的组成部分就是以跨国公司为载体的外商投资和进出口贸易，而跨国公司在全球进行投资贸易，在其进入一国进行公司区位选择时，会优先考虑对外交往便捷、设施完善、经济发达、投入—产出效率高的大城市。此外，在城市群城市体系中，处于顶端的大城市或中心城市，往往垄断了城市群主要的对外交往和贸易资源，且吸引外商投资和跨国公司企业入驻时也处于优先位置。到2014年，长江中游城市群内的首位城市武汉市，吸引了欧资、日资、美资以及中国台资和港资企业在内的近6000家外资企业，其中世界500强企业达到216家，开通国际客运航线数量达31条，设立外国领事馆4个；在长沙市直接投资、设立分公司和办事机构的境外世界500强企业也已有118家。

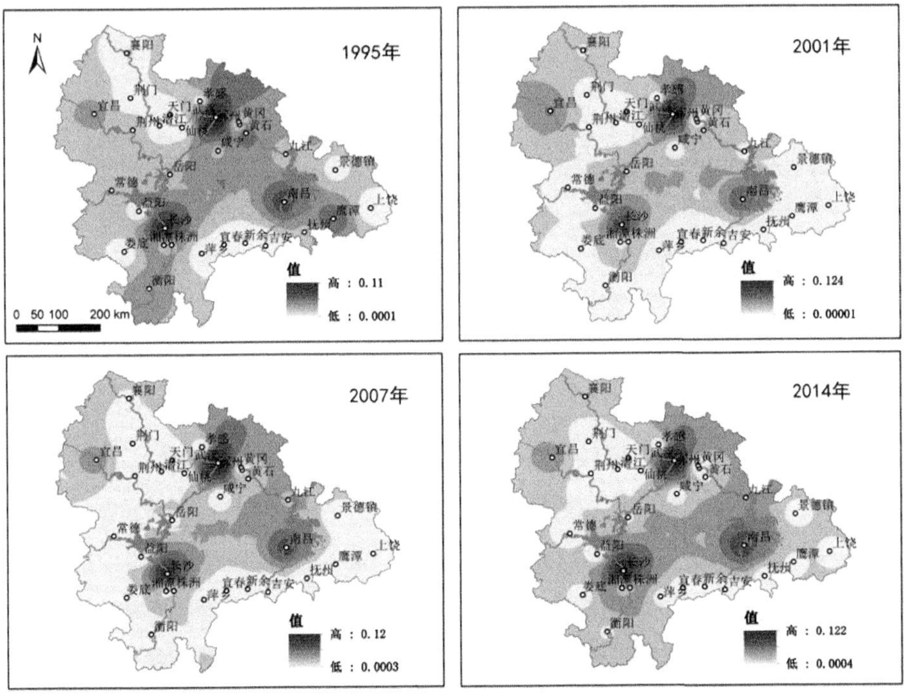

图6－15 长江中游城市群对外开放资源集聚能力空间格局演变

6.4 本章小结

本章在长江中游城市群资源集聚能力计算分析的基础上，对城市群资源综合集聚能力以及各类资源集聚能力的空间演变进行详细分析，主要结论如下：

（1）城市（群）发展初期的资源集聚以中心城市的极化效应为主，在循环累积因果机制和“报酬递增”效应下，资源集聚在空间选择上形成“路径依赖”和“空间锁定”。1995—2014 年，长江中游城市群形成了以武汉、长沙、南昌等核心城市为主导的多中心的“核心—边缘”空间结构，并产生“锁定”，空间格局差异变化不明显。长江中游城市群内首位城市武汉的资源综合集聚能力在整个城市群层面并不突出，城市资源集聚格局趋向分散化。长江中游城市群资源综合集聚能力的重心位于城市群空间几何中心附近，其迁移路径基本按照“西北—东南”的整体走向进行往复迁徙，并最终定位于向西北迁移。从全国来看，长江中游城市群资源集聚空间格局仍处于初级的中心城市极化发展阶段，中心城市在城市群的资源集聚过程中占有压倒性的支配地位，一体化的城市群资源集聚组合体尚未形成，资源的外溢效应不明显。

（2）在十大类资源中，人口、土地、经济、科技创新、金融、对外开放等资源的集聚空间格局，表现出强烈的以武汉、长沙、南昌三大中心城市为核心的“核心—边缘”结构特征。人口作为城市发展的基础要素，其率先集聚直接带动了土地、经济等资源的集聚，而在此基础上，科技创新、金融、对外开放等高端资源依托已经形成的庞大市场和潜在利润空间，开始在人口经济规模较大的城市集聚，这种前向和后向的“链条式传递”，放大了资源集聚的规模效应和溢出效应，提高了资源集聚的效率。

1995—2014 年，长江中游城市群内人口资源集聚空间格局由最初相对均匀的“核心—外围”结构向中心城市极化的方向发展，基本形成了以武汉、长沙、南昌三个核心城市为增长极的人口资源集聚空间格局。这种空间格局的形成，与人口流动的自身规律相一致。人口是土地利用变化的主要驱动力，城市人口的增长对空间的需求是城市建设用地增长的直接动力，土地资源集聚能力空间格局表现出与人口资源集聚能力空间格局高度一致的演变特征，也是由最初相对均匀的“核心—外围”结构向武汉、长沙、南昌三个中心城市极化的方向发展。经济资源集聚能力的空间演化呈现出由轴带发展向点状极化发展转变的特征，形成了以武汉、长沙、南昌三个省会城市为中心的“核心—边缘”结构。金融资源集聚能力空间格局的演变是金融资源自身空间分布和运动规律的必然结果，其格局基本上呈武汉、长沙、南昌三个中心城市“三足鼎立”的局面，空间变化差异较小。科技创新资源集聚能力空间格局演变是科技创新资源自组织机制作用的结果，表现出向中心城市极化发展的趋势。与人口、土地、经济、金融、科技创新等资源集聚能力趋向于中心城市极化发展的空间演变态势不同，公共设施资源集聚能力的空间格局表现出明显的分散化、均衡化发展态势。文化资源集聚能力空间格局呈现出非均衡演变的特征，随着时间的推移，文化产业发展良好的城市表现出高集聚能力的发展潜力，具有高度的文化指向性。生态环境资源的空间集聚格局整体呈现出以环鄱阳湖城市群为中心、以襄阳和宜昌为副中心向内扩散的特征，环鄱阳湖城市群一直是长江中游城市群内生态环境资源集聚能力最强的地区。政策资源集聚能力空间格局演变差异巨大，政策资源集聚能力较高的城市分布范围不断变化，整体空间格局变化特征呈不规则的非均衡态势。对外开放资源集聚能力的空间格局呈现出武汉、长沙、南昌三个中心城市绝对支配和垄断的分布特征，20 年间这种空间格局变化幅度较小，基本形成了中心城市极化发展的空间格局。

7 全国主要城市群资源集聚能力对比研究

为了更加直观地判断长江中游城市群资源集聚能力在全国主要城市群中的地位，本研究以国家“十三五”规划确定的19个主要城市群为对象，从城市群资源集聚能力计算、城市群资源集聚等级规模结构特征、城市群资源集聚空间格局等角度，将19个城市群作为单独个体，对其资源集聚能力情况展开对比分析，研究长江中游城市群在其中的地位和角色，为长江中游城市群明确自身定位、提高自身资源集聚能力提供参考和支撑（见图7-1）。

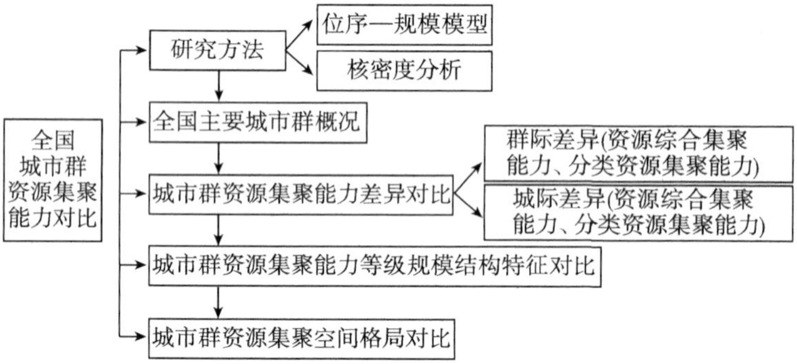

图7-1 研究思路框架

7.1 研究方法

7.1.1 位序—规模模型

城市体系的位序—规模模型能够揭示城市体系内城市规模与城市位序的关系，反映一个国家或区域内城市规模的层次分布状况，即城市体系从大到小的规模与序列的关系。城市群作为一种较为理想的城市体系，本研究将这一模型引入城市资源集聚能力的等级规模分布研究中，对城市群内城市资源集聚能力的位序—规模分布状况进行分析。当前广泛采用的位序—规模公式是 Lotka 模型①，即：

$$P_i = P_1 \times R_i^{-q}, (R_i = 1, 2, \cdots, n) \quad (7-1)$$

式中，n 代表城市数量，R_i代表城市 i 资源集聚能力在城市群中的位序，P_i 是按照从大到小排序后位序为 R_i的城市资源集聚能力值，P_1是首位城市的资源集聚能力值，参数 q 是 Zipf 指数。对公式两边取对数，进行变换可得：

$$\ln P_i = \ln P_1 - q \ln R_i \quad (7-2)$$

研究发现，当 $q=1$ 时，城市群内资源集聚首位城市与资源集聚能力最低城市之比恰好为整个城市群的城市个数，此时城市群资源集聚状态处于自然状态下的最优分布，称此时城市规模分布满足 Zipf 准则②；当 $q<1$ 时，城市规模分布相对集中，城市资源集聚结构分布比较均衡，中间位序的城市较多，城市群发育较为成熟；当 $q>1$ 时，说明城市资源集聚趋向分散，城市间资源集聚能力差异较大，首位城市的资源集聚能力垄断性较强，中间位序的城市较少，城市群发育不成熟。当大城市发展相对较快时，城市资源集聚趋向分散，q 值不断增大；$q \to \infty$ 时，城市群内将只有一个城市，为绝对首位型分布，这种情况一般不会出现；而当中小城市发展迅速时，则会缩小与大城市的差距，q 值会不断缩小；当 $q \to 0$ 表示城市群内城市资源集聚能力均等，资源集聚绝对平均。

7.1.2 核密度分析

核密度分析是指使用核函数，通过离散点数据或者线数据进行内插的过程，根据点或折线要素计算每单位面积的量值，可以将数据点或线生成连续表面；通过核密度估算（Kernel Density Estimation，KDE）可以获得未

① 程开明，庄燕杰．城市体系位序—规模特征的空间计量分析——以中部地区地级以上城市为例[J]．地理科学，2012，32(8)：905－912.

② 刘效龙，张世全，冯长春．中原城市群城市规模等级的时空演变分析[J]．地域研究与开发，2011，30(3)：29－34.

知区域的密度属性①，从而找出哪些地方点或者线比较集中，从而根据要素数据计算整个区域的数据聚集状况，本研究中用来估算资源集聚的密度分布状况。核密度分析中，落入搜索区的点具有不同的权重，靠近搜索中心的点或线会被赋予较大的权重；反之，权重较小，计算结果分布较平滑。

一般定义为：设 x_1，…，x_n是从分布密度函数为f的总体中抽取的独立分布（iid）样本，估计 f 在某点 x 处的值 f（x），通常有 Rosenblatt - Parzen 核估算公式②：

$$f_n(x) = \frac{1}{nh^d}\sum_{i=1}^{n} k\left(\frac{x - x_i}{h}\right) \tag{7-3}$$

其中，k（·）为核函数，$h>0$，为带宽，$x-x_i$为估计点到样本 x_i处的距离，n 为在带宽范围内的已知点数目；d 为数据的维度。

在 KDE 估算中，带宽 h 的确定对于计算结果影响较大，随着带宽的增加，空间上点密度的变化更为光滑，但会掩盖密度的结构，而当带宽减小时，估计点密度变化突兀不平。在本研究中，考虑具体应用对象为资源集聚能力，采用与实际情况相适应的核密度带宽。

7.1.3 空间自相关分析

空间自相关是一个区域单元上的某种地理现象或某属性值与邻近区域单元上同一现象或属性值的相关程度，是以空间关联性测度为核心，来衡量地理现象空间相关性的方法，分为全局空间自相关与局部空间自相关。全局空间自相关Moran's I 的计算方法为③：

$$I = \left(\frac{n}{\sum_i \sum_j W_{ij}}\right)\left[\frac{\sum_i \sum_j W_{ij}(x_i - \bar{x})(x_j - \bar{x})}{\sum_i (x_i - \bar{x})^2}\right] \tag{7-4}$$

① 朱鹤，刘家明，陶慧．北京城市休闲商务区的时空分布特征与成因［J］．地理学报，2015，70（8）：1215－1228.

② 蔡雪娇，吴志峰，程炯．基于核密度估算的路网格局与景观破碎化分析［J］．生态学杂志，2012，31（1）：158－164.

③ 陈培阳，朱喜钢．基于不同尺度的中国区域经济差异［J］．地理学报，2012，67（8）：1085－1097.

其中，W 为空间矩阵，n 为城市个数，x_i为第 i 个城市的观测值，$\bar{x}$ 为观测量平均值，空间权重矩阵建立的方法有相邻法和距离法等。在给定显著性水平时，若Moran's I 显著为正，表示资源集聚能力高的城市在空间上显著集聚；反之，若Moran's I 显著为负，则表明城市与周边城市的资源集聚能力具有显著的空间差异。

全局空间自相关只能揭示地理现象是否具有空间集聚特性，而无法分辨出局部地区地理现象与周边地区的空间相关性关系。局部空间自相关揭示空间差异的异质性特征以全面反映地理现象空间差异的变化趋势，本研究采用 Local Moran's I_i和 Getis - Ord G_i^* 指数来衡量局部空间自相关。Local Moran's I_i为 Global Moran's I 的分解形式，用于测度区域某属性值与其周边区域之间的空间差异程度。对于区域 i 的局部Moran's I_i为：

$$I_i = z_i \sum_i W_{ij} z_j \tag{7-5}$$

其中，z_i和 z_j是城市 i 和 j 的资源集聚能力标准化值，W_{ij}为空间权重，其中 $\sum_j W_{ij} = 1$ 。若 I_i大于 0 且 Z_i大于 0，则城市 i 为 HH 型，表示该城市资源集聚能力值高且临近城市也高；若 I_i大于 0 而 Z_i小于 0，则城市为 LL 型，表示该城市资源集聚能力低且周边地区也低，这两种类型的城市为正相关关系。若 I_i小于 0 而 z_i大于 0，则城市 i 为 HL 类型，表明该城市资源集聚能力值高而周边地区低；若 I_i小于 0 且 z_i小于 0，则城市 i 为 LH 类型，表明该城市资源集聚能力值低而周边地区高①。

Getis - Ord G_i^* 指数用于分析地理现象的冷点和热点区域分布，公式为：

$$G_i^*(d) = \sum_{i=1}^{n} W_{ij}(d)\, x_i / \sum_{i=1}^{n} x_i \tag{7-6}$$

其中，x_i为城市 i 的集聚能力值，W_{ij}为空间权重矩阵，空间相邻为 1，空间不相邻为 0。若 G_i^* 值显著为正，表明城市 i 周围的资源集聚能力值相对较高，属于热点地区，反之为冷点地区。

① 赵明华，郑元文．近 10 年来山东省区域经济发展差异时空演变及驱动力分析[J]．经济地理，2013，33(1)：79 - 85.

7.1.4 数据来源与处理

统计数据主要来源于2015年《中国城市统计年鉴》等统计年鉴，以及各城市国民经济与社会发展统计公报。考虑到数据的连续性和稳定性，对于在研究时段内发生行政区划调整的城市，基于调整后最新的行政区划，对调整前的行政单元数据进行归并处理。空间可视化分析所需的矢量数据来源于国家1:400万基础地理信息数据库。

7.2 全国主要城市群概况

国家"十三五"规划提出："优化城镇化布局和形态，加快构建以陆桥通道、沿长江通道为横轴，以沿海、京哈京广、包昆通道为纵轴，大中小城市和小城镇合理分布、协调发展的'两横三纵'城市化战略格局。加快城市群建设发展，优化提升东部地区城市群，建设京津冀、长三角、珠三角世界级城市群，提升山东半岛、海峡西岸城市群开放竞争水平。培育中西部地区城市群，发展壮大东北地区、中原地区、长江中游、成渝地区、关中平原城市群，规划引导北部湾、山西中部、呼包鄂榆、黔中、滇中、兰州—西宁、宁夏沿黄、天山北坡城市群发展，形成更多支撑区域发展的增长极。促进以拉萨为中心、以喀什为中心的城市圈发展。建立健全城市群发展协调机制，推动跨区域城市间产业分工、基础设施、生态保护、环境治理等协调联动，实现城市群一体化高效发展。"① 国家"十三五"规划确定的这19个城市群，2014年人口数量8.58亿人，占全国人口总数的62.71%，其中城镇人口占全国城镇人口总量的67.64%；2014年地区生产总值54.3万亿元，占全国GDP总量的85.32%，是支撑全国发展的主体所在。因此，本研究以这19个城市群为对象，根据国家相关规划和有关研究中关于各个城市群的范围界定，对其资源集聚能力进行对比分析。

---

① 资料来源:《中华人民共和国国民经济和社会发展第十三个五年规划纲要》(2016)。

（1）长三角城市群

长江三角洲城市群以上海为核心，包括江苏省、浙江省、安徽省的多个城市，是国家“两横三纵”城市化格局的优化开发和重点开发区域，范围包括：上海市，江苏省的南京、无锡、常州、苏州、南通、盐城、扬州、镇江、泰州，浙江省的杭州、宁波、嘉兴、湖州、绍兴、金华、舟山、台州，安徽省的合肥、芜湖、马鞍山、铜陵、安庆、滁州、池州、宣城等 26 市，国土面积 21.17 万平方千米，2014 年地区生产总值 12.67 万亿元，总人口 1.5 亿人，分别约占全国的 2.2%、18.5%、11.0%。

（2）珠三角城市群

珠江三角洲城市群是由广州、深圳 、珠海、佛山、东莞、中山、江门、肇庆、惠州 9 个城市所组成的城市群，是中国乃至亚太地区最具活力的经济区之一，2014 年人口总量 5763 万人，地区生产总值 57650 亿元，以广东省 70% 的人口，创造着全省超过 85% 的 GDP。

（3）京津冀城市群

京津冀城市群是由北京、天津两个直辖市以及河北省的保定、廊坊、唐山、张家口、承德、秦皇岛、沧州、衡水、邢台、邯郸、石家庄 13 个城市组成的城市群，是“以首都为核心的世界级城市群、区域整体协同发展改革引领区、全国创新驱动经济增长新引擎、生态修复环境改善示范区”。

（4）长江中游城市群

长江中游城市群是以武汉城市圈、环长株潭城市群、环鄱阳湖城市群为主体形成的特大型城市群，国土面积约 31.7 万平方千米，2014 年实现地区生产总值 6 万亿元，年末总人口 1.21 亿人，分别约占全国的 3.3%、8.8%、8.8%。

（5）成渝城市群

成渝城市群包括重庆市大部分地区，四川省的成都、自贡、泸州、德阳、绵阳（除北川县、平武县）、遂宁、内江、乐山、南充、眉山、宜宾、广安、达州（除万源市）、雅安（除天全县、宝兴县）、资阳 15 个市，总面积 18.5 万平方千米，2014 年常住人口 9094 万人，地区生产总值 3.76

万亿元，分别占全国的1.92%、6.65%和5.49%。成渝城市群是西部大开发的重要平台，是长江经济带的战略支撑，也是国家推进新型城镇化的重要示范区。

（6）中原城市群

中原城市群是以郑州为中心，以洛阳、开封为副中心，许昌、新乡、焦作、平顶山、漯河、济源9个城市为核心层所构成的具有高度紧密社会经济联系的城市群，是中原经济区的核心。国土面积5.87万平方千米，总人口4275万人，地区生产总值2.17万亿元，分别约占全国的0.61%、3.1%和3.2%。

（7）哈长城市群

哈长城市群包括黑龙江省哈尔滨市、大庆市、齐齐哈尔市、绥化市、牡丹江市，吉林省长春市、吉林市、四平市、辽源市、松原市、延边朝鲜族自治州，是东北地区城市群的重要组成区域。面积约5.11万平方千米，常住人口约2000万人。

（8）山东半岛城市群

山东半岛城市群是由济南、青岛、烟台、淄博、威海、潍坊、东营、日照等城市构成的城市群，北临京津冀和辽东半岛，南接长三角经济区，东与朝鲜半岛、日本隔海相望，土地面积近7.46万平方千米，人口4109万人，地区生产总值37113亿元，矿产资源丰富，工业基础雄厚。

（9）辽中南城市群

辽中南城市群是以沈阳、大连为中心，包括鞍山、抚顺、本溪、丹东、辽阳、营口、盘锦、铁岭等城市构成的城市群。该地区城市高度密集，2014年人口3126万人，地区生产总值25342亿元，是东北地区重要的经济、交通、文化中心，全国重要的综合性重工业基地。

（10）海峡西岸城市群

海峡西岸城市群是由福州、泉州、厦门、莆田、漳州、宁德等城市组成的城市群，2014年人口2785万人，地区生产总值19560亿元，是海峡经济区的核心地区。

（11）关中城市群

关中城市群是指由西安为中心、宝鸡为副中心，包括铜川、咸阳、渭南等构成的城市群，该区域为陕西人口最密集地区，经济发达，文化繁荣，是我国西部地区唯一的高新技术产业开发带和星火科技产业带，在全国区域经济发展中占有重要地位。

（12）北部湾城市群

北部湾城市群是以南宁为核心，包括北海、钦州、防城港、玉林、崇左等城市组成的城市群，2014 年人口 2351 万人，地区生产总值 7439 亿元，是中国与东盟之间唯一既有陆地接壤又有海上通道的经济板块。

（13）晋中城市群

晋中城市群是以山西省太原市为中心，包括阳泉、晋中、忻州、吕梁等城市组成的城市群，2014 年人口 1536 万人，地区生产总值 5970 亿元。

（14）呼包鄂榆城市群

呼包鄂榆城市群位于全国“两横三纵”城市化战略格局中包昆通道纵轴的北端，包括内蒙古自治区呼和浩特、包头、鄂尔多斯和陕西省榆林的部分地区，2014 年人口 991.4 万人，地区生产总值 13506 亿元。

（15）黔中城市群

黔中城市群是以贵阳为中心，遵义、安顺等城市为支撑的城市群，2014 年人口 1459.9 万人，地区生产总值 4891.7 亿元。

（16）滇中城市群

滇中城市群包括昆明、曲靖、玉溪、楚雄四州市行政辖区范围，总面积 94558 平方千米。2014 年人口 1686 万人，地区生产总值 7249 亿元，是云南省经济发展的主引擎。

（17）兰西城市群

兰西城市群是指以兰州、西宁为中心，主要包括兰州、西宁、白银、定西、临夏州、海东等地州市的经济地区，区内自然资源丰富，是我国粮食、畜牧品、中药材等的重要生产基地，工业和交通也有相当基础。

（18）宁夏沿黄城市群

宁夏沿黄城市群是以宁夏沿黄河分布的银川、石嘴山、吴忠、中卫、等城市构成的城市群，城市群集中了宁夏全区57%的人口，创造了宁夏90%以上的GDP和财政收入，已初具城市带雏形。

（19）天山北坡城市群

天山北坡城市群是在新疆准噶尔盆地南缘天山北坡中段，以乌鲁木齐、石河子和克拉玛依市为轴心，包括昌吉、乌苏、奎屯等城市在内组成的城市群。是新疆城市最密集的地区，也是新疆现代工业、农业、交通信息、教育科技等最发达的核心区域。

7.3 城市群资源集聚能力差异对比分析

7.3.1 资源集聚能力的群际差异对比

根据第4章构建的资源集聚能力综合评价指标体系以及公式（5-1），计算19个城市群的资源集聚能力，计算结果如表7-1所示。

表7-1 全国19个城市群资源集聚能力得分值

城市群	综合	人口资源	土地资源	经济资源	公共设施资源	生态环境资源	科技创新资源	金融资源	文化资源	政策资源	对外开放资源
长三角	0.819	0.117	0.083	0.150	0.056	0.029	0.100	0.094	0.044	0.025	0.124
珠三角	0.567	0.113	0.053	0.115	0.082	0.037	0.036	0.034	0.027	0.030	0.051
京津冀	0.512	0.075	0.039	0.075	0.032	0.022	0.095	0.068	0.048	0.024	0.042
长江中游	0.361	0.068	0.041	0.061	0.033	0.022	0.034	0.032	0.016	0.019	0.024
山东半岛	0.340	0.064	0.026	0.087	0.043	0.030	0.014	0.017	0.012	0.021	0.030
成渝	0.278	0.059	0.030	0.049	0.018	0.022	0.028	0.029	0.014	0.017	0.017
海峡西岸	0.257	0.056	0.014	0.067	0.033	0.023	0.007	0.009	0.008	0.020	0.021
辽中南	0.249	0.042	0.018	0.052	0.029	0.020	0.016	0.014	0.009	0.016	0.022
中原	0.189	0.049	0.016	0.042	0.018	0.019	0.010	0.009	0.020	0.018	0.008
哈长	0.185	0.029	0.030	0.031	0.017	0.022	0.013	0.013	0.010	0.016	0.009
关中	0.170	0.045	0.008	0.043	0.016	0.019	0.012	0.007	0.013	0.010	0.005
黔中	0.145	0.038	0.003	0.046	0.017	0.015	0.003	0.002	0.008	0.013	0.001

续表

城市群	综合	人口资源	土地资源	经济资源	公共设施资源	生态环境资源	科技创新资源	金融资源	文化资源	政策资源	对外开放资源
呼包鄂榆	0.144	0.021	0.005	0.030	0.031	0.012	0.002	0.003	0.005	0.012	0.002
天山北坡	0.139	0.046	0.003	0.031	0.022	0.013	0.002	0.002	0.006	0.014	0.001
滇中	0.131	0.036	0.006	0.023	0.017	0.021	0.004	0.003	0.003	0.013	0.002
晋中	0.126	0.044	0.004	0.015	0.024	0.014	0.003	0.005	0.005	0.011	0.001
宁夏沿黄	0.123	0.022	0.001	0.029	0.027	0.015	0.001	0.001	0.004	0.015	0.001
兰西	0.110	0.027	0.003	0.027	0.018	0.002	0.003	0.002	0.004	0.012	0.002
北部湾	0.093	0.014	0.005	0.024	0.009	0.018	0.003	0.003	0.003	0.015	0.001

（1）城市群间资源集聚能力梯度差异相对平缓，首位城市群资源集聚首位度不高

从资源综合集聚能力排名情况来看（见图7-2a），全国19个城市群的资源集聚能力梯度差异相对较为平缓，城市群间相对差异总体较小，城市群资源集聚能力阶梯没有出现大的结构性“断层”，不同梯次间的城市群资源集聚能力差异幅度较小。排名前三位的分别是长三角、珠三角、京津冀三大国家级城市群，这与当前发展现状相符合。长三角城市群城市分布密集且城市规模较大，是世界六大城市群之一和中国发育最成熟、影响力最大、集中连片度最高的城市群；珠三角城市群经济发达、人口密集、对外开放程度较高，资源综合集聚能力仅次于长三角城市群，排名第二，以广州、深圳、珠海等城市为集聚核心；排名第三位的是京津冀城市群，主要得益于北京、天津两大城市资源集聚能力较强。长江中游城市群资源综合集聚能力在全国19个城市群中排名第四，仅次于沿海发达地区的三大国家级城市群，表明长江中游城市群的资源集聚能力在全国处于较为领先的地位，是除沿海三大城市群外国内资源集聚能力最强的城市群，这对于今后长江中游城市群的发展壮大和打造全国第四增长极具有重要意义。山东半岛城市群资源集聚能力在全国排名第五，显示出其强大的发展实力，这与2014年山东省在全国GDP排名中名列第三的情况相符合，山东省是除广东、江苏外的全国经济强省，因此，其资源集聚能力仅次于规模更大

的长江中游城市群。资源集聚能力排名处于中游的城市群有成渝、海峡西岸、辽中南、中原、哈长、关中等城市群，这些城市群是国家“十三五”规划中提出要重点培育的城市群，是主体功能区规划中的重点开发区域，也是今后集聚人口、经济等发展要素的重要载体。资源集聚能力排名处于下游的城市群主要有黔中、呼包鄂榆、天山北坡、滇中、晋中、宁夏沿黄、兰西、北部湾等城市群，这些城市群是未来需要引导和扶持发展的城市群，大部分位于中西部地区，是局部区域的发展增长极，对促进全国区域协调发展能够起到带动作用，是中西部地区重要的资源集聚点。

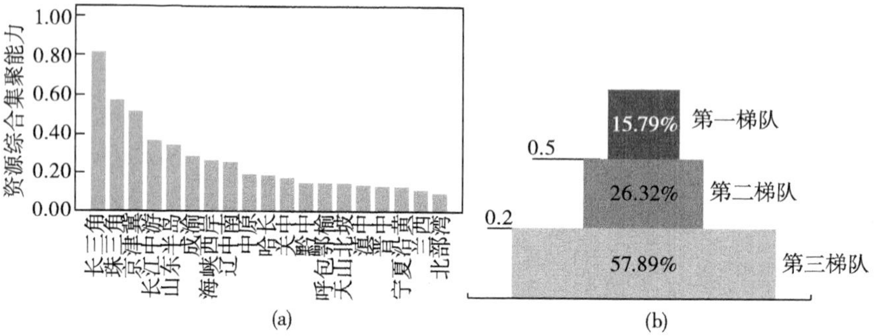

图 7-2　全国 19 个城市群资源综合集聚能力排名与等级分布情况

此外，从资源集聚首位度来看，全国 19 个城市群中，首位城市群——长三角城市群的资源集聚首位度 2 指数为 1.44，低于首位度 2 的正常值；4 指数为 0.57，低于首位度 1 的正常值，表明其资源集聚首位度不高，也说明全国城市群发展格局中，总体较为均衡，未出现垄断型的发展特征，这对于区域的协调发展具有积极作用。

（2）全国城市群资源集聚能力“金字塔”呈“年轻型”的增长结构

根据城市群的资源集聚能力得分情况，全国 19 个主要城市群大致可以分为 3 个梯队：第一梯队，城市群资源综合集聚能力得分值在 0.5 以上，城市群数量只有 3 个，占比 15.79%；第二梯队，资源综合集聚能力得分值在 0.2 ~0.5，城市群数量为 5 个，占比 26.32%；第三梯队，城市群资源综合集聚能力得分值在 0.2 以下，城市群数量为 11 个，占比 57.89%，第三梯队城市群数量最多。将三个梯队城市群按照数量比重绘制出资源集聚能力“金字塔”图（见图7－2b），可以看出，全国19个城市群的资源集聚能力“金字塔”结构表现出“塔顶尖、塔底宽”的增长型特征，根据人口金字塔理论，这种结构特征属于“年轻型”的增长型结构，即“金字塔”底处于“幼年”时期的城市群数量较多，而处于“老年”时期的城市群数量较少，这与当前国内城市群的发展状况相符合，大部分城市群仍处于发育的初期阶段，城市群形成机制的行政导向性特征鲜明，未来仍需经过一段较长时间的发育完善，不断集聚发展所需的各种资源，才能形成真正的联系紧密、一体化发展的城市群。

（3）城市群间不同类型的资源集聚能力差异显著

根据十大类资源的集聚能力计算结果，绘制各类资源的城市群集聚能力排名图（见图7－3）。从图中可以看出，不同种类资源集聚能力的城市群排名及群际差异情况显著。在各类资源集聚能力排名上，基本遵循由东向西递减的规律，东部沿海地区城市群资源集聚能力大部分处于上游水

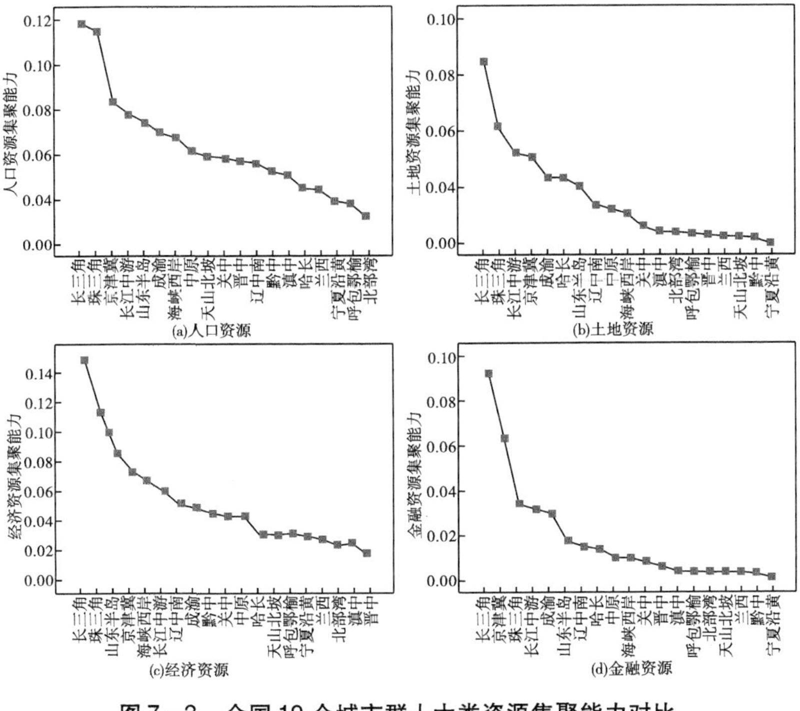

图7－3　全国19个城市群十大类资源集聚能力对比

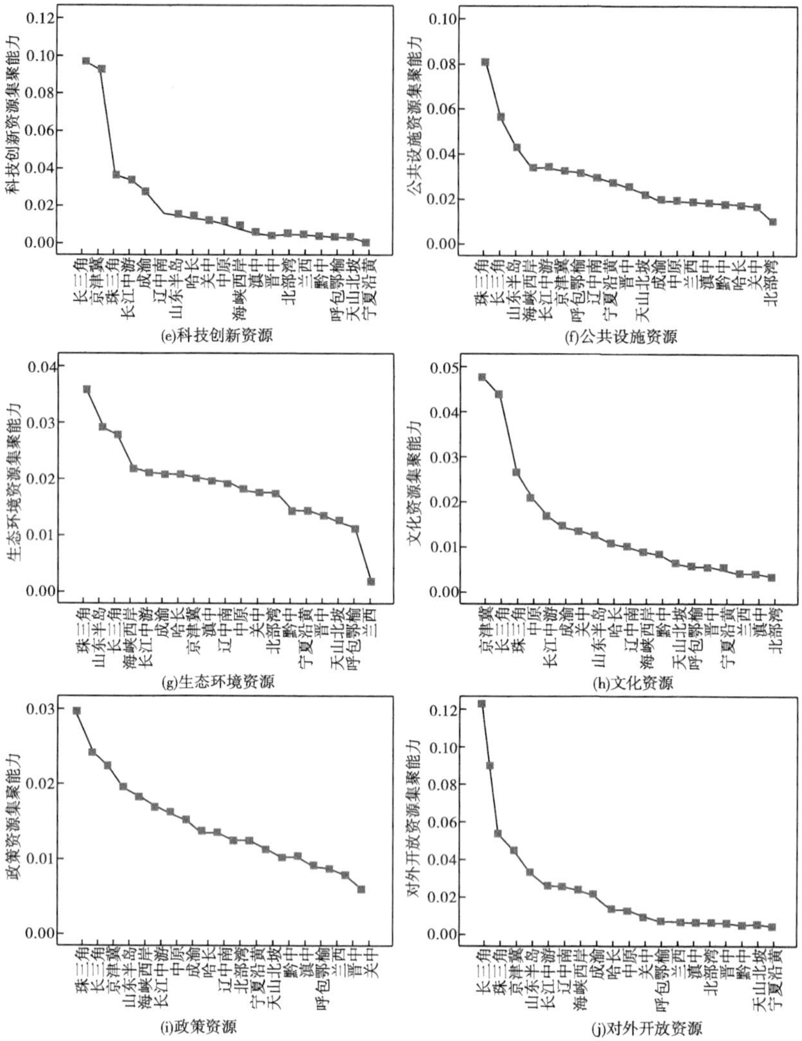

图7－3　全国19个城市群十大类资源集聚能力对比（续）

平，中部地区城市群资源集聚能力处于中等水平，西部地区城市群资源集聚能力处于最下游水平；长三角、珠三角、京津冀三大国家级城市群占据了大部分资源种类集聚能力第一梯队的前三位，而处于中游第二梯队和下游第三梯队的城市群排名差异较大。总体而言，人口、土地、经济、公共设施、生态环境、政策等资源集聚能力的群际差异表现出高资源集聚能力城市群（第一梯队）数量少、中低资源集聚能力城市群（第二、第三梯队）数量多的特点，而金融、科技创新、对外开放、文化等资源则表现出高资源集聚能力、中资源集聚能力城市群（第一、第二梯队）数量少、低资源集聚能力城市群（第三梯队）数量多的特点。

①人口资源：城市群人口资源集聚能力的排名中，处于前几位的城市群与资源综合集聚能力的排名情况相同，前七位同样是长三角、珠三角、京津冀、长江中游、山东半岛、成渝、海峡西岸城市群（见图7-3a）。处于顶端的长三角和珠三角两者人口资源集聚能力较为接近，得分值在0.11以上，但第三位的京津冀城市群与长三角和珠三角差距较大，得分值低于0.08，出现了差距较大的等级“断层”，这表明长三角城市群和珠三角城市群是全国人口集聚的“洼地”，对全国劳动力和人才资源产生强大的吸引力，这与人口流动机制相吻合，人口的流动主要是由经济发展水平所驱动的，经济发展水平高的地区能够提供更多的工作机会岗位、更高的工资水平、更加完善的公共服务配套，因此对人口的吸引力较强。人口资源集聚能力排名第三位的京津冀城市群之后，排名曲线呈规则的下降趋势，表明全国除长三角和珠三角外的大部分城市群人口资源集聚能力差异相对较小，且基本遵循东部—中部—西部的梯度分布规律。长江中游城市群人口资源集聚能力排名第四，这与其资源综合集聚能力排名一致。

② 土地资源：城市群间土地资源集聚能力的差异主要体现在中高集聚能力的城市群与低集聚能力的城市群之间，高资源集聚能力的城市群数量少，而中低资源集聚能力城市群数量多，且后两者数量较为接近（见图7-3b）。排名前五位的依然是五大国家级城市群，其中长江中游城市群超过了京津冀城市群排名第三位，这表明，一方面长江中游城市群土地面积和建成区面积较大，城市群未来发展拓展空间潜力大，用地支撑能力强；另一方面，其土地资源利用率和开发强度相对较高，长江中游城市群内武汉城市圈、长株潭城市群、鄱阳湖生态经济区三个板块都是偏向生态型的城市群，在资源节约、环境保护“两型社会”建设方面有自身特色。处于中等水平的城市群依然是哈长、辽中南、中原等实力较强的城市群，其土地资源集聚能力的梯度差异过度平缓。土地资源集聚能力较低的

城市群主要是西部地区的几个城市群，得分值较为接近，与东中部地区的城市群差距较大。

③ 经济资源：城市群间经济资源集聚能力的差异特征与人口资源的差异特征较为相似，但梯度差异更为平缓，得分值排名曲线更加平滑，处于中高水平的城市群数量较多，表明在经济发展方面，全国城市群间的差异相对较小，经济资源的分布较为均衡和分散（见图 7－3c）。此外，从排名情况来看，经济资源集聚能力高的城市群分布呈现出显著的地域特征，即经济资源集聚能力高的城市群主要分布于沿海地区，排名前五位的长三角、珠三角、山东半岛、京津冀、海峡西岸城市群都位于东部沿海发达地区；经济资源集聚能力低的城市群则主要分布于西部内陆欠发达地区。长江中游城市群经济资源集聚能力处于第六位，比资源综合集聚能力排名靠后，表明未来其经济发展水平和经济实力有待进一步提高。

④金融资源：从城市群金融资源集聚能力排名情况来看，全国 19 个城市群的金融资源集聚能力差异较大，处于“金字塔尖”的长三角城市群与“金字塔底”的其他城市群的“两极”差异巨大（见图 7－3d），这种差异特征是由于金融资源供给和需求在空间上的非均衡性，以及资本追逐配置效率所决定的，与其他资源要素相比其更具有集聚倾向。根据图 7－3d 大致可以将全国城市群金融资源集聚能力分为三个等级：第一等级，主要是长三角和京津冀两个城市群，这两个城市群金融业高度发达，如以上海为中心的长三角城市群集聚了证券交易所、外资金融机构总部、银行等众多金融机构和金融资源，以北京天津为中心的京津冀城市群则聚集了全国众多国有金融机构总部和商业性金融机构；第二等级，主要是珠三角、长江中游、成渝三个城市群，这三个城市群金融资源也较丰富，聚集了众多的民营金融机构；第三等级，包括其他所有城市群，这些城市群金融资源集聚能力相对于长三角、京津冀等城市群来说较为薄弱，但其大都是区域性金融中心，为局部区域提供金融服务。

⑤ 科技创新资源：城市群科技创新资源集聚能力的差异特征与金融资源具有高度一致的特性（见图 7－3e），即高低资源集聚能力城市群的两极

分化现象比较严重。这是由于科技创新活动对科技资源禀赋基础和环境因子有较高要求，其集聚是自身自组织机制的结果。与金融资源集聚能力有所不同的是，京津冀城市群的科技创新资源集聚能力较强，与处于第一位的长三角城市群较为接近，这是因为北京和上海是全国科技资源分布最集中的两个城市，集中了全国顶尖的高水平大学、科研院所、高新技术企业等创新资源，是全国智力资源最密集的两个地区。珠三角与长江中游城市群科技创新资源集聚能力较为接近，两者属于不同的类型，长江中游城市群内高等院校、科研院所等科技资源要素密集，武汉是全国除北京、上海外的第三大科教基地，长沙也有较多大学与科研机构，但长江中游城市群科技创新资源的本地吸纳能力相对欠缺，特别是城市群内众多高等院校培养的高科技人才外流现象较为严重，人才常年流向珠三角、长三角等地区；与长江中游城市群不同的是，珠三角城市群的科技创新资源要素主要依托于高新技术企业和科研院所机构，偏向应用型的特征。

⑥ 公共设施资源：与其他资源相比，城市群间公共设施资源集聚能力的差异相对较小，中低资源集聚能力的城市群占多数（见图 7 - 3f）。其最大的不同之处在于，城市群公共设施资源集聚能力排名情况与其他类资源差别较大，排名前五位的分别是珠三角、长三角、山东半岛、海峡西岸、长江中游城市群。珠三角城市群公共设施资源集聚能力排名第一，这是由于珠三角城市群虽然空间规模较小，但城市群经济发达、改革开放较早、开发强度大、城市基础设施和公共服务设施都较为完善，因此其集聚能力最高；其次是长三角城市群，也是国内发展最好的城市群之一。山东半岛和海峡西岸城市群都位于沿海地区，经济发达，基础设施投资力度大，设施状况良好。长江中游城市群公共设施资源集聚能力排名第五，公共设施配置状况相对较为完善。在中等资源集聚能力城市群中，出现了几个西部地区的城市群，这些都与当地基础设施建设投资和公共服务配套相关联。

⑦ 生态环境资源：全国城市群间生态环境资源集聚能力差异相对较小，大部分城市群属于中等水平，这是生态环境资源区别于其他资源的主

要特征（见图7－3g），即高低水平的城市群数量少，中间位序的城市群数量多，属于“纺锤形”的结构特征。从排名情况来看，生态环境资源集聚能力最高的前四个城市群都是沿海地区城市群，充分说明了沿海地区由于自身区位条件和地理环境特征，在生态环境方面占有显著优势，沿海地区空气优良天数、水环境质量、环境舒适度等都显著优于内陆城市群。排名第一的是珠三角城市群，其处于南部沿海地区，环境舒适宜人。长江中游城市群生态环境资源集聚能力仅次于前四个沿海地区城市群，处于第五位，主要是因为长江中游城市群为江河湖泊型城市群，水资源丰富，生态环境基础良好。京津冀城市群虽然城市生态环境治理投资在全国属于高水平，但区域工业结构偏向重工业，空气污染等比较严重，因此处于中等水平。生态环境资源较低的几个城市群主要是位于西部地区的城市群，生态环境脆弱，能源工业众多，工业污染严重。

⑧ 文化资源：城市群文化资源集聚能力差异总体表现较为平缓，城市群得分值分布较为均衡（见图7－3h）。在排名上，第一位是京津冀城市群，该地区是全国文化中心，历史文化资源和现代文化创意资源丰富。第二位和第三位分别为长三角城市群和珠三角城市群，这两个城市群的文化资源类型不同于其他历史文化资源丰富的地区，它们的文化资源主要是以现代文化资源为主，包括影视、动漫、艺展等资源为主。排名第四位和第五位的城市群分别是中原城市群和长江中游城市群，中原城市群历史文化资源底蕴深厚，城市群内历史文化名城数量众多，古都数量较多，文化旅游等产业发展良好；长江中游城市群是历史文化资源和现代文化资源结合的文化资源丰富地区，以楚文化、湘文化、红色文化、影视娱乐文化等为代表，文化产业发展较快。其他城市群文化资源集聚能力差异不大，总体较为接近。

⑨ 政策资源：全国主要城市群政策资源集聚能力的相对差异较为均衡，绝大部分城市群政策资源集聚能力处于中等水平（见图7－3i），这表明在政府政策执行力、财政收支平衡能力、市场化发展等方面，全国城市群并没有太大差异。排名前五位的是珠三角、长三角、京津冀、山东半

岛、海峡西岸城市群，5 个城市群都是沿海地区城市群，市场经济发达，民营经济活跃，政府财政税收等收入较多，土地地价水平较高，为政府带来收入较多，能够支撑起更多的财政支出和建设投资，从而强化了政府政策的执行力。排名第六的是长江中游城市群，仅次于5 个沿海城市群，其政策执行力和民营经济发展也较好。其他政策资源集聚能力较低的城市群，基本上是经济处于中下水平的中西部内陆城市群。

⑩ 对外开放资源：城市群间对外开放资源集聚能力的差异特征与金融资源、科技创新资源具有高度的相似性（见图 7 - 3j），同样表现出了两极分化的特征。这是由于对外开放资源的特征决定了其属于一种战略性发展资源，具有一定的“门槛”，与城市群区位条件、经济发达程度等都密切相关。在排名前七位的城市群中，只有长江中游城市群为非沿海地区城市群，其他 6 个城市群都是沿海城市群，其对外交往和国际贸易的先天区位条件便利，在接受外商投资等方面具有比较优势。长江中游城市群属于沿江型城市群，因此其对外条件也相对较好，且历史以来武汉的对外开放程度都较高，因此其对外开放资源集聚能力在全国处于较高水平。对外开放资源集聚能力较低的城市群，主要是西部内陆地区较偏远的城市群。

7.3.2 资源集聚能力的城际差异对比

（1）中高资源集聚能力城市数量少，低资源集聚能力城市数量多

从全国 19 个城市群的 182 个城市资源集聚能力结果图中可以看出（见图 7 - 4a），资源集聚能力得分值高的城市数量极少，资源综合集聚能力得分值在 0.6 以上的只有上海、北京两个超大城市，资源综合集聚能力得分值在 0.4 以上的城市有深圳和广州两个城市，得分值在 0.3 以上、排名前十的城市有天津、苏州、重庆、武汉、南京、杭州等城市，长江中游城市群内另一个中心城市长沙排名第 20 位，南昌排名第 29 位，城市资源综合集聚能力得分值在 0.2 水平线以下的城市数量有 155 个，占总量的 85.17%。根据城市资源集聚能力得分，按照得分 0 ~ 0.1、0.1 ~ 0.2、

0.2～0.3、0.3～0.4、0.4～0.5、0.6～0.7分成六个梯队，则得分最高的第一梯队到得分最低的第六梯队城市数量所占比例分别为1.09%、1.1%、3.3%、9.34%、54.4%、30.77%，从其金字塔图可以看出（见图7－4b），第五梯队和第六梯队城市所占数量最大，居金字塔塔底，塔尖城市数量极少，属于"年轻型"的增长型结构，但是由于第六梯队显著少于第五梯队的城市数量，表明其结构趋于收缩。这种结构特征表明，在全国层面，资源集聚的重心显然是北上广深等超大城市，这些城市在人口、经济、科技等方面的强大吸引力，使得全国的各种优质资源要素向这些城市集聚，成为带动全国发展的发动机和增长极，而其他绝大部分城市资源集聚能力较弱，与北上广深等城市间的差距巨大。

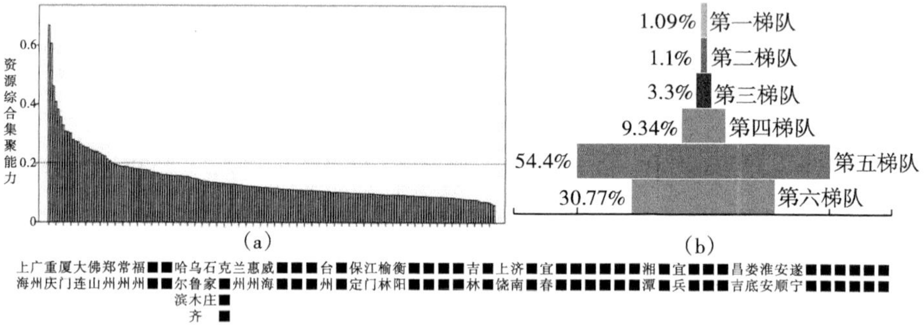

图7－4　全国主要城市资源综合集聚能力排名

（2）高资源集聚能力城市主要分布在长三角与珠三角城市群

从全国19个城市群的城际资源集聚能力的分布来看，资源综合集聚能力高的城市集中分布于长三角城市群和珠三角城市群，这与长三角城市群内上海、苏州、南京、杭州、无锡、宁波、常州等超大城市和特大城市、大城市密集分布有直接关系，是中国城镇化基础最好的地区之一，是长江经济带的桥头堡和"龙头"，是中国参与全球竞争的前沿阵地和重要载体平台。珠三角城市群也是资源集聚能力高的城市主要分布地之一，主要是因为城市群内有深圳、广州、东莞、珠海、佛山等超大城市和大城市，是中国乃至亚太地区最具经济活力的地区之一，改革开放政策实施后，政策优惠极大地吸引了全国的资金、人才、技术等资源要素向这里聚集，为珠三角城市群的发展铺平了道路。此外，除长三角和珠三角外，在环渤海地区也有若干资源集聚能力高的城市，如北京、天津、青岛、大连等，但受限于自然地理和其他因素，其分布较为分散，没有形成集聚规模优势。

（3）各类资源集聚能力的城际差异显著，科技创新、对外开放、金融等资源具有明显的差异分化和集聚分布指向特征

从182个城市的十大类资源集聚能力差异图可以看出（见图7－5），不同类型的资源集聚能力，其城际差异表现出不同的结构特征。各类资源的集聚能力得分排名曲线越接近于对角线分布特征，表明各城市的资源集聚能力极差差异越小，分布越均衡。各类资源的集聚能力得分排名曲线越接近于“L”形的垂直分布模式，曲线底端越靠近坐标轴原点，则表明低资源集聚能力和高资源集聚能力的城市分布较多，而中间水平城市数量较少，等级结构分布特征比较极端；曲线底端越靠近坐标轴中间，则表明大部分城市资源集聚能力处于中等水平，分布较为均衡。

整体而言，人口资源、经济资源、公共设施资源、政策资源集聚能力的城际得分曲线趋向于对角线分布特征，表明各城市间这几类资源集聚能力的等级结构差异较小，高、中、低各集聚能力水平段的城市分布较为均衡，这是因为这几类资源作为城市发展的基础资源，各城市都有一定基础，其分布并无特殊大城市指向特征，各城市间的差异较为均衡，其得分曲线表现出指数分布特征。生态环境资源集聚能力得分排名曲线越接近于宽扁形“L”垂直分布模式，曲线底端靠近坐标轴中上部，表明绝大部分城市的生态环境资源集聚能力处于中等水平，城市间差异相对较小，这与各个城市近年来注重城市环境建设和生态环境治理有密切关系，特别是生态文明建设已成为当前城市建设的主旋律之一，且全国主要城市每个城市都有自己的地域环境特色，因此在生态环境方面各有优势，并不存在巨大差距。土地资源、金融资源、科技创新资源、对外开放资源、文化资源等的城际集聚能力得分曲线接近于“L”形的垂直分布模式，曲线底端靠近坐标轴原点，表明这些资源的城际差异较大，两极分化现象较为严重，大部分城市的资源集聚能力较低，只有少数城市处于高水平层次。

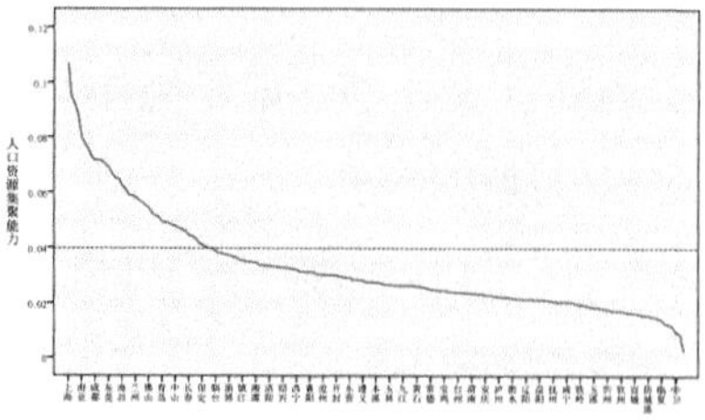

(a) 人口资源

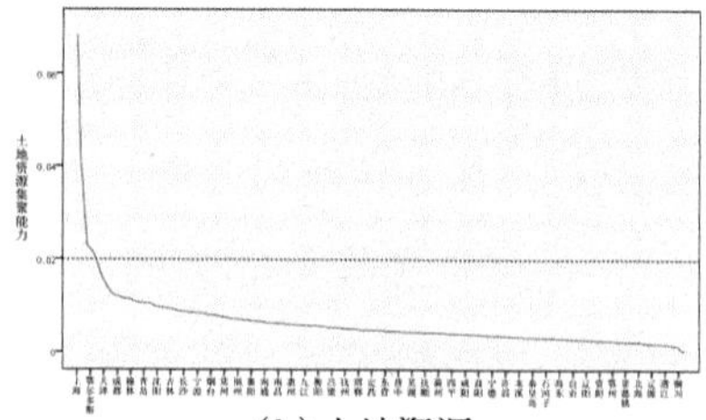

(b) 土地资源

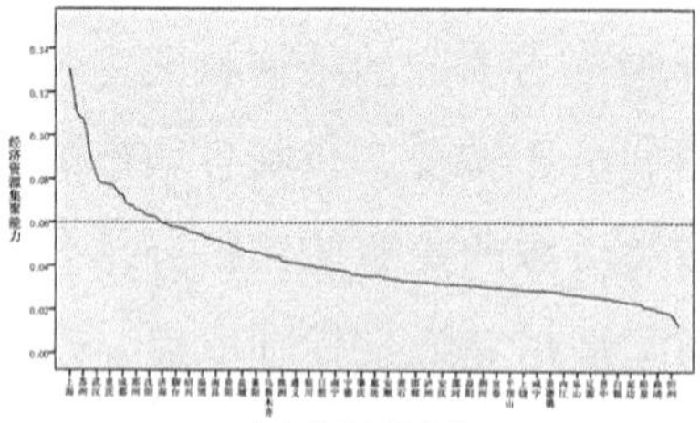

(c) 经济资源

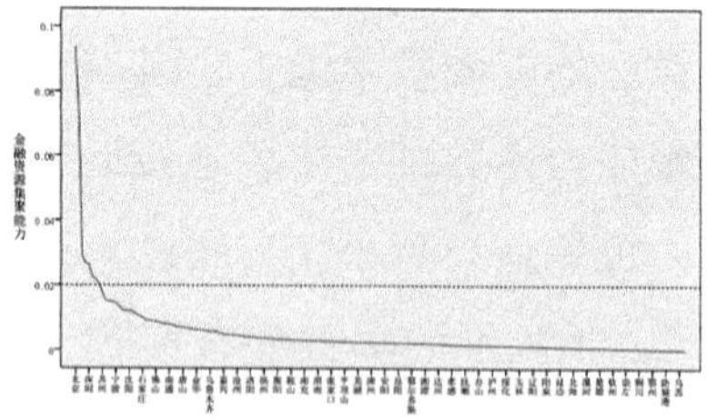

(d) 金融资源

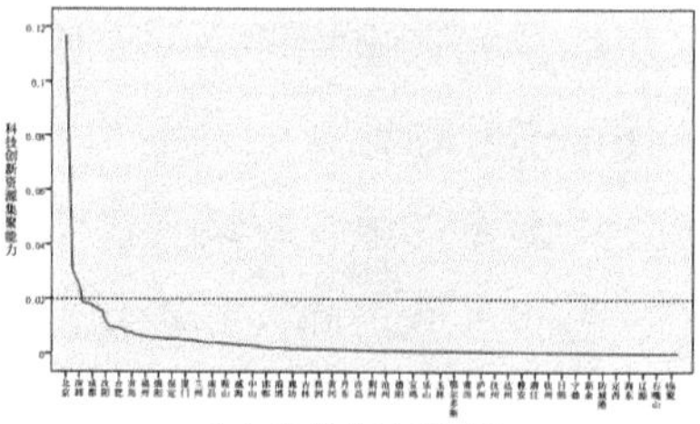

(e) 科技创新资源

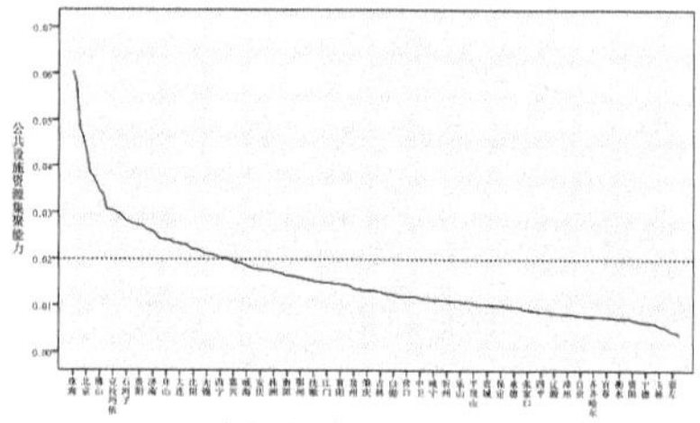

(f) 公共设施资源

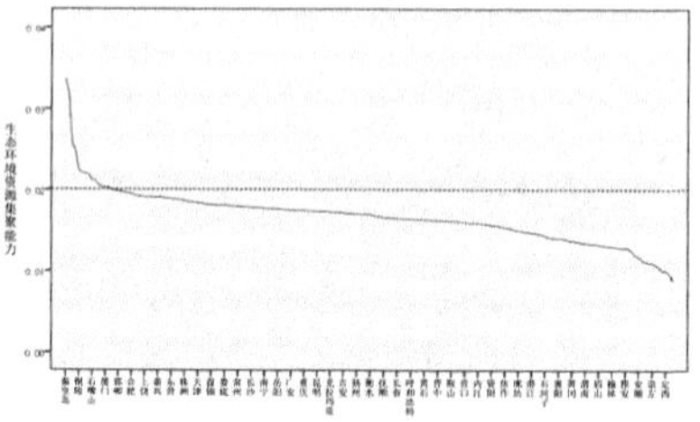

(g) 生态环境资源

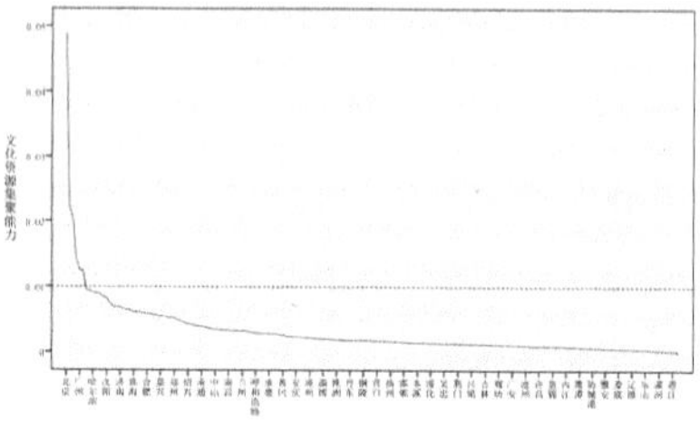

(h) 文化资源

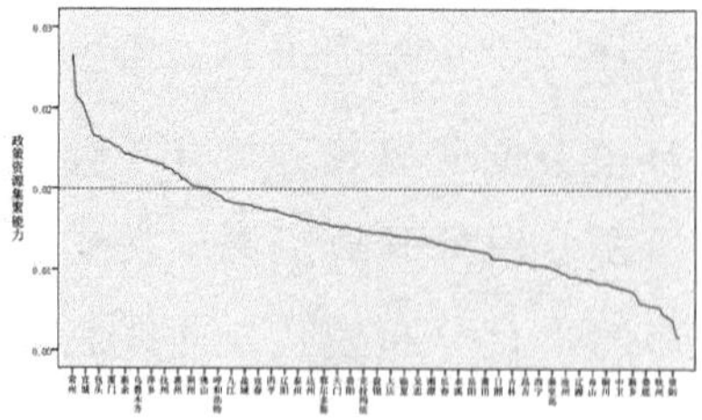

(i) 政策资源

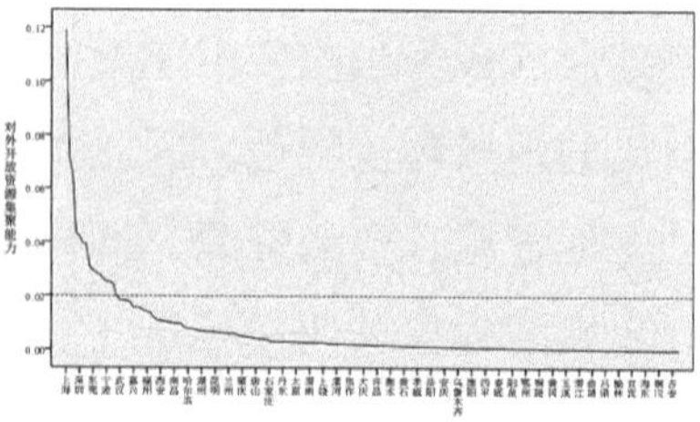

(j) 对外开放资源

图 7-5　全国主要城市十大类资源集聚能力对比

为了更加直观地对比不同类型资源的集聚特征，对十大类资源在群际和城际层面的集聚能力得分变异系数进行计算分析，变异系数可以较好地反映出各类资源在群际和城际层面的相对差异程度，从而可以判别出哪种资源更具有趋于集中分布的集聚特征、哪种资源具有趋于均衡分布的分散特征。从计算结果来看（见图7-6），无论是城际还是群际层面，科技创新资源、对外开放资源、金融资源、文化资源集聚能力的变异系数都较高，表明这些资源都趋向于集聚分布；而其他种类资源集聚能力变异系数则都较低，则表明其趋向于分散化的均衡分布。其中，在城际层面，集聚能力变异系数最高的资源是科技创新资源（2.66），其次为对外开放资源（2.06）、金融资源（1.94）、文化资源（1.50）；在群际层面，集聚能力变异系数最高的资源是对外开放资源（1.54），其次是科技创新资源（1.44）、金融资源（1.36）、土地资源（1.06）、文化资源（0.95）。从变异系数值来看，科技创新资源、对外开放资源、金融资源、文化资源集聚能力在城际层面的变异系数，比群际层面更高，说明在城市间差异对比上，这些资源的两极分化现象更为严重，在城市层面的集聚分布特征也更加鲜明，而城市群层面的差异则有所收敛，可能主要得益于群体规模优势缩小了城市群间的差异。

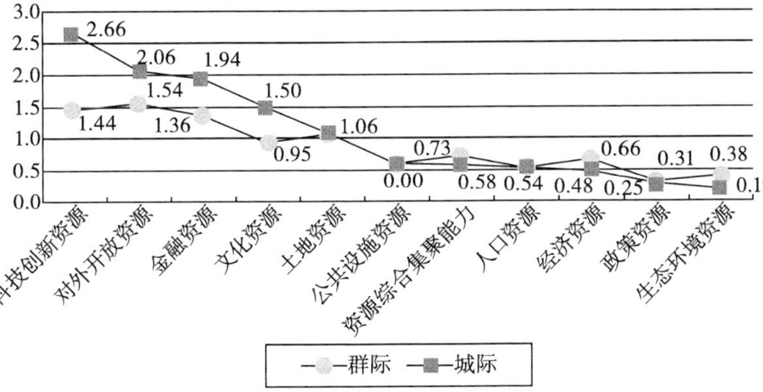

图7-6 十大类资源集聚能力变异系数

不同资源间之所以出现这种集聚差异特征，是与资源本身特性相关联的，科技创新、金融、对外开放等资源的属性特征决定了其在局部地区高度集聚的分布特征。①金融作为现代经济的核心，是在经济发展的基础上形成的，其具有自身的空间分布和运动规律。金融资源集聚对经济发展水平具有较高要求，经济发展水平较高的大城市或城市群，由于经济发达、经济活动规模大、经济密度高、资本市场发育成熟，为降低交易成本提供了广阔空间，有利于集约经营，从而提高金融配置效率，因此金融资源更倾向于向大城市或城市群集聚。②科技创新资源的集聚具有其自组织机制，科技创新活动高风险、长周期的特点，决定了科技创新资源的集聚需要一定的创新资源禀赋和风险融资渠道，或者说其“准入门槛”较高。资金为科技创新资源集聚提供直接支撑，技术、人才、科研设备等则是科技资源集聚的物质保证，而在这些方面具有先天禀赋优势的大城市或城市群，满足了科技创新资源集聚对各项条件的严格要求，成为其主要集聚地，而规模较小城市或城市群则由于自身条件限制，在科技创新集聚活动中逐渐被边缘化。③对外开放资源趋于集聚分布的原因，与对外开放资源追逐经济效率以及城市体系严密的层级结构有密切关联。对外开放资源以跨国公司为主要载体，而跨国公司在区位选择时，会优先考虑对外交往便捷、公共设施完善、经济发达、投入—产出效率高的大城市或城市群，这些处于顶端的大城市或城市群，垄断了区域或全国的主要对外交往和贸易资源，且在“路径依赖”作用下往往形成“区位锁定”，造成对外开放资源的分布不断趋向这些地区集聚。

而人口、经济、公共设施、生态环境等资源属于基础性发展资源，对区位条件和环境因素的要求不高，因此其资源的“大众”属性决定了其趋向于均衡分布。

7.4 城市群资源集聚能力等级规模结构特征对比分析

城市群是城市发展到成熟阶段的最高空间组织形式，是指在特定地域范围内，以 1 个以上特大城市为核心，由至少 3 个以上大城市为构成单元，依托发达的交通通信等基础设施网络所形成的空间组织紧凑、经济联系紧密并最终实现高度同城化和高度一体化的城市群体。城市群是在地域上集中分布的大、中、小城市集聚而成的庞大的城市集团，从本质上讲，城市群是一种多层次的城市体系。而城市体系具有三大结构特征，即等级—规模结构特征、职能结构特征、空间结构特征，其中，等级—规模结构特征是研究城市体系内部城市发展差异的重要方面。

中国的经济地理的空间分布特征，具有明显的东、中、西梯度差异，区域发展不平衡是一大显著特征。同样地，全国 19 个主要的城市群，其发育程度、规模大小、发展水平等各不相同，其各自资源集聚结构特征也存在较大差异。因此，本研究通过城市体系位序—规模模型、城市首位度等方法，科学分析不同发育阶段、不同规模的城市群，其内部城市资源集聚能力的等级规模结构特征差异，探索各个城市群在内部资源集聚的等级规模结构上存在的问题，从而为优化城市群资源集聚等级规模结构提供借鉴参考。

根据城市体系位序—规模模型，以各个城市群内城市资源集聚能力位序对数 $\ln R_i$ 为横坐标，以城市资源集聚能力值对数 $\ln A_i$ 为纵坐标，做双对数散点图，进行线性回归分析（见图 7－7），对全国 19 个城市群的城市资源集聚能力等级规模结构特征差异进行对比研究，并分析长江中游城市群资源集聚能力等级—规模结构与全国其他城市群的差异。

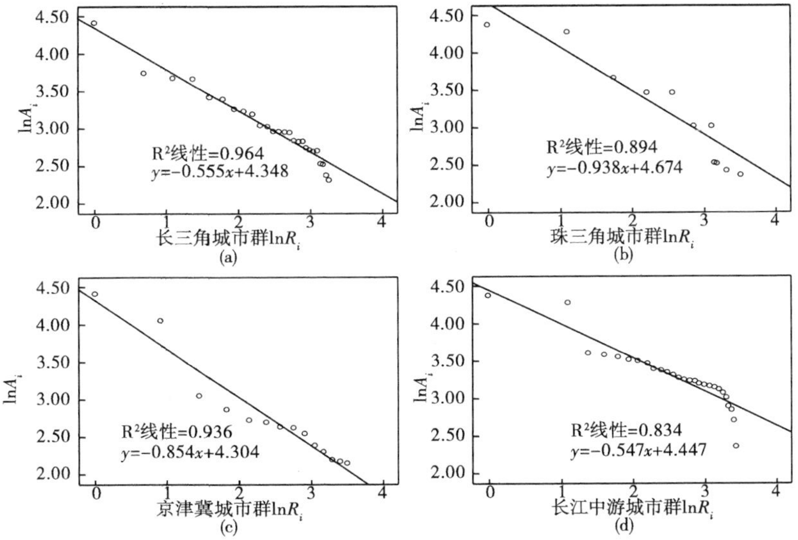

图 7－7　全国 19 个城市群城市资源集聚能力位序—规模散点图

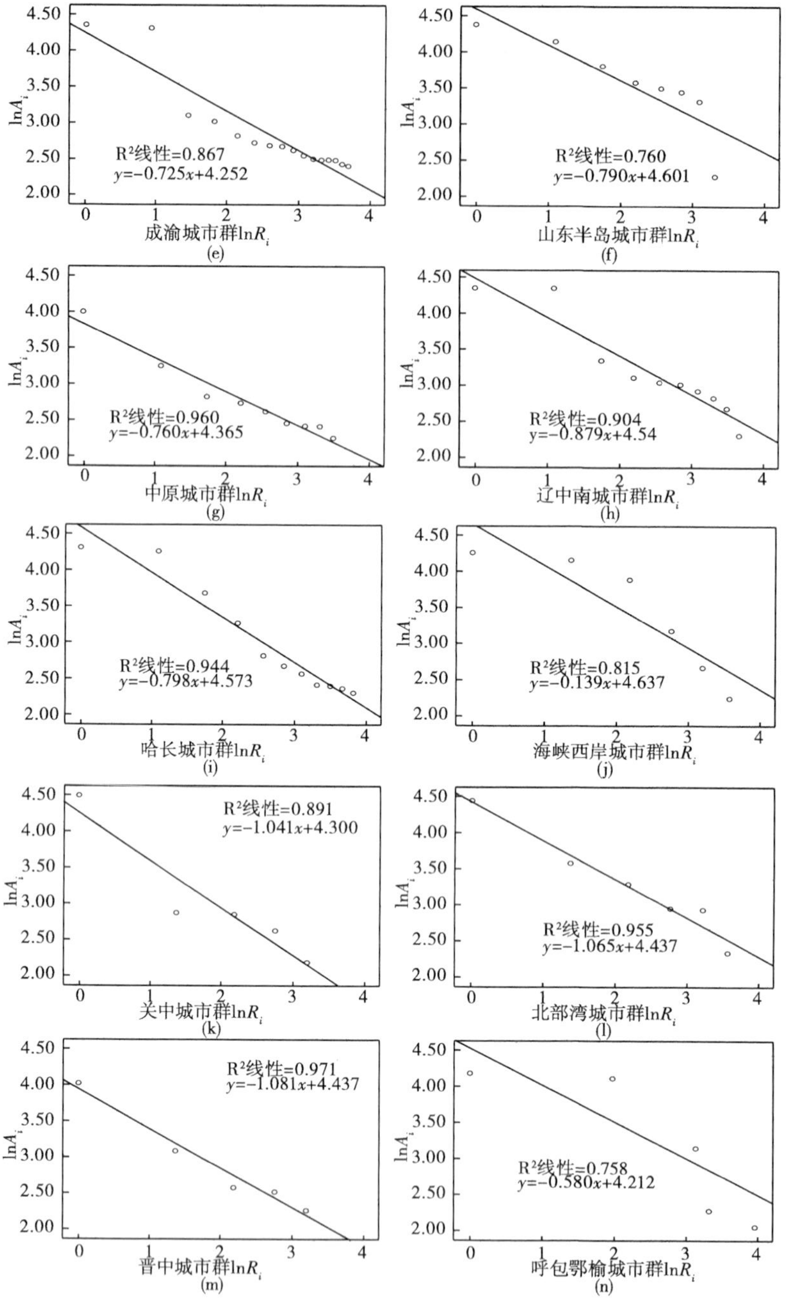

图 7－7　全国 19 个城市群城市资源集聚能力位序—规模散点图（续）

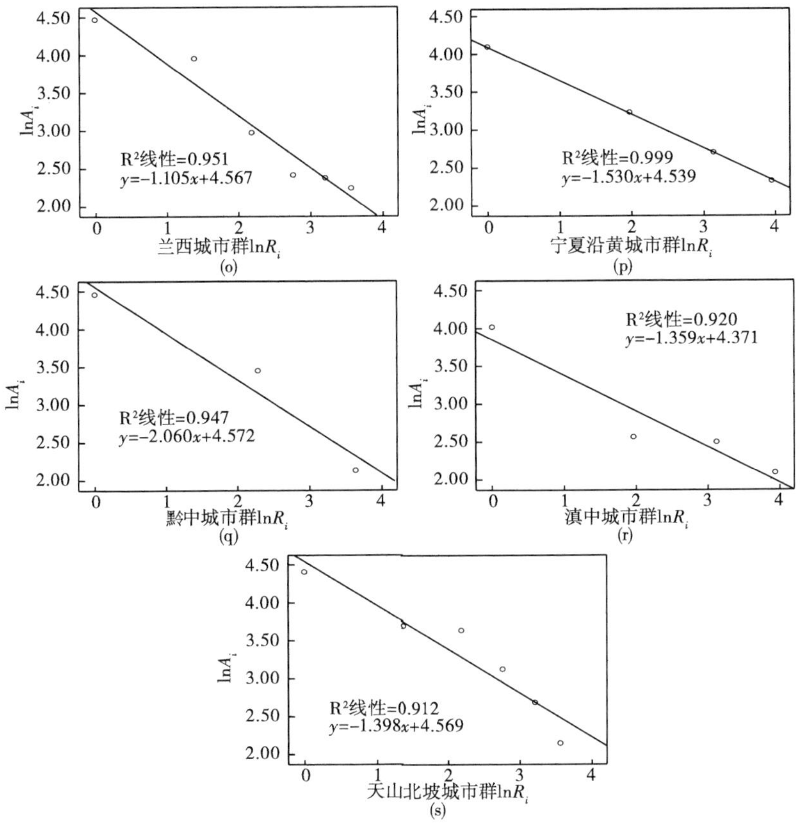

图7-7 全国19个城市群城市资源集聚能力位序—规模散点图（续）

（1）城市群资源集聚能力等级规模结构分布总体符合城市体系位序—规模法则

根据19个城市群的城市资源集聚能力位序—规模双对数散点图，其 R^2 值绝大部分在0.9以上，最小 R^2 值为0.758，线性回归结果成立，表明其等级规模结构分布总体符合城市体系位序—规模法则（见表7-2）。R^2 值小于0.8的城市群有2个，分别是山东半岛城市群（0.760）和呼包鄂榆城市群（0.758），究其原因，山东半岛城市群主要是因为资源集聚能力最低的城市得分值较小，导致线性回归拟合线末端出现偏差；而呼包鄂榆城市群主要是由于城市群内城市数量较少，且几个城市的资源集聚能力相差不大所导致。

表 7－2　全国 19 个城市群各自城市资源集聚能力位序—规模结构参数

城市群	q 值	R^2	公式	首位度
长三角	0.555	0.964	$y = -0.555x + 4.348$	1.96
珠三角	0.938	0.894	$y = -0.938x + 4.674$	1.10
京津冀	0.854	0.936	$y = -0.854x + 4.304$	1.45
长江中游	0.547	0.834	$y = -0.547x + 4.447$	1.37
山东半岛	0.790	0.760	$y = -0.790x + 4.601$	1.31
成渝	0.725	0.867	$y = -0.725x + 4.252$	1.04
海峡西岸	1.139	0.815	$y = -1.139x + 4.637$	1.12
辽中南	0.879	0.904	$y = -0.879x + 4.540$	1.01
中原	0.760	0.960	$y = -0.760x + 4.365$	2.15
哈长	0.798	0.944	$y = -0.798x + 4.573$	1.04
关中	1.041	0.891	$y = -1.041x + 4.300$	3.70
黔中	2.060	0.947	$y = -2.060x + 4.572$	2.74
呼包鄂榆	0.580	0.758	$y = -0.580x + 4.212$	1.03
天山北坡	1.398	0.912	$y = -1.398x + 4.569$	2.36
滇中	1.359	0.920	$y = -1.359x + 4.371$	4.30
晋中	1.081	0.971	$y = -1.081x + 4.437$	2.54
宁夏沿黄	1.530	0.999	$y = -1.530x + 4.539$	2.82
兰西	1.105	0.951	$y = -1.105x + 4.567$	1.50
北部湾	1.065	0.955	$y = -1.065x + 4.437$	2.38

（2）城市群资源集聚等级规模结构总体可以划分为趋优型结构、均衡型结构、离散型结构三种类型，同一类型城市群内又具有各自典型集聚特征

根据位序规模法则，q 值的大小能够反映城市体系的位序规模结构特征。当 $q=1$ 时，城市群内城市资源集聚状态处于自然状态下的最优分布；$q<1$ 时，城市资源集聚结构分布比较均衡，中间位序的城市较多，城市群发育较为成熟；$q>1$ 时，城市资源集聚趋向分散，首位城市的资源集聚能力垄断性较强，中间位序的城市较少，城市群发育不成熟。从全国 19 个城市群的城市资源集聚能力位序—规模公式 q 值的结果来看，大致可以将其分为以下三种类型：

一是趋优型结构：0.9 < q ≤1，该类型的城市群只有珠三角城市群一个，其 q 值为0.938，表明珠三角城市群的城市资源集聚能力的位序—规模结构趋近于最优分布状态，城市群内高、中、低资源集聚能力的城市数量较为均衡，群内城市资源集聚能力得分最高的深圳市得分（0.793）与得分最低肇庆市得分（0.106）的比值（7.45），接近城市群内的城市数量（9）。这一结构特征与现实状况相符合，珠三角城市群是国家层面发育最成熟的城市群之一，城市群内深圳、广州、珠海、东莞、佛山等城市经济发达，城市规模大，资源集聚能力得分值都较高，城市群内城市间的资源集聚能力结构较为协调。

二是均衡型结构：q < 0.9，该类型城市群包括长三角、京津冀、长江中游、山东半岛、成渝、辽中南、中原、哈长、呼包鄂榆 9 个城市群，表明这些城市群内城市资源集聚结构分布比较均衡，中等资源集聚能力的城市数量较多，城市群发育较为成熟。这与当前发展现状十分契合，这几个城市群是全国城市群中发育相对成熟、体量较大，几乎涵盖了东中部地区的所有主要城市群，其中包含了 4 个全国层面打造世界级城市群的国家级城市群，其余为国家提出重点发展和打造的区域性城市群，这些城市群都是全国人口和经济发展的主要载体，此外，在前文的全国城市群资源综合集聚能力排名中，这些城市群都属于排名靠前的城市群。9 个城市群的 q 值都小于 0.9，说明城市群内首位城市以下的次级城市发展较好，资源集聚能力也较强，从其资源集聚能力散点图上即可看出（见图 7－7）。这与这些城市群所处区位和发展条件有关，其大多处于东中部地区或西部地区发展较好的区域，自然地理环境条件良好，对外开放程度较高，交通便捷，工农业发达，人口稠密，中心城市和城市群整体发展水平都较高，群体优势明显。呼包鄂榆城市群内城市数量较少，且 4 个城市的资源集聚能力都较高，等级规模结构较为均衡，因此其 q 值也较小，属于该类城市群。

三是离散型结构：q > 1，该类型城市群包括海峡西岸、关中、黔中、天山北坡、滇中、晋中、宁夏沿黄、兰西、北部湾 9 个城市群，这些城市群内城市资源集聚结构趋向分散，中心城市的资源集聚能力垄断性较强，资源集聚能力处于中等水平的城市较少，城市群发育不成熟，在全国城市群资源集聚能力排名中处于下游。从这些城市群所处位置来看，绝大部分位于西部内陆欠发达地区，经济发展处于低水平阶段，城市体系发育不完善，在国家区域规则中属于未来引导和培育发展的城市群。由于受恶劣的自然条件所限，交通闭塞，工农业不发达，经济发展水平较低，人口外流现象严重，除地区性的中心城市外，其他城市规模普遍较小。因此，这些城市群内的中心城市成为本地区唯一的资源集聚能力较强城市，对周边资源要素产生较强的吸引力，剥夺了周边区域的发展机会，从而造成中心城市资源集聚能力的垄断性较强，中等资源集聚能力的城市较少，发展不均衡，尚未形成联系紧密、规模均衡、分工合作的较为成熟的城市群。需要指出的是，在这些城市群中，海峡西岸城市群和北部湾城市群属于东部沿海地区，这两个城市群之所以属于离散型结构的城市群，是由于海峡西岸城市群内，除厦门、福州和泉州三个城市资源集聚能力较强外，其他城市资源集聚能力普遍偏低，对城市群的资源集聚能力整体等级规模结构造成影响；北部湾城市群则是因为城市群内，除南宁外的其他城市资源集聚能力整体较低，城市群发育水平较低，中心城市的垄断性较为突出，因此属于离散型结构。

此外，在同一类型城市群内部，每个城市群又具有各自的典型集聚特征。① 属于趋优型结构的珠三角城市群，尽管其资源等级规模结构较优，但由于城市群内深圳和广州两个城市规模和发展水平都较高，两者资源集聚能力水平较为接近，属于双中心结构的城市群，因此其城市资源集聚首位度（1.1）并不高。② 在均衡型结构的长三角、京津冀、长江中游、山东半岛、成渝、辽中南、中原、哈长、呼包鄂榆 9 个城市群中，长三角城市群和中原城市群属于单中心的城市群，其资源集聚首位度分别为 1.96 和 2.15，在正常值 2 的上下范围内；其他城市群资源集聚首位度则普遍较低，且这些城市群有一个共同特征，即为双中心或多中心结构，如京津冀城市群为北京和天津双中心，长江中游城市群为武汉、长沙、南昌多中心，山东半岛城市群为济南和青岛双中心，成渝城市群为成都和重庆双中心，辽中南城市群为沈阳和大连双中心，哈长城市群为哈尔滨和长春双中心，呼包鄂榆为呼和浩特和包头双中心，这些中心城市资源集聚能力都较高，从而导致各个城市群资源集聚首位度较低。③ 在离散型结构的海峡西岸、关中、黔中、天山北坡、滇中、晋中、宁夏沿黄、兰西、北部湾 9 个城市群中，绝大部分城市群都属于单中心城市群，且资源集聚首位度大都超过正常值 2 的水平，个别城市群资源集聚首位度甚至超过 4，表明其首位城市资源集聚能力的垄断性较强。其中，海峡西岸城市群和兰西城市群的资源集聚首位度低于 2，主要是因为海峡西岸城市群是以厦门和福州为双中心的城市群，兰西城市群则是以兰州和西宁为双中心的城市群。

（3）城市群资源集聚首位度与资源集聚能力水平总体呈负相关

从 19 个城市群的资源集聚首位度来看（见表 7 – 2），城市群的资源集聚首位度与资源集聚能力水平总体呈负相关关系，即在资源集聚能力排名中处于高水平的城市群，其内部首位城市的资源集聚首位度则较低，如珠三角、京津冀、长江中游、成渝、辽中南、山东半岛等城市群；而在资源集聚能力排名中处于低水平的城市群，其内部首位城市的资源集聚首位度整体偏高，如滇中、关中、黔中、宁夏沿黄等城市群。这种对应关系特征，其产生原因可能是因为资源集聚首位度高的城市群，往往是欠发达地区发育程度较低的城市群，处于城市群发展的低水平首位型阶段，城市群内不足以支撑数量较多的大城市，除中心城市外的其他城市发展水平较低，经济不发达，城市规模较小，在这一过程中首位城市垄断性较强，对周边区域资源产生单向的掠夺，且可能使该城市群唯一的资源流向目的地。而资源集聚能力水平较高的城市群，往往是发育较成熟的城市群，群内中等水平城市数量较多，首位城市的垄断性相对并不是十分突出。

7.5 城市群资源集聚空间格局对比分析

7.5.1 资源综合集聚能力的空间分异特征

为了更加直观地判断全国主要城市群的资源集聚格局，本研究通过

ArcGIS 等技术手段，采用更能够突出反映资源集聚空间格局特征的核密度空间分析方法，绘制全国主要城市群资源集聚格局图，对城市资源集聚能力进行核密度分析，对比不同城市群之间的资源集聚空间格局特征差异。

（1）城市群资源集聚能力由东向西呈高低梯度推移，形成长三角和珠三角两大中心

从全国主要城市群的资源集聚格局中可以看出，资源综合集聚能力最高的城市群主要是位于东部沿海地区的长三角、珠三角、京津冀和辽中南等城市群，其次是中部地区的长江中游、中原城市群和西部地区的成渝城市群，资源综合集聚能力最低的城市群主要位于广大西部地区，如黔中、滇中、宁夏沿黄、兰西、呼包鄂榆等城市群。因此，总体来看，在全国范围内，城市群资源综合集聚能力由东向西递减的梯度推移特征比较明显，这与全国经济地理的区域差异特征相一致。这种梯度格局的产生主要是由于区域之间客观上存在发展水平的梯度差异，由于资源禀赋、地理区位条件以及发展基础等的差异，各区域之间的发展必然是不平衡的，区位条件优越、发展基础较好、资源丰富的地区往往会优先发展起来成为高梯度地区，这些地区集聚了全国范围内的区位、信息、人才与科研机构、交通、市场等综合资源优势于一身，成为区域发展增长极。例如，1980 年广东省人民政府颁布了广东省经济特区条例，加速了深圳、珠海、汕头三个特区发展，1984 年沿海 14 个城市对外开放，在进出口权限、外汇留成比例、进口先进设备财政贴息等方面享有特殊政策优惠，此外还开放了长三角、环渤海地区，形成了南北绵延 30 万平方千米的沿海开放地带，使得沿海地区快速发展起来。而中西部地区由于发展条件不如东部地区，各种优质资源向东部地区流动，导致其资源集聚能力明显弱于东部沿海地区。

此外，在全国范围内，形成了长三角城市群和珠三角城市群两大资源集聚中心，与全国其他城市群相比尤为突出，是全国资源集聚的“洼地”。与这两个城市群相比，京津冀城市群资源集聚能力明显偏弱，尚未形成全国层面的资源集聚中心。长江中游城市群在全国资源集聚格局中，介于几大高资源集聚能力城市群的中间位置，资源集聚能力也较为突出，在中部

地区处于领先地位。整体来说，全国 19 个城市群的资源集聚格局表现出相对分散化的分布特征，除长三角和珠三角两大沿海城市群资源集聚中心外，其他城市群资源集聚能力参差不齐，分布不均匀。

（2）不同发育程度和发展阶段的城市群，其资源集聚空间格局也有显著差异

根据全国主要城市群的资源集聚格局，城市群发育最成熟、发展水平最高、资源集聚密度最大的长三角城市群和珠三角城市群，其资源集聚格局形成了显著的多圈层空间结构，核心—外围特征明显，且城市群资源集聚辐射范围广；城市群发育较成熟的京津冀、长江中游、成渝、中原、辽中南等城市群，则初步具有了简单的圈层结构特征，核心城市成为集聚中心点，形成单个的局部集聚核心；西部地区其他发育不成熟的城市群，其资源集聚空间格局特征总体不明显，没有形成明显的圈层结构。资源集聚格局的这种差异特征，主要是由于在全国层面，发育成熟的城市群内，城市数量多且分布密集，中高资源集聚水平城市较多，辐射范围大，因此在城市群内部形成了高密度的资源集聚组合体，由内向外辐射，呈圈层状分布。而发育不成熟的城市群，城市群内城市数量本身较少，且城市资源集聚能力在全国层面与发育成熟的城市群内城市相比较弱，因此，其资源集聚空间格局无法形成大规模集中连片的核心外围—圈层结构。

（3）资源集聚能力较强城市群沿长江经济带和京哈—京广轴线密集分布的特征明显

从城市群资源集聚格局来看，资源集聚能力较强的城市群，如长三角城市群、珠三角城市群、京津冀城市群、长江中游城市群、成渝城市群、辽中南城市群等，全部位于沿长江经济带和京哈—京广交通线上，这一“十”字形或“弓箭”形格局特征的产生，是区域空间点轴发展规律的必然结果，也是国家“弓箭”形发展战略和长江经济带发展战略的产物。

根据点轴发展理论，资源要素往往在某些点上集聚，并通过线状的基础设施连接在一起形成发展轴，点即指各级中心城市，轴即指交通干道等交通线。区域发展的关键是选择几条有较大潜力的发展轴，并对轴上的若

干点进行重点发展。随着发展水平的进一步提高，次一级的点和轴线将发展起来，从而形成了不同等级的发展中心和轴线，构成有序的空间发展网络结构。大型综合性交通廊道是由交通干线和综合交通枢纽所组成的点轴系统，连接沿线的中心城市或城市群，承担沿线经济技术交流和生产协作，是加强沿线地区人流、技术流、经济流等空间相互作用和在高可达性条件下促进空间整合的廊道状地域空间系统，形成了条带状的地域经济综合体，同时也是城市或城市群高度发达的密集地带。此外，城市群资源集聚格局也是国家“弓箭”形发展战略导向的产物，这一战略主要内容是：以沿海各开放城市形成的城市绵延带为弓背，以京广、京九、焦柳等南北向交通线为弦，以长江沿线为箭，“弓背”“弦”“箭”三个要素共同组成“弓箭”系统，从城市群资源集聚空间格局来看，资源集聚能力较强的城市群基本上都位于“弓箭”系统的“弓背”“弦”和“箭”上，与“弓箭”形发展战略的布局相符合。同时，国家提出打造长江经济带，这一经济带贯通东、中、西三大区域，是连接东部、中部、西部地区的天然横向发展轴线，涵盖 11 个省市与超过全国 40% 的人口和生产总值，生态地位重要、综合实力较强、发展潜力巨大，在《长江经济带发展规划纲要》提出的“一轴、两翼、三极、多点”的空间布局中，“一轴”即指以长江黄金水道为依托，发挥上海、武汉、重庆的核心作用，以沿江主要城镇为节点，构建沿江绿色发展轴；“三极”是指以长江三角洲城市群、长江中游城市群、成渝城市群为主体，发挥辐射带动作用，打造长江经济带三大增长极。依托长江黄金水道，可以构建沿海地区与中西部地区相互支撑发展新格局，打造对外开放新走廊，形成以上海带动全流域、以武汉带动中游、以重庆带动上游地区发展的新态势，这与长江沿线城市群资源集聚空间格局完全一致。

（4）长三角、珠三角、京津冀三大沿海城市群的城市资源集聚能力表现出显著的高—高集聚特征，成为资源集聚的热点地区

为了分析在全国城市群层面上，城市资源集聚的空间自相关特性，从而发现哪些资源集聚能力较强的城市在空间上具有集聚分布的特征，哪些

资源集聚能力较低的城市具有集聚分布的特征，或其他的空间分布特性。本研究采用探索性空间数据分析方法，对城市资源集聚能力进行空间自相关和冷热点分析，绘制了局部空间自相关和冷热点分布。

从局部空间自相关分析可以看出，全国 182 个城市中，大部分城市的资源集聚局部空间自相关特征不明显，较为显著的空间自相关类型主要是个别城市群内的高—高集聚和高—低集聚类型。① 高—高集聚类型的城市主要分布于长三角城市群和珠三角城市群，表明这两个城市群内，资源集聚能力较强的城市具有密集分布的特征，即城市群内大部分城市资源集聚能力都较高，群体规模优势明显，这与两个城市群的发展情况一致，其是国内发育水平最高、实力最强的两个城市群，中心城市的带动作用和溢出效应明显，城市群的发展基本进入高水平的均衡发展阶段。此外，京津冀城市群内，存在北京和天津两个城市的高—高集聚特征，但城市群内其他城市的集聚特征并不明显，说明京津冀城市群的发展依然是以北京和天津两个城市的带动为主，城市群发育尚不及长三角城市群和珠三角城市群。② 高—低集聚类型的城市主要分布于成渝城市群和长江中游城市群，在这两个城市群内，中心城市的资源集聚能力显著高，而其他城市的资源集聚能力显著低，说明两个城市群的发育水平仍处于较低水平的首位型极化发展阶段，中心城市对周边资源要素的吸引或“掠夺”效应明显，除中心城市外的其他城市资源集聚能力普遍较低。③ 无显著空间自相关类型，基本上包括了除长三角、珠三角、京津冀、长江中游、成渝五大国家级城市群外的所有城市群，表明在国家层面，五大国家级城市群之外的城市群发展水平仍有待提高，城市资源集聚能力不突出，处于较低水平的均衡发展阶段。

此外，从冷热点的分布可以看出，长三角、珠三角、京津冀三大城市群是资源集聚能力较强城市分布的热点地区，其置信度基本都在 99% 以上，而其他地区则不显著，这与城市群资源集聚空间格局以及空间自相关格局相一致。这说明在全国整体层面上，沿海三大城市群仍然是各种优质资源要素流入的目的地和集聚地。

7.5.2 各类资源集聚能力的空间分异特征

从全国19个城市群十大类资源集聚格局来看，各种资源的空间集聚格局差异较为显著。总体来看，人口资源、经济资源、公共设施资源、生态环境资源、政策资源等资源表现出较为均衡化的分布特征，土地资源、金融资源、科技创新资源、文化资源、对外开放资源等资源表现出以沿海三大城市群为中心的非均衡分布特征。

（1）均衡分布型：包括人口资源、经济资源、公共设施资源、生态环境资源、政策资源等，这些资源的集聚格局整体表现出空间分布较为均衡的特征，城市群之间的相对差异较小。从这几类资源的集聚图来看，沿海城市群和中部城市群都是表现较为突出的地区，西部城市群与中东部城市群的差异也较为平缓，资源集聚密度较高的城市群为长三角、珠三角、京津冀、长江中游、成渝、中原、辽中南等城市群。这种分布格局主要是同资源本身的属性有关，这几种资源属于城市群发展的基础性资源，对区位的特殊选择不明显，集聚条件要求不高，不具有特殊区位集聚指向性，因此更趋向于均衡分布。

（2）非均衡分布型：包括金融资源、科技创新资源、文化资源、对外开放资源、土地资源等，这几种资源的集聚格局，表现出以长三角、珠三角、京津冀城市群为中心的非均衡分布特征，其空间差异较为明显。具体来看，金融资源和科技创新资源的集聚以京津冀城市群和长三角城市群为中心，文化资源和对外开放资源的集聚以长三角、珠三角、京津冀三大城市群为中心，土地资源和公共设施资源的集聚以长三角城市群和珠三角城市群为中心。这与前文研究中得出的这几种资源变异系数较大、更趋向于某些特定地区集聚分布的结论相一致，即这几种资源对“准入门槛”的要求较高、特殊的区位偏好指向，以及资源本身追逐集聚效率的特性等，决定了它们在空间分布上更加趋向集聚的规律。

7.6 本章小结

为了更加直观地判断长江中游城市群资源集聚能力在全国主要城市群

中的地位，本章从城市群资源集聚能力计算、城市群资源集聚等级规模结构特征、资源集聚空间格局等角度，以国家“十三五”规划确定的19个主要城市群为对象，对其资源集聚能力展开对比分析，主要研究结论包括：

（1）资源综合集聚能力的群际差异：全国19个城市群的资源集聚能力梯度差异相对较为平缓，城市群间相对差异总体较小，排名前三位的分别是长三角、珠三角、京津冀三大国家级城市群。从资源集聚首位度来看，首位城市群——长三角城市群的资源集聚首位度不高，未出现垄断型的发展特征。全国城市群资源集聚能力大致可以分为三个梯队，资源集聚能力“金字塔”结构表现出“塔顶尖、塔底宽”的“年轻型”增长结构。不同类型的资源集聚能力差异显著，各类资源集聚能力排名基本遵循由东向西递减的规律。

（2）资源综合集聚能力的城际差异：全国19个城市群的182个城市中，中高资源集聚能力城市数量少，低资源集聚能力城市数量多，上海、北京两个超大城市资源综合集聚能力最强；高资源集聚能力城市主要分布在长三角城市群和珠三角城市群。不同类型的资源集聚能力，其城际差异表现出不同的结构特征。人口资源、经济资源、公共设施资源、政策资源的城际资源集聚能力等级结构差异较小，高、中、低各集聚能力水平段的城市分布较为均衡，生态环境资源集聚能力的城际差异相对较小，土地资源、金融资源、科技创新资源、对外开放资源、文化资源等的城际集聚能力差异较大，两极分化现象较为严重。

（3）资源集聚的特殊地域分布指向：科技创新、对外开放、金融等资源具有明显的差异分化和集聚分布指向特征。无论是城际还是群际层面，这些资源都趋向于集聚分布，其对“准入门槛”的要求较高、特殊的区位偏好指向，以及资源本身追逐集聚效率的特性等，决定了它们在空间分布上更加趋向集聚的规律，而其他种类资源则趋向于分散化的均衡分布。

（4）城市群资源集聚的等级规模结构特征：全国19个城市群资源集聚能力等级规模结构分布总体符合城市体系位序—规模法则，可以划分为趋优型、均衡型、离散型三种结构类型，同一类型城市群内又具有各自典型集聚特征。珠三角城市群内城市资源集聚能力的位序—规模结构趋近于最优分布状态，均衡型结构城市群包括长三角、京津冀、长江中游、山东半岛、成渝、辽中南、中原、哈长、呼包鄂榆9个城市群，离散型结构城市群包括海峡西岸、关中、黔中、天山北坡、滇中、晋中、宁夏沿黄、兰西、北部湾9个城市群。城市群资源集聚首位度与资源集聚能力水平总体呈负相关，在资源集聚能力排名中处于高水平的城市群，其内部首位城市的资源集聚首位度较低，而在资源集聚能力排名中处于低水平的城市群，其内部首位城市的资源集聚首位度整体偏高。

（5）城市群资源集聚空间分异特征：全国城市群资源综合集聚能力由东向西、由高到低梯度推移，形成了长三角城市群和珠三角城市群两大资源集聚中心。不同发育程度和发展阶段的城市群，其资源集聚空间格局也有显著差异，发育成熟的城市群资源集聚格局形成了显著的多圈层空间结构，核心—外围特征明显。资源综合集聚能力较强的城市群沿长江经济带和京哈—京广轴线密集分布的特征明显，与国家“弓箭”形空间发展战略和长江经济带发展战略布局相一致。长三角、珠三角、京津冀三大沿海城市群的城市资源集聚能力表现出显著的高—高集聚特征，成为资源集聚的热点地区，三大城市群是全国各种优质资源要素流入的目的地和集聚地。不同种类资源的空间集聚格局差异较为显著，人口、经济、公共设施、生态环境、政策等资源的均衡分布特征明显，土地、金融、科技创新、文化、对外开放等资源表现出以沿海三大城市群为中心的非均衡分布特征。

8 长江中游城市群资源集聚能力演化机理

城市群的发展过程同时也是资源向心集聚的过程，城市群资源集聚能力的大小受多种因素的影响，特别是人才、资本、科技等高端资源的集聚，受到城市规模大小、经济发展水平、工资水平、生态环境质量、科技创新潜力、政策氛围、对外开放水平等因素的复合影响，城市群资源集聚能力的演化则是在城市群自组织运行机制作用下的复杂变化过程，背后有深刻的作用机理。本研究通过地理探测器、线性回归和多元逐步回归等方法对资源集聚能力时空演化的影响因素及作用机理进行深入分析，并总结归纳资源集聚的演化机理，摸清资源集聚背后的动力机制，为提升长江中游城市群资源集聚能力提供针对性决策依据。

8.1 研究方法

8.1.1 地理探测器

地理现象的时空分布差异是多种经济社会因素共同影响的结果，对其进行探明是地理学的重要研究内容。地理探测器最早是由中国科学院地理科学与资源研究所王劲峰等提出，用来分析探寻地理空间分区因素对疾病风险的影响机理①。地理探测器假设地理现象总是存在于特定的空间位置，影响其变化的因子在空间上具有差异性，若某影响因子与地理现象的变化在空

---

① Wang J. F. , Hu Y. Environmental health risk detection with GeoDetector[J]. *Environmental Modelling & Software*, 2012(33): 114 – 115.

间上具有显著一致性，则该影响因子对地理现象的发生与发展便产生重要影响①。该方法没有设定过多的假设条件，克服了传统统计方法在分析事物成因方面的局限性，在地理学研究中越来越被广泛采用。因此，本研究采用地理探测器对资源集聚能力时空差异的影响因素进行分析。假设在研究区 A 中，资源集聚能力是以 B 中的方格为单位统计的，各方格的资源集聚能力记作 b_1，b_2，…，b_n；C、D 是其中 2 个影响资源集聚能力的因素，c_1、c_2、c_3和 d_1、d_2、d_3是因素 C 和因素 D 各自的空间类别分区（见图 8－1）。

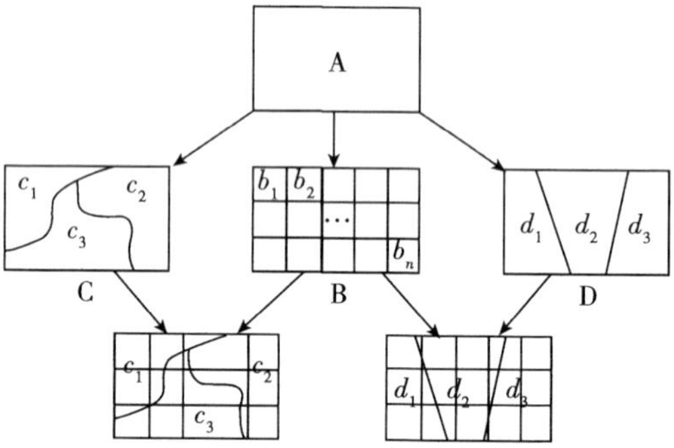

图 8－1　地理探测器原理示意图

地理探测器由四大部分组成，包括风险探测、因子探测、生态探测和交互探测②。其中，风险探测主要用于探测地理现象发生区域的位置，因子探测主要用于检验某种影响因子是否是产生特定地理现象空间分布格局的原因，生态探测主要用来探究不同影响因子在影响地理现象空间分布方面的作用和重要程度上是否有显著的差异，交互探测可以识别影响因子是独立起作用还是交互作用。

（1）风险探测

风险探测主要揭示哪些类型因子是影响资源集聚能力高低的主要原

① 廖颖，王心源，周俊明．基于地理探测器的大熊猫生境适宜度评价模型及验证［J］．地球信息科学学报，2016，18（6）：767－778.

② 湛东升，张文忠，余建辉，等．基于地理探测器的北京市居民宜居满意度影响机理［J］．地理科学进展，2015，34（8）：966－975.

因，通过 t 检验来测量：

$$t_{ij} = \frac{R_i - R_j}{\sqrt{\sigma_i^2 / n_i - \sigma_j^2 / n_j}} \tag{8-1}$$

其中，t_{ij}为 t 检验值，R_i和 R_j分别为影响因子 i 和 j 的资源集聚能力均值，σ_i^2 和 σ_j^2 分别是影响因子 i 和 j 的资源集聚能力值方差，n_i和 n_j为两个因子的样本量。

（2）因子探测

因子探测主要测度不同类型影响因素对资源集聚能力的解释程度，公式为

$$P_{D,U} = 1 - \frac{1}{n\sigma_U^2}\sum_{i=1}^{m} n_{D,i}\,\sigma_{U_{D,i}}^2 \tag{8-2}$$

其中，$P_{D,U}$为资源集聚能力影响因素探测力指标，$n_{D,i}$为次一级区域样本数，n 为整个区域样本数，m 为次级区域个数，σ_U^2为资源集聚能力方差，$\sigma^2 U_{D,i}$为次一级区域的方差；$P_{D,U}$的取值范围为［0，1］，数值越大，表明该因素对资源集聚能力的解释力越强，数值为 1 表明该因素可以完全解释资源集聚能力的分布差异；数值为 0 说明该因素与资源集聚能力完全无关。

（3）生态探测

生态探测主要用来比较资源集聚能力的不同影响因子的相对重要性差异，通过 F 检验来度量，公式为：

$$F = \frac{n_{C,p}(n_{C,p} - 1)\,\sigma_{C,p}^2}{n_{D,p}(n_{D,p} - 1)\,\sigma_{D,p}^2} \tag{8-3}$$

其中，F 为 F 检验值，$n_{C,p}$ 和 $n_{D,p}$ 分别为空间单元 p 内影响因子 C 和 D 的样本量，$\sigma_{C,p}^2$ 和 $\sigma_{D,p}^2$ 分别为影响因子 C 和 D 的方差，统计表达式服从 $F(n_{C,p} - 1, n_{D,p} - 1)$ 和 $df(n_{C,p}, n_{D,p})$ 分布。模型零假设为 $H_0: \sigma_{C,p}^2 = \sigma_{D,p}^2$，如果拒绝模型初始假设，且达到 0.05 的显著性水平，说明影响因子 C 对资源集聚能力的影响作用显著大于影响因子 D。

（4）交互探测

交互探测由以下表达式构成：若 $P(x \cap y) < \min[P(x), P(y)]$，说

明影响因子 x 和 y 交互后非线性减弱；若 $\min[P(x),P(y)] < P(x \cap y) < \max[P(x),P(y)]$，表明因子 x 和 y 交互后单线性减弱；若 $P(x \cap y) > \max[P(x),P(y)]$，表明因子 x 和 y 交互后双线性相互增强；若 $P(x \cap y) > P(x) + P(y)$，表明因子 x 和 y 交互后非线性增强；若 $P(x \cap y) = P(x) + P(y)$，表明因子 x 和 y 交互后相互独立（见表 8 - 1）。

表 8 - 1　地理探测器交互探测因子交互关系分解①

图示	表达式	交互关系
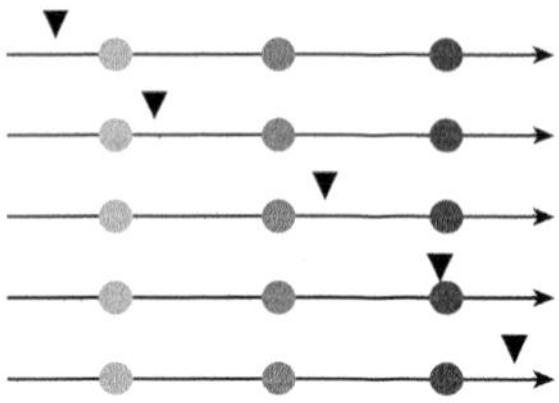	$Pd\ (x \cap y) < \min\ [PD\ (x),\ PD\ (y)]$	非线性减弱
	$\min\ [PD\ (x),\ PD\ (y)] < PD\ (x \cap y) < \max\ [PD\ (x),\ PD\ (y)]$	单方减弱
	$PD\ (x \cap y) > \max\ [PD\ (x),\ PD\ (y)]$	相互增强
	$PD\ (x \cap y) = PD\ (x) + PD\ (y)$	相互独立
	$PD\ (x \cap y) > PD\ (x) + PD\ (y)$	非线性增强

注：●表示 min（$PD\ (x)$，$PD\ (y)$；●表示 $PD\ (x) + PD\ (y)$；●表示 max {$PD\ (x)$，$PD\ (y]$；▼表示 $PD\ (x \cap y)$。

8.1.2　多元逐步回归分析

回归分析的重要目的之一是探索地理现象背后隐含的因果关系，据此揭示系统的某种结构，以便对其行为进行解释或者对其发展进行预测。一个地理现象的影响因素往往隐藏在难以辨别的多种因素背后，且不同的因素之间常常存在交叉关系，为了找到真正的影响因素，需要解决其间存在的伪因果和共线性等问题，而逐步回归法则是解决这一问题的有效办法。

多元逐步回归方法的基本思路是，从大量的可供选择的变量中选取最重要的变量，据以建立回归分析的预测或者解释模型。变量选取的根据是自变量对因变量作用程度的大小，即保留作用程度大的变量，剔除作用小的变量。而变量的选取，判断依据之一就是相关系数。假设有 m 个自变量，1 个因变量（用 y 表示），则全部变量（包括自变量和因变量）之间

① http://www.ssampling.org/Excel - GeoDetector/.

的相关系数矩阵可以表示为：

$$R = \begin{bmatrix} R_{11} & R_{12} & \cdots & R_{1m} & R_{1y} \\ R_{21} & R_{22} & \cdots & R_{2m} & R_{2y} \\ \vdots & \vdots & \ddots & \vdots & \ddots \\ R_{m1} & R_{m2} & \cdots & R_{mm} & R_{my} \\ R_{y1} & R_{y2} & \cdots & R_{ym} & R_{yy} \end{bmatrix}, \tag{8-4}$$

自变量的“贡献”系数可以用相关系数来定义：

$$P_j = \frac{R_{jy}^2}{R_{jj}} \tag{8-5}$$

其中，P_j表示第j个自变量对因变量的贡献系数，R_{jy}表示第j个自变量与因变量的相关系数，R_{jj}表示相关系数矩阵对角线上第j行第j列元素（$j=1, 2, \cdots, m$），自变量的去留由贡献系数的大小来决定。由于逐步回归分析是对自变量逐步进行的，每次计算都产生一个贡献系数，第l步计算的贡献系数表示为：

$$P_j^{(l)} = \frac{[R_{jy}^{(l-1)}]^2}{R_{jj}^{(l-1)}} \tag{8-6}$$

在逐步回归分析过程中，不仅要引入贡献最大的自变量，还要考虑剔除贡献最小的因变量。变量的存留与否需要用统计判据F检验来判别，设定一个显著性水平α，检查F检验表，找到F检验的临界值F_α。在第l步计算中，假如第v个自变量的贡献系数最大，数值为：

$$P_v^{(l)} = \max[P_h^{(l)}] \tag{8-7}$$

其中，h为尚且未被引入模型的变量序号，v为选出的变量对应的原始变量序号（$v=1, 2, \cdots, m$）。自变量是否应该被引入模型需要根据F检验值来判断。计算变量引入的F值判断公式为

$$F_{in} = \frac{[n-(l+1)] \times P_v^{(l)}}{R_{yy}^{(l-1)} - P_v^{(l)}} \tag{8-8}$$

$$= \frac{(n-l-1)P_v^{(l)}}{R_{yy}^{(l-1)} - P_v^{(l)}} \tag{8-9}$$

其中，n 为样品个数，l 为计算步骤数，$P_v^{(l)}$ 为第 v 个变量的第 l 步的贡献系数，R_{yy} 为因变量的自相关系数。

如果 $F_{in} > F_{\alpha}$，则在这个显著性水平下，该变量可以被引入模型，否则不能引入。

在第 l 步的计算中，如果第 v 个自变量的贡献系数为

$$P_v^{(l)} = \min[P_h^{(l)}] \quad (8-10)$$

则可以根据 F 检验来判断该自变量——包括已经引入的变量——是否应该被剔除。计算变量剔除的 F 值判断公式为

$$F_{out} = \frac{[n-(l+1)-1] \times P_v^{(l)}}{R_{yy}^{(l-1)} - P_v^{(l)}} = \frac{(n-l-2)P_v^{(l)}}{R_{yy}^{(l-1)} - P_v^{(l)}} \quad (8-11)$$

如果 $F_{out} \leqslant F_{\alpha}$，则在这个显著性水平下，该变量应该被剔除，否则保留。

在整个逐步回归计算过程中，变量的引入和剔除在两端同时进行。循环往复计算直到所有需要引入的变量都被引入，需要剔除的变量均被剔除为止。

8.1.3 资源集聚能力影响因素指标

资源集聚能力的大小受多种因素的影响，特别是人才、资本、科技等高端资源的集聚，受到城市规模大小、经济发展水平、工资水平、就业机会、生活成本、税收成本、公共服务水平、交通可达性、生态环境质量、科技创新水平、市场化水平等因素的复合影响。因此，本研究从这些方面出发，选取城市人口数量（X_1）、从业人员数量占总人口比重（X_2）、GDP 总量（X_3）、职工平均工资（X_4）、居民消费价格指数（X_5）、城市对外交通可达性（X_6）、每万人拥有专任教师和医生数量（X_7）、人均绿地面积（X_8）、高新技术产业增加值占 GDP 比重（X_9）、人均税收收入（X_{10}）、民营经济增加值占 GDP 比重（X_{11}）、进出口金额（X_{12}）等 12 项指标

(见表 8 -2), 使用地理探测器和多元逐步回归分析方法, 以全国层面 19 个城市群的 182 个城市和长江中游城市群层面 31 个城市为研究对象, 从这两个层面入手, 对资源集聚能力各项指标的影响作用进行分析。

表 8 -2 资源集聚能力影响因素指标

影响因素	序号	具体指标
人口规模	X_1	城市人口数量/万人
就业机会	X_2	从业人员数量占总人口比重/%
经济发展水平	X_3	GDP 总量/亿元
工资水平	X_4	职工平均工资/元
生活成本	X_5	居民消费价格指数
交通可达性	X_6	城市对外交通可达性/h
公共服务供给水平	X_7	每万人拥有专任教师和医生数量/人
生态环境质量	X_8	人均绿地面积/平方米
科技创新水平	X_9	高新技术产业增加值占 GDP 比重/%
税收成本	X_{10}	人均税收收入/万元
市场化水平	X_{11}	民营经济增加值占 GDP 比重/%
对外开放水平	X_{12}	进出口金额/亿美元

8.2 基于地理探测器的资源集聚能力影响机制分析

8.2.1 全国层面资源集聚能力影响机制的地理探测分析

(1) 资源集聚能力的主要影响因子

根据地理探测器风险探测结果, 除公共服务供给水平和对外开放水平指标与资源集聚能力差异不显著外, 其他影响因子指标与资源集聚能力都呈显著性差异, 并通过 0.05 水平的显著性检验。公共服务供给水平和对外开放水平两个影响因子在 0.05 置信水平检验下的 Sig. 值为 1, 不满足通过条件, 除这两个因子外的其他影响因子都能够满足检验条件 (见表 8 -3)。

为了发现在全国层面资源集聚能力的主要影响因素, 对构建的影响因素指标与资源集聚能力做因子探测分析。因子探测力值 $P_{D,U}$ 的取值范围为 [0, 1], 数值越大, 表明该因素对资源集聚能力的解释力越强, 反之越小。结果显示，剔除公共服务供给水平和对外开放水平两个无效值外，其他资源集聚能力影响因子的探测力值排序为：经济发展水平（0.906）>科技创新水平（0.885）>工资水平（0.826）>市场化水平（0.797）>就业机会（0.715）>人口规模（0.639）>交通可达性（0.561）>税收成本（0.522）>生态环境质量（0.521）>生活成本（0.513）。因子探测力值 $P_{D,U}$ 在0.7以上的指标有经济发展水平、科技创新水平、工资水平、市场化水平、就业机会等指标，这几个指标属于经济科技类因素，是影响资源集聚能力大小的最主要因子。其中，经济发展水平的影响程度最大，表明城市经济发展水平和实力是城市资源集聚能力的大小的重要体现，在市场经济作用下，逐利性和集聚带来的规模经济效益是各种资源集聚的重要动因，城市（群）的“高密度经济”能够提高投资吸引力和利润率，且城市经济收入水平的高低、就业机会大小对人力资源产生直接影响，而市场化经济的发育又增强了资源的流动性，因此，导致了这几类经济要素（如GDP、工资水平、就业岗位数量等）成为各种资源集聚的主导因素。此外，科技创新水平作为第二大影响因子对资源集聚能力同样具有重要作用，科技创新水平对城市（群）集聚发展所需的各种高端资源具有重要的潜在作用，成为提高生产力的“催化剂”，能够显著提高劳动生产率和投资回报率，加快资源流通，提升城市（群）发展层次和优势。

表8-3　全国层面资源集聚能力影响因子探测力指标

指标	指标含义	$P_{D,U}$	p 值
X_1	人口规模	0.639	0.000
X_2	就业机会	0.715	0.000
X_3	经济发展水平	0.906	0.000
X_4	工资水平	0.826	0.000
X_5	生活成本	0.513	0.000
X_6	交通可达性	0.561	0.000
X_7	公共服务供给水平	0.169	1.000
X_8	生态环境质量	0.521	0.031
X_9	科技创新水平	0.885	0.000

续表

指标	指标含义	$P_{D,U}$	p 值
X_{10}	税收成本	0. 522	0. 000
X_{11}	市场化水平	0. 797	0. 000
X_{12}	对外开放水平	0. 297	1. 000

（2）资源集聚能力影响因子相对重要性差异

地理探测器的生态探测功能能够探测各影响因子间的相对重要性差异，在影响因子生态探测结果表中（见表 8 -4），如果表中横向指标重要性显著大于纵向指标的重要性，则用“Y”来表示；如果横向指标重要性显著小于纵向指标的重要性，则用“N”来表示。结果显示，经济发展水平影响因子的解释力要显著强于其他因子，且就业机会、工资水平、科技创新水平等指标也是重要性程度较高的几个因子，其他因子的解释力重要性相对不显著。这种特征与因子探测力值相对应，表明经济科技类因子是全国层面上影响资源集聚能力的主要原因。

表 8 -4　全国层面资源集聚能力主要影响因子间相对重要性差异

（Sig. =0. 05 显著性水平下，剔除 X_7，X_{12}）

指标	X_1	X_2	X_3	X_4	X_5	X_6	X_8	X_9	X_{10}	X_{11}
X_1										
X_2	Y									
X_3	N	Y								
X_4	N	N	N							
X_5	Y	Y	Y	Y						
X_6	N	N	Y	N	N					
X_8	N	N	Y	N	N	N				
X_9	N	Y	Y	Y	N	N	N			
X_{10}	N	N	Y	N	N	N	N	N		
X_{11}	N	N	Y	N	Y	N	N	Y	N	

（3）资源集聚能力影响因子的交互作用

资源集聚能力的大小受多种因素的复杂影响，交互探测能够分析资源集聚能力的影响因素间是否存在交互影响作用。若两个因子的交互作用值小于两个因子的作用值，则两个影响因子存在非线性减弱作用；若两个因子的交互作用值大于两个因子的最小作用值且小于两个因子的最大作用值，则两个因子存在单线性减弱交互作用；若两个因子的交互作用值大于两个因子的最大作用值，则两个因子存在双线性相互增强的交互影响作用；若两个因子的交互作用值大于两个因子的作用值总和，则两个因子存在非线性增强的交互影响作用。若两个因子的交互作用值等于两个因子的作用值总和，则表明两个因子相互独立。

根据全国层面资源集聚能力影响因子的交互探测值结果（见表8－5），大多数因子间的交互作用值大于两个因子的最大作用值，此外部分因子间的交互作用值大于两个因子的作用值总和。结果显示，在全国层面上，资源集聚能力影响因子间的交互作用类型主要为双线性相互增强类型（见表8－6），其次为非线性增强类型，不存在相互独立、非线性减弱和单线性减弱类型。这种交互作用特征表明，在全国层面上，资源集聚能力影响因素之间存在“1＋1＞2”的复杂影响机制，特别是人口规模、就业、经济发展、工资、基础设施建设、公共服务设施建设、科技等类别的影响因子间存在交互耦合作用，较高的市场化水平和对外开放水平，能够促进资源的自由流动和合理配置，从而促进城市经济发展水平的提高，扩大城市规模，增强城市科技创新能力，继而带动平均工资水平的提升，能够吸引更多的人口集聚，而人口集聚则产生了大量的基础设施和公共服务设施需求，从而提高公共服务供给水平和生态环境质量，因子间形成复杂的交互增强机制。

表8－5　全国层面资源集聚能力主要影响因子间交互作用值（剔除 X_7，X_{12}）

指标	X_1	X_2	X_3	X_4	X_5	X_6	X_8	X_9	X_{10}	X_{11}
X_1	0.64									
X_2	1.00	0.70								
X_3	0.95	0.98	0.89							
X_4	0.98	0.97	0.95	0.63						

续表

指标	X_1	X_2	X_3	X_4	X_5	X_6	X_8	X_9	X_{10}	X_{11}
X_5	1.00	1.00	0.96	0.99	0.91					
X_6	0.90	0.98	0.94	0.94	0.99	0.56				
X_8	0.98	0.99	0.96	0.96	1.00	0.93	0.52			
X_9	0.99	1.00	0.95	0.99	1.00	0.98	0.99	0.91		
X_{10}	0.97	0.86	0.96	0.80	0.99	0.89	0.88	0.97	0.52	
X_{11}	0.98	0.99	0.96	0.96	1.00	0.95	0.97	1.00	0.83	0.20

表 8－6　全国层面资源集聚能力主要影响因子间交互作用类型

因子交互类型	因子组合
相互增强	$X_1\cap X_2$、$X_1\cap X_3$、$X_1\cap X_4$、$X_1\cap X_5$、$X_1\cap X_6$、$X_1\cap X_8$、$X_1\cap X_9$、$X_1\cap X_{10}$、$X_2\cap X_3$、$X_2\cap X_4$、$X_2\cap X_5$、$X_2\cap X_6$、$X_2\cap X_8$、$X_2\cap X_9$、$X_2\cap X_{10}$、$X_3\cap X_4$、$X_3\cap X_5$、$X_3\cap X_6$、$X_3\cap X_7$、$X_3\cap X_8$、$X_3\cap X_9$、$X_3\cap X_{10}$、$X_3\cap X_{11}$、$X_3\cap X_{12}$、$X_4\cap X_5$、$X_4\cap X_6$、$X_4\cap X_8$、$X_4\cap X_9$、$X_4\cap X_{10}$、$X_5\cap X_6$、$X_5\cap X_7$、$X_5\cap X_8$、$X_5\cap X_9$、$X_5\cap X_{10}$、$X_5\cap X_{11}$、$X_5\cap X_{12}$、$X_6\cap X_8$、$X_6\cap X_9$、$X_6\cap X_{10}$、$X_7\cap X_9$、$X_8\cap X_9$、$X_8\cap X_{10}$、$X_9\cap X_{10}$、$X_9\cap X_{11}$、$X_9\cap X_{12}$、$X_{11}\cap X_{12}$
相互对立	—
非线性增强	$X_1\cap X_7$、$X_1\cap X_{11}$、$X_1\cap X_{12}$、$X_2\cap X_7$、$X_2\cap X_{11}$、$X_2\cap X_{12}$、$X_4\cap X_7$、$X_4\cap X_{11}$、$X_4\cap X_{12}$、$X_6\cap X_7$、$X_6\cap X_{11}$、$X_6\cap X_{12}$、$X_7\cap X_8$、$X_7\cap X_{10}$、$X_7\cap X_{11}$、$X_7\cap X_{12}$、$X_8\cap X_{11}$、$X_8\cap X_{12}$、$X_{10}\cap X_{11}$、$X_{10}\cap X_{12}$
非线性减弱	—
单线性减弱	—

8.2.2　长江中游城市群层面资源集聚能力演化机制的地理探测分析

（1）资源集聚能力的主要影响因子

为了探究长江中游城市群资源集聚能力演化的影响因素，根据构建的资源集聚能力影响因素指标，对 1995 年、2001 年、2007 年、2014 年四个时间节点上长江中游城市群各影响因子指标进行因子探测分析。根据因子探测力值结果（见表 8－7），1995—2014年，对长江中游城市群资源集聚能力演化影响最大的因素是科技创新水平、经济发展水平、人口规模、就业机会、对外开放水平、市场化水平、工资水平等，这些指标因子在四个时间节点上的探测力值大都在0.6以上。对四个时间节点上的影响因子探测力值取均值，则1995—2014年资源集聚能力影响因子平均作用大小的排序为：科技创新水平（0.838）>对外开放水平（0.826）>经济发展水平（0.807）>人口规模（0.795）>就业机会（0.788）>市场化水平（0.628）>公共服务供给水平（0.496）>工资水平（0.452）>交通可达性（0.418）>税收成本（0.259）>生态环境质量（0.174）>生活成本（0.164）。2014年，资源集聚能力影响因子作用大小的排序为：科技创新水平（0.906）>经济发展水平（0.897）>人口规模（0.808）>就业机会（0.763）>对外开放水平（0.73）>市场化水平（0.643）>工资水平（0.607）>公共服务供给水平（0.516）>交通可达性（0.394）>生态环境质量（0.232）>税收成本（0.163）>生活成本（0.145），其中，科技创新水平为第一大影响因子，其次为经济发展水平。与1995—2014年的平均值相比，2014年经济发展水平、工资水平、生态环境质量等因子对资源集聚能力的差异影响有所增强，对外开放水平、公共服务供给水平、税收成本等因子的影响有所减弱。

表8-7　长江中游城市群资源集聚能力演化的影响因子

指标	指标含义	$P_{D,U}$1995	$P_{D,U}$2001	$P_{D,U}$2007	$P_{D,U}$2014	影响作用
X_1	人口规模	0.704	0.819	0.849	0.808	增强
X_2	就业机会	0.796	0.808	0.783	0.763	略微下降
X_3	经济发展水平	0.667	0.800	0.863	0.897	增强
X_4	工资水平	0.316	0.510	0.373	0.607	增强
X_5	生活成本	0.119	0.208	0.183	0.145	略微增强
X_6	交通可达性	0.581	0.290	0.406	0.394	下降
X_7	公共服务供给水平	0.618	0.295	0.556	0.516	下降
X_8	生态环境质量	0.178	0.141	0.145	0.232	增强
X_9	科技创新水平	0.793	0.762	0.891	0.906	增强
X_{10}	税收成本	0.380	0.242	0.250	0.163	下降
X_{11}	市场化水平	0.581	0.680	0.608	0.643	增强
X_{12}	对外开放水平	0.854	0.909	0.811	0.730	下降

从1995—2014年长江中游城市群资源集聚能力各影响因子的影响力探测值变化情况来看，城市人口规模、经济发展水平、工资水平、科技创新水平、生态环境质量、市场化水平等因子的影响作用显著增强，生活成本的影响作用略微增强；交通可达性、公共服务供给水平、税收成本、对外开放水平等因子的影响作用显著下降，就业机会的影响略微下降。这种变化特征与城市群的社会经济发展密切相关。城市规模作为衡量城市吸引力的传统基础因素依然十分重要，人口规模较大的城市对周边地区的各种资源产生强大的集聚力，在市场经济的发展过程中，这种集聚力促进了城市自身经济发展实力的不断提高，而经济水平提升伴随着工资水平的提高和城市科技创新实力的增强，且在发展过程中对生态环境的治理投资增多，生态环境质量改善，进而提高了城市资源集聚能力，形成良性的循环累积因果效应。交通可达性和公共服务供给水平是基础设施和公共服务设施的主要体现，随着各城市的不断发展，基础设施和公共服务设施不断完善，城市间在基础设施和公共服务设施方面的差距不断缩小，对资源集聚能力的影响有所下降。近年来，国家在财政税收体制方面的改革以及政府的简政放权，经济发展的税收成本有所下降，因此其对资源集聚的影响有所减弱。随着全球化的深入推进，各个城市对外交往和国际贸易不断发展，对外开放水平不断提高，城市间对外开放水平差异逐渐缩小，因此其对资源集聚的影响作用减弱。

（2）资源集聚能力影响因子相对重要性差异

从1995年、2001年、2007年、2014年四个时间节点上各影响因子的相对重要性差异对比结果来看，影响因子间的重要性差异表现出与因子探测力值对比一致的特征，即科技创新水平、经济发展水平、人口规模、就业机会、对外开放水平、市场化水平、工资水平等影响因子具有更高的重要性，而公共服务供给水平、交通可达性、税收成本、生态环境质量、生活成本等指标在与上述指标对比时，重要性处于相对较低地位（见表8-8，仅列出2014年情况）。

表 8-8　长江中游城市群资源集聚能力影响因子相对重要性对比

指标	X_1	X_2	X_3	X_4	X_5	X_6	X_7	X_8	X_9	X_{10}	X_{11}	X_{12}
X_1												
X_2	N											
Y	N											
X_4	N	Y	Y									
X_5	Y	Y	Y	N								
X_6	Y	Y	Y	Y	N							
X_7	Y	Y	Y	Y	N	Y						
X_8	Y	N	Y	N	N	N	N					
X_9	N	N	N	N	N	N	N	N				
X_{10}	Y	Y	Y	Y	Y	N	N	N	Y			
X_{11}	N	N	Y	N	N	N	N	N	Y	N		
X_{12}	Y	N	Y	Y	N	N	N	N	Y	N	N	

（3）资源集聚能力影响因子的交互作用

1995 年、2001 年、2007 年、2014 年四个时间节点上，除 X_1 人口规模、X_3 经济发展水平、X_4 工资水平与其他因子的交互作用呈双线性相互增强外，其他因子间的交互作用大多呈非线性增强类型，不存在相互独立、非线性减弱和单线性减弱类型。人口规模、经济发展水平、工资水平这三个因子属于复合型因子，其变化往往对其他因子变化产生关联影响，因此这三者与其他因子的交互作用类型大多为相互增强类型。

8.3　基于多元逐步回归的资源集聚能力影响因素分析

为了提高资源集聚能力影响因素分析的准确性，在地理探测器分析方法的基础上，应用多元回归分析方法，对全国层面和长江中游城市群层面资源集聚能力的影响因素进行二次分析，从而结合两种方法，找出资源集聚能力的普遍性影响因素及作用机制。

8.3.1　全国层面资源集聚能力影响因素的多元逐步回归分析

在对全国层面资源集聚能力影响因素进行多元回归分析之前，首先对单个影响因素与资源集聚能力的相关关系进行初步了解，以各个影响因素具体指标值和资源集聚能力值为对象做一元线性回归分析，绘制散点图（见图 8 -2），分析各因素与资源集聚能力的两两相互关系。

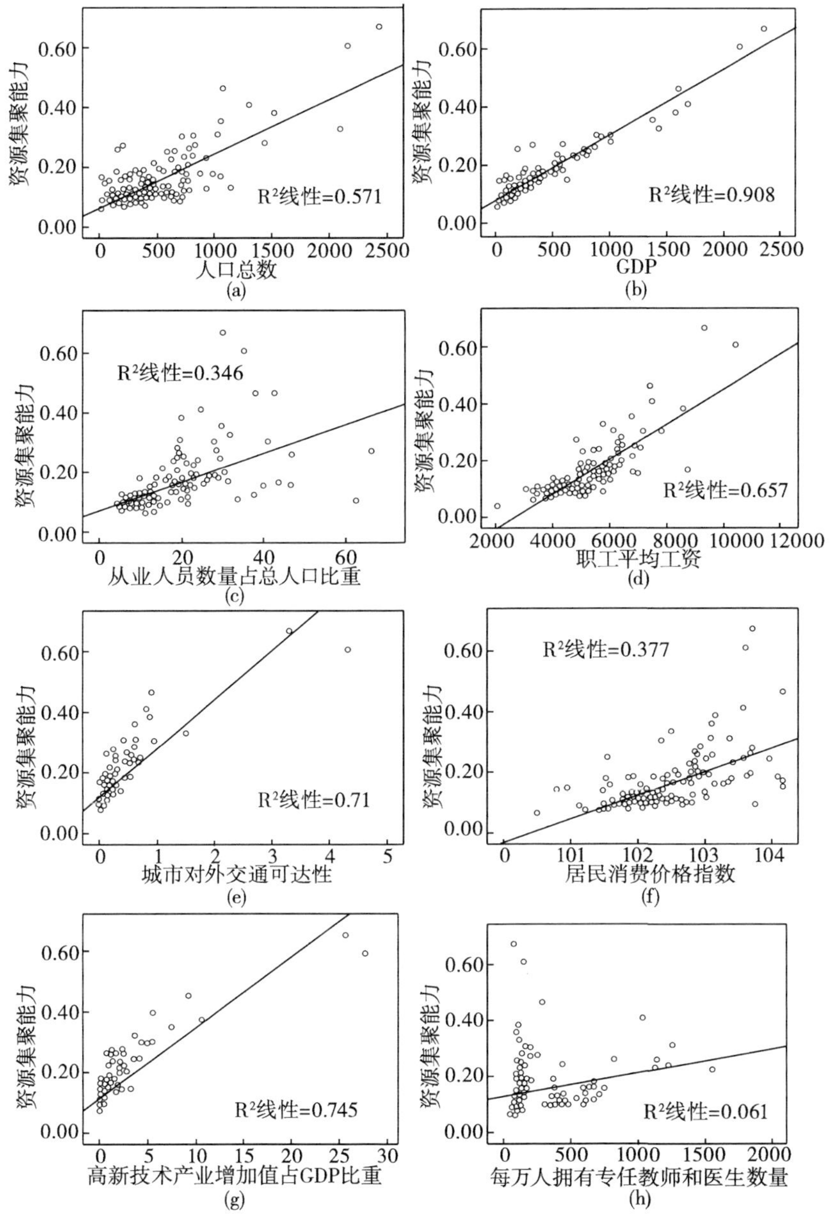

图 8 -2　全国层面的资源集聚能力影响因素回归分析结果

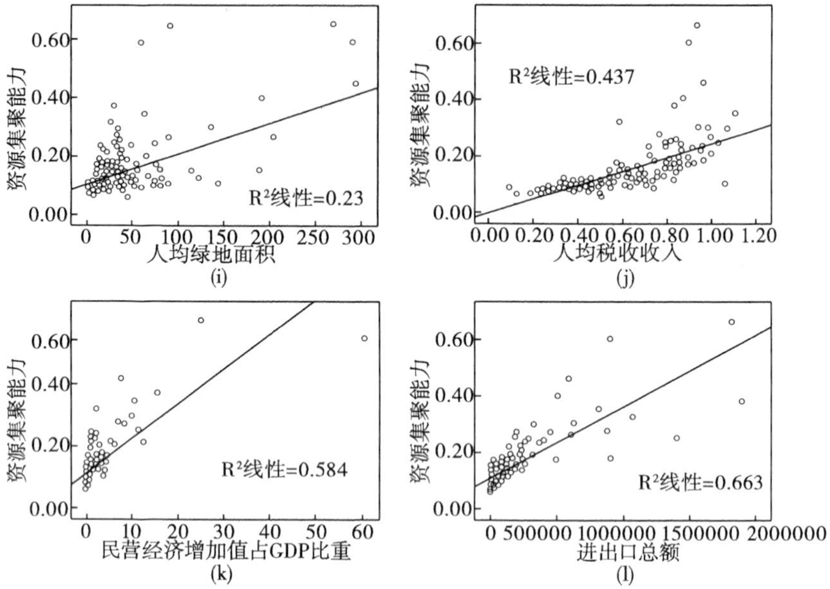

图8-2　全国层面的资源集聚能力影响因素回归分析结果（续）

根据具体指标与资源集聚能力的散点图计算结果可知，各影响因子与资源集聚能力的一元线性回归关系 R^2 相关系数分别为：人口规模（0.571）、经济发展水平（0.908）、就业机会（0.346）、工资水平（0.657）、交通可达性（0.71）、生活成本（0.377）、科技创新水平（0.745）、公共服务供给水平（0.061）、生态环境质量（0.23）、税收成本（0.437）、市场化水平（0.584）、对外开放水平（0.663）。从单个影响因子与资源集聚能力的关系来看，R^2 相关系数大于 0.7 的有经济发展水平、科技创新水平、交通可达性 3 个因子，其他因子则与资源集聚能力相关性较弱。但是，现实情况中，城市资源集聚能力受多种因素的复合影响，单一影响因子往往不能准确反映对资源集聚能力造成的影响。因此，在对单项因子进行分析的基础上，引入多元线性回归，以发现影响资源集聚能力的主要因子，并判断模型是否成立，得到最终多元回归方程。

根据初始多元线性回归结果（见表8-9），可以得到复相关系数 R = 0.994，测定系数 R^2 = 0.988，估计标准误差 s = 0.00984，DW 值 = 1.659，各项指标相关系数值（*Zero - order*）较大，各个回归系数（*B*）的值 $a = -0.0135$，$b_1 = 0.00002$，$b_2 = 0.001$，$b_3 = 0.00001$，$b_4 = 0.0000$，$b_5 = 0.0007$，$b_6 = 0.0002$，$b_7 = 0.0005$，$b_8 = 0.0000$，$b_9 = 0.00005$，$b_{10} = 0.0000$，$b_{11} = 0.0153$，$b_{12} = 0.00002$。从这些参数来看，其回归方程基本可以通过检验。但是，在共线性统计中，一些指标的方差膨胀因子（*VIF*）大于检验值小于10的标准。在共线性诊断表中（见表8-10），有多个指标的特征值（Eigenvalue）接近于0，表明自变量之间的相关性较高，且部分指标的病态指数（Condition Index）远远大于15的标准值，表明初始模型存在较为严重的多重共线性问题。

表8-9 全国层面资源集聚能力影响因素的初始多元回归方程参数

Model	Std. Error	t	Sig.	Correlations	Collinearity Statistics	
				Zero - order	Tolerance	VIF
(Constant)	0.006	-2.199	0.029	—	—	—
人口规模	0.000	3.359	0.001	0.756	0.135	7.421
就业机会	0.000	9.624	0.000	0.589	0.443	2.259
经济发展水平	0.000	10.460	0.000	0.953	0.061	16.516
工资水平	0.000	6.030	0.000	0.811	0.310	3.221
生活成本	0.000	10.396	0.000	0.614	0.510	1.962
生态环境质量	0.000	8.836	0.000	0.480	0.687	1.456
科技创新水平	0.000	5.720	0.000	0.863	0.074	13.509
交通可达性	0.000	2.278	0.024	0.842	0.072	13.868
市场化水平	0.000	3.209	0.002	-0.064	0.876	1.142
对外开放水平	0.000	4.184	0.000	0.814	0.250	4.001
税收成本	0.005	2.858	0.005	0.661	0.351	2.849
公共服务供给水平	0.000	5.542	0.000	0.246	0.806	1.241

表8-10 全国层面资源集聚能力影响因素初始多元回归共线性诊断

Model Dimension	Eigenvalue	Condition Index
1	1.876	2.215
2	0.492	4.322
3	0.456	4.490

续表

Model Dimension	Eigenvalue	Condition Index
4	0.297	5.565
5	0.283	5.698
6	0.159	7.617
7	0.083	10.499
8	0.061	12.316
9	0.033	16.712
10	0.029	17.674
11	0.022	20.364
12	0.007	35.178

因此，为了克服初始多元回归方程中指标自相关和多重共线问题，采用逐步回归方法对各因子与资源集聚能力重新进行回归分析。在逐步回归的过程中，模型先后引入12个指标进行回归分析，并对指标进行剔除，指标的引入和剔除过程如表8-11所示。根据逐步回归参数结果，当指标引入数量超过6个时，共线性诊断中的病态指数超过15，方差膨胀因子*VIF*大于10，存在多重共线问题。

因此，在满足回归条件和模型成立的前提下，回归方程最后确定了以经济发展水平、就业机会、生活成本、科技创新水平、生态环境质量和工资水平6个指标为主要影响因子的回归方程。从因子类型来看，这几个因子与地理探测器分析方法中确定的资源集聚能力影响因子较为接近。

表8-11 全国层面资源集聚能力影响因素多元回归模型中的指标引入与剔除

模型	引入指标	剔除指标
1	经济发展水平	人口规模、就业机会、工资水平、生活成本、生态环境质量、科技创新水平、交通可达性、市场化水平、对外开放水平、税收成本、公共服务供给水平
2	经济发展水平、就业机会	人口规模、工资水平、生活成本、生态环境质量、科技创新水平、交通可达性、市场化水平、对外开放水平、税收成本、公共服务供给水平

续表

模型	引入指标	剔除指标
3	经济发展水平、就业机会、生活成本	人口规模、工资水平、生态环境质量、科技创新水平、交通可达性、市场化水平、对外开放水平、税收成本、公共服务供给水平
4	经济发展水平、就业机会、生活成本、科技创新水平	人口规模、工资水平、生态环境质量、交通可达性、市场化水平、对外开放水平、税收成本、公共服务供给水平
5	经济发展水平、就业机会、生活成本、科技创新水平、生态环境质量	人口规模、工资水平、交通可达性、市场化水平、对外开放水平、税收成本、公共服务供给水平
6	经济发展水平、就业机会、生活成本、科技创新水平、生态环境质量、工资水平	人口规模、交通可达性、市场化水平、对外开放水平、税收成本、公共服务供给水平
7	经济发展水平、就业机会、生活成本、科技创新水平、生态环境质量、工资水平、公共服务供给水平	人口规模、交通可达性、市场化水平、对外开放水平、税收成本
8	经济发展水平、就业机会、生活成本、科技创新水平、生态环境质量、工资水平、公共服务供给水平、人口规模	交通可达性、市场化水平、对外开放水平、税收成本
9	经济发展水平、就业机会、生活成本、科技创新水平、生态环境质量、工资水平、公共服务供给水平、人口规模、对外开放水平	交通可达性、市场化水平、税收成本
10	经济发展水平、就业机会、生活成本、科技创新水平、生态环境质量、工资水平、公共服务供给水平、人口规模、对外开放水平、市场化水平	交通可达性、税收成本
11	经济发展水平、就业机会、生活成本、科技创新水平、生态环境质量、工资水平、公共服务供给水平、人口规模、对外开放水平、市场化水平、税收成本	交通可达性
12	经济发展水平、就业机会、生活成本、科技创新水平、生态环境质量、工资水平、公共服务供给水平、人口规模、对外开放水平、市场化水平、税收成本、交通可达性	—

表 8－12 全国层面资源集聚能力影响因素多元逐步回归方程参数

Model	Unstandardized CoefficientsB	t	Sig.	Correlations	Collinearity Statistics	
				Zero－order	Tolerance	*VIF*
(Constant)	－0.00763	1.360	0.176	—	—	—
经济发展水平	0.00001	26.671	0.000	0.953	0.225	4.453
就业机会	0.00100	9.058	0.000	0.889	0.584	1.713
生活成本	0.00072	10.250	0.000	0.814	0.586	1.706
科技创新水平	0.00056	10.461	0.000	0.963	0.266	3.754
生态环境质量	0.00016	6.160	0.000	0.780	0.786	1.272
工资水平	0.000001	4.500	0.000	0.811	0.355	2.819

在回归方程参数表中（见表 8－12），测定系数 R^2 均大于 0.95，DW = 1.659，满足要求。从指标的显著性水平来看，其 Sig. 值都小于 0.05，满足置信水平检验。共线性统计中，方差膨胀因子（VIF）均小于 10，病态指数（Condition Index）小于 15，符合检验标准（见表 8－13）。因此建立多元回归模型，最终模型为

$$Y = -0.00763 + 0.0001X_1 + 0.001X_2 + 0.00072X_3 + 0.00056X_4 + 0.00016X_5 + 0.000001X_6$$

$$RX_1 = 0.953,\ RX_2 = 0.889,\ RX_3 = 0.814,\ RX_4 = 0.963,\ RX_5 = 0.780,\ RX_6 = 0.811$$

表 8－13 全国层面资源集聚能力影响因素多元逐步回归共线性诊断

Model Dimension	Condition Index	Variance Proportions						
		(Constant)	经济发展水平	就业机会	生活成本	科技创新水平	生态环境质量	工资水平
1	1.000	0.001	0.00	0.01	0.00	0.00	0.01	0.00
2	2.318	0.003	0.03	0.00	0.00	0.13	0.00	0.00
3	3.689	0.003	0.00	0.00	0.00	0.01	0.92	0.00
4	5.487	0.017	0.00	0.80	0.00	0.01	0.04	0.00
5	7.386	0.003	0.88	0.01	0.00	0.79	0.03	0.00
6	12.784	0.115	0.01	0.09	0.99	0.01	0.00	0.05
7	14.233	0.858	0.07	0.09	0.00	0.05	0.00	0.94

同时，从逐步回归标准残差分布直方图可以看出（图 8－3a），残差分

布曲线为标准的正态分布（钟形分布）；正态概率—概率图（P－P 图）的累积概率点列沿对角线密集分布（图 8－3b），回归结果较为理想，通过各项检验。

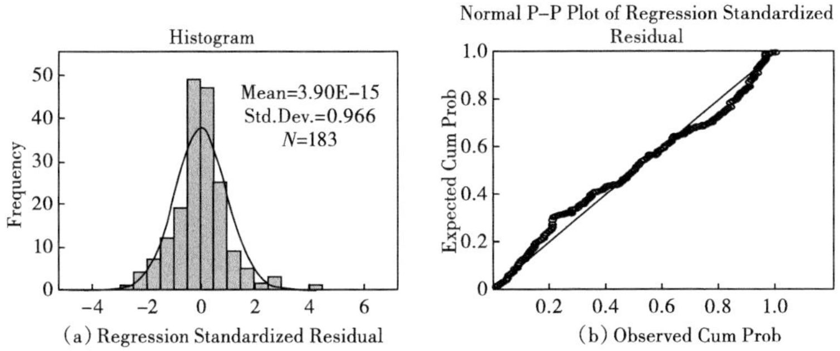

图 8－3 全国层面资源集聚能力影响因素多元逐步回归残差直方图与 P－P 图

8.3.2 长江中游城市群资源集聚能力演化影响因素的多元逐步回归分析

为了探究 1995—2014 年长江中游城市群资源集聚能力演化的影响因素，采用多元逐步回归分别对 1995 年、2001 年、2007 年、2014 年四个时间节点上的影响因子进行回归分析，以得出影响其演化的主要驱动因素。

（1）1995 年的多元逐步回归模型中，在满足模型检验要求的前提下，共剔除了 9 个影响因子，剩余经济发展水平、就业机会、对外开放水平 3 个指标（见表 8－14），其显著性检验、共线性诊断等条件都满足要求，逐步回归标准残差分布直方图和正态概率—概率图（P－P 图）呈正态分布和对角分布（见图 8－4），模型通过检验，即这三个因子是影响 1995 年长江中游城市群资源集聚能力的主要因素，这种特征与当时的经济社会发展情况有一定关联，市场经济初期的经济发展不平衡，城市间的经济发展水平差异较大，就业市场和对外开放差异也较大。

表 8－14　长江中游城市群资源集聚能力演化影响因素逐步回归方程参数（1995 年）

Model	Unstandardized CoefficientsB	t	Sig.	Correlations	Collinearity Statistics	
				Zero－order	Tolerance	VIF
（Constant）	－0. 070	－2. 506	0. 019	—	—	—
经济发展水平	0. 002	10. 236	0. 000	0. 992	0. 643	1. 556
就业机会	0. 001	5. 267	0. 000	0. 987	0. 573	1. 745
对外开放水平	0. 002	3. 256	0. 003	0. 774	0. 646	1. 547

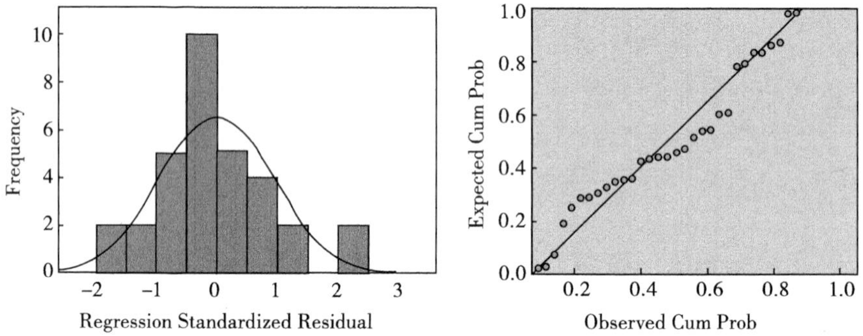

图 8－4　长江中游城市群资源集聚能力影响因素多元逐步回归残差直方图与 P－P 图（1995 年）

（2）2001 年的多元逐步回归模型中，在满足模型检验要求的前提下，共剔除了 7 个影响因子，剩余对外开放水平、经济发展水平、工资水平、科技创新水平、就业机会 5 个指标（见表 8－15），其显著性检验、共线性诊断等条件都满足要求，逐步回归标准残差分布直方图和正态概率—概率图（P－P 图）呈正态分布和对角分布（见图 8－5），模型通过检验。对外开放水平、经济发展水平、工资水平、科技创新水平、就业机会成为 2001 年长江中游城市群资源集聚能力的主要影响因素，与 1995 年相比，新增加了工资水平和科技创新水平，随着市场经济的发展，工资水平对人才资源的吸引力增强，人才资源流动加快；随着科技时代的发展，科学技术对城市经济社会发展的贡献增大，科技创新水平在资源集聚能力的影响因素中作用增强。

表 8-15 长江中游城市群资源集聚能力演化影响因素逐步回归方程参数（2001 年）

Model	Unstandardized CoefficientsB	t	Sig.	Correlations	Collinearity Statistics	
				Zero - order	Tolerance	VIF
(Constant)	0.040	3.065	0.005	—	—	—
对外开放水平	0.002	7.049	0.000	0.954	0.118	8.463
经济发展水平	0.002	5.719	0.000	0.953	0.099	10.116
工资水平	0.001	2.849	0.009	0.122	0.811	1.233
科技创新水平	-0.010	-2.336	0.028	0.873	0.101	9.904
就业机会	0.001	2.065	0.049	0.132	0.949	1.053

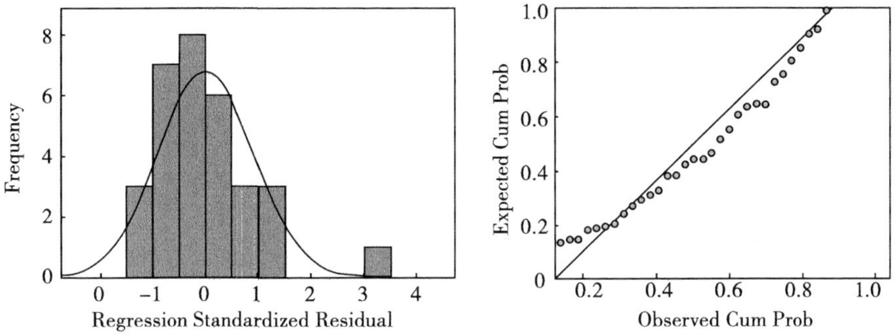

图 8-5 长江中游城市群资源集聚能力影响因素多元逐步回归残差直方图与 P-P 图（2001 年）

（3）2007 年的资源集聚能力影响因素的多元逐步回归模型中，在满足模型检验要求的前提下，共剔除了 6 个影响因子，剩余科技创新水平、经济发展水平、工资水平、对外开放水平、人口规模、生态环境质量 6 个指标（见表 8-16），其显著性检验、共线性诊断等条件都满足要求，逐步回归标准残差分布直方图和正态概率—概率图（P-P 图）呈正态分布和对角分布（见图 8-6），模型通过检验。这一时期，科技创新水平的影响作用大幅增强，成为第一大影响因子。此外，人口规模和生态环境质量首次成为资源集聚能力的主要影响因子之一，表明随着城市的发展，各城市间规模大小差异扩大；且生态环境质量的高低成为影响资源集聚能力大小的重要因素之一，暗示生态环境资源逐渐成为人口和产业等集聚的考虑因素。

表 8 - 16　长江中游城市群资源集聚能力演化影响因素逐步回归方程参数（2007 年）

Model	Unstandardized CoefficientsB	t	Sig.	Correlations	Collinearity Statistics	
				Zero - order	Tolerance	VIF
(Constant)	-0.0450	-2.667	0.013	—	—	—
科技创新水平	0.0004	2.761	0.011	0.944	0.071	4.147
经济发展水平	0.1510	4.268	0.000	0.780	0.411	2.433
工资水平	0.0010	5.708	0.000	0.746	0.422	2.372
对外开放水平	0.0003	3.277	0.003	0.901	0.115	4.681
人口规模	0.0002	2.413	0.023	0.922	0.107	7.354
生态环境质量	0.0003	2.316	0.031	0.781	0.279	9.235

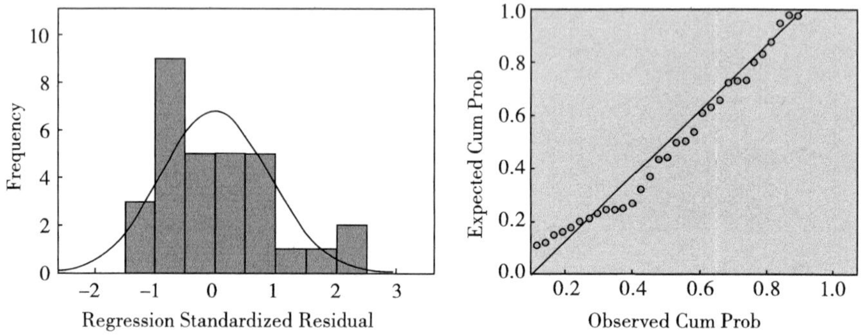

图 8 - 6　长江中游城市群资源集聚能力影响因素多元逐步回归残差直方图与 P - P 图（2007 年）

（4）2014 年的资源集聚能力影响因素的多元逐步回归模型中，在满足模型检验要求的前提下，共剔除了 5 个影响因子，剩余对外开放水平、科技创新水平、经济发展水平、就业机会、工资水平、市场化水平、生态环境质量 7 个指标（见表 8 - 17），其显著性检验、共线性诊断等条件都满足要求，逐步回归标准残差分布直方图和正态概率—概率图（P - P 图）呈正态分布和对角分布（见图 8 - 7），模型通过检验。新时期，对外开放水平和科技创新水平成为资源集聚能力的前两大影响因子，对外开放和科技创新的作用逐渐增强；经济类因子依然是其重要组成部分，生态环境质量继续成为影响资源集聚的主要因子之一；市场化水平首次成为资源集聚能力的主要影响因子之一，表明市场经济的发育和民营经济发展对资源集聚的影响增大，良好开放的市场是资源自由流动的重要保障。

表 8－17 长江中游城市群资源集聚能力演化影响因素逐步回归方程参数（2014 年）

Model	Unstandardized CoefficientsB	t	Sig.	Correlations	Collinearity Statistics	
				Zero－order	Tolerance	VIF
(Constant)	0.06200	4.238	0.000	—	—	—
对外开放水平	0.00020	8.145	0.000	0.949	0.222	4.509
科技创新水平	0.00010	7.120	0.000	0.937	0.218	4.592
经济发展水平	0.00004	2.460	0.000	0.612	0.732	1.366
就业机会	0.00100	10.375	0.000	0.589	0.651	1.537
工资水平	0.00005	4.500	0.000	0.811	0.355	2.819
市场化水平	0.00002	2.917	0.007	0.029	0.957	1.045
生态环境质量	0.00100	10.375	0.023	0.191	0.950	1.052

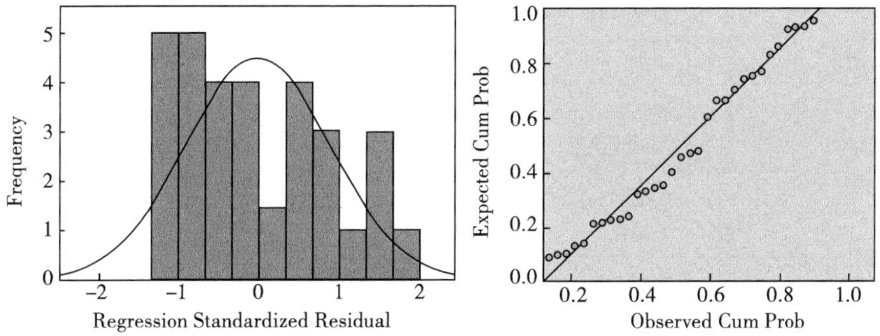

图 8－7 长江中游城市群资源集聚能力影响因素多元逐步回归残差直方图与 P－P 图（2014 年）

综合来看，1995—2014 年，经济发展水平、科技创新水平、对外开放水平、就业机会、工资水平、市场化水平、生态环境质量、市场化水平等因素是影响长江中游城市群资源集聚能力的主要原因。其中，经济发展水平、科技创新水平、对外开放水平、就业机会、工资水平等经济类因素、科技创新因素和对外开放因素一直是长江中游城市群资源集聚的主要影响因子，三者一直是影响因子排名中的前几个；而生态环境质量、市场化水平等因素是影响其资源集聚能力的“新晋”因子，随着城市的发展，生态环境质量和市场化水平对资源集聚能力的影响作用增大。

8.4 长江中游城市群资源集聚能力演化机理分析

8.4.1 资源集聚能力的主要影响因素

前文通过采用地理探测器和多元逐步回归分析的方法，对全国层面和长江中游城市群层面资源集聚能力及其演化的影响因素和作用机制进行了分析。不同的分析方法，不同的空间层次，资源集聚能力的影响因素也会有所差异。但整体来看，无论是使用不同方法还是在不同的空间层次上（见表8-18），影响资源集聚能力的共同因素主要有经济发展水平、科技创新水平、工资水平、就业机会、对外开放水平、市场化水平、人口规模、生态环境质量等。

表8-18 资源集聚能力的主要影响因素

研究方法	空间层次	资源集聚能力主要影响因素
地理探测器	全国	经济发展水平、科技创新水平、工资水平、市场化水平、就业机会、人口规模等
	长江中游城市群	科技创新水平、经济发展水平、人口规模、就业机会、对外开放水平、市场化水平、工资水平
多元逐步回归	全国	经济发展水平、就业机会、生活成本、科技创新水平、生态环境质量、工资水平
	长江中游城市群	科技创新水平、经济发展水平、工资水平、对外开放水平、就业机会、市场化水平、人口规模、生态环境质量

在全国层面，城市间经济发展水平差异巨大，一些沿海超大城市在经济发展上存在巨大的比较优势，其区位条件优越，经济体量巨大，经济发展水平高，平均工资在全国处于高水平，就业机会多，且经济外向度和对进出口的依赖度高，在这些要素方面与中西部其他城市相比，绝对差异和相对差异都十分巨大，因此在全国层面，经济要素对资源集聚能力差异的影响最大。而在长江中游城市群层面，由于属于内陆型城市群，且城市群发育程度无法与沿海发达城市群相提并论，群内城市间资源集聚能力差异虽较大，但尚不及全国层面的差异程度。城市群内中心城市武汉、长沙作

为城市群的科教中心，拥有压倒性的教育和科技创新资源优势，使得科技创新水平对群内城市间资源集聚能力的差异产生了第一位影响。城市群内各城市经济差异相比全国尺度较小，因此经济发展水平这一传统基础要素在城市间资源集聚能力差异影响上，占据了第二大影响因子地位。

8.4.2 资源集聚能力的演化影响机理

经济发展水平、科技创新水平、工资水平、就业机会、对外开放水平、市场化水平、人口规模、生态环境质量等作为资源集聚能力的主要影响因素，与交通可达性、公共服务供给水平、生活成本、税收成本等次要因子一起，影响着城市（群）资源集聚能力的变化。各影响因子间不仅存在两两单独相互作用关系，还存在复杂的交互耦合作用关系，共同支配着资源集聚能力的形成和演化（见图8－8）。

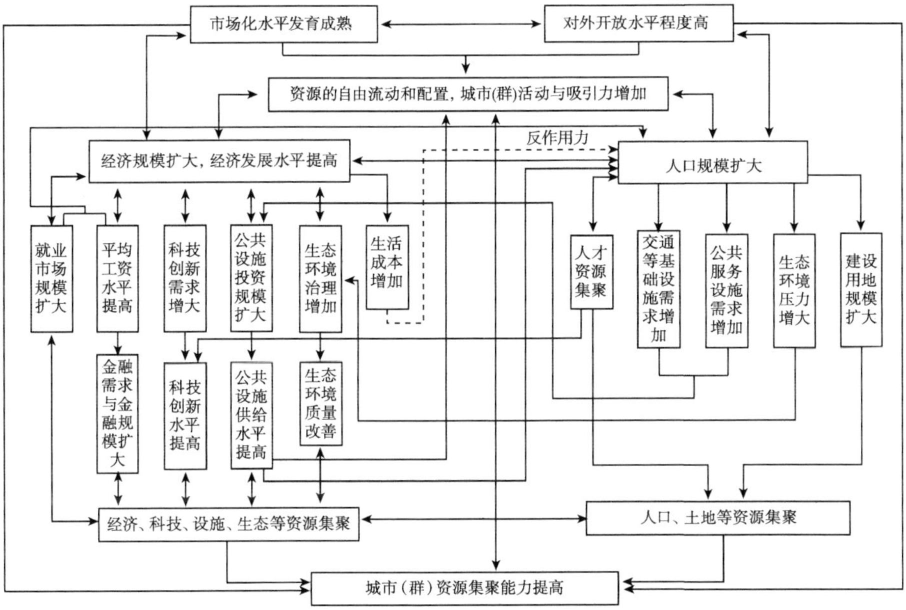

图8－8 长江中游城市群资源集聚能力演化的影响机理

（1）经济既是资源集聚过程的起点，也是资源集聚过程的终点，经济因素是影响资源集聚的首要因素。从本质上说，经济发展的过程也是资源要素集聚的过程。资源要素集聚与经济发展之间存在内生化的互增强耦合关系。资源集聚根植于经济发展过程中，资源具有“逐利性”，集聚资源的目的和出发点就是促进经济发展。经济规模越大的城市（群），对各种资源的需求也越大，在市场需求导向作用下，受资源“逐利性”的驱动，资源要素会向这些经济活动密集、经济发展水平高的城市（群），即效益最大化的区域聚集，并在集聚效应、规模报酬递增效应、路径锁定效应和循环因果累积效应等效应的耦合作用下，使资源集聚获得的收益报酬成倍增长，这进一步刺激了集聚“冲动”，形成不断扩大集聚规模的自我强化机制，而这反过来不断支撑和促进城市（群）经济快速发展，导致资源需求进一步扩大，源源不断地吸引资源要素向其流动集聚，最终形成完整的循环体系。因此，经济发展水平高的城市（群）必然是资源集聚能力强（群）的城市，且随着经济实力和经济发展水平的不断提高，其资源集聚能力也不断增强。

工资水平提高、就业机会增加等是伴随经济增长而产生的附加产物，城市（群）经济发展水平的提高会带动工资水平的整体提高，而工资水平会影响到居民的储蓄、消费和投资，对资源的需求会不断增加，扩大了资源消费市场；经济规模的扩大则对劳动力需求增加，直接导致了就业市场的扩大，从而对劳动力资源产生强大吸引力，这些都推动了城市（群）资源集聚能力的提高。

（2）自由市场和对外开放是资源集聚的重要前提。城市（群）市场化水平和对外开放水平与城市资源集聚能力具有高度一致的相关性。现代经济是市场经济，其发展过程也是资源要素自由流动的过程，市场化水平和对外开放水平是衡量资源流动水平和流动程度的重要标准。市场化水平和对外开放水平越高，吸引到外部的资金、先进技术等资源的机会越大，城市的吸引力和资源集聚能力就越强。因此，良好的市场发育和对外开放政策是提高城市（群）资源集聚能力的重要前提。

（3）科技创新是提高资源集聚“回报率”的加速器。科技是第一生产力，科技创新水平对城市（群）集聚发展所需的各种高端资源具有重要的潜在作用。科技创新能够显著提高生产力和劳动生产率，提高经济效率，在科学技术创新作用下，能够加快资源流通，大大提高资源集聚所追求的逐利“回报率”和“成本回收速度”。因此，加强科技创新体系建设，是提高城市（群）资源集聚能力的重要保障和推动力。

（4）人口规模本身即是资源集聚能力的一种体现。人是一切资源要素利用和转化的“枢纽”和“转换器”，是资源转换为产品的必经途径。人既是资源的开发者，又是资源的运输者，更是资源产品的消费者。一切资源最终都是为人所服务，人的消费是资源获得集聚“回报”或达到逐利目的的唯一途径。因此，提高人的资源消费能力，或者说培育庞大的资源消费市场即城市（群）人口规模，是提高资源集聚能力的重要体现。

（5）资源集聚通道和配套服务体系是保障资源集聚的“生命线”和重要支撑。资源集聚的实现，是以资源的自由流动为前提，而资源的自由流动则依赖于顺畅的资源流通“通道”，即各种交通流、信息流、资金流等通道性基础设施，从而提高资源集聚的可达性。此外，人口、经济、科技等资源在城市（群）集聚后，带来大量的服务需求，需要各种生活性服务设施的保障支撑，从而满足资源集聚所不断产生的客观服务需求。因此，提高城市（群）资源集聚能力，必须提供高速、顺畅、大流量的资源流通通道，以及教育、医疗、文化等便利完善的生活性公共服务，提高基础设施和公共服务设施的支撑保障水平。

（6）良好的生态环境是城市魅力和吸引力的重要组成部分，并且在城市资源集聚能力的提高过程中，扮演着越来越重要的角色。人才、科技、经济等资源的不断集聚，既是对生态环境的一种压力，又对生态环境质量提出更高要求，直接关系到居住、发展环境和产品环保要求等。随着发展过程中对生态环境的重视不断提高，对环境污染治理和城市生态建设的投资增加，生态环境质量有所改善，反过来提高了城市资源集聚能力，形成良性循环。

此外，生活成本、税收成本等因素在资源集聚过程中扮演了反作用力的角色。生活成本的增加，是城市经济发展水平提高的一个侧面产物，但这在一定程度上对人口资源的集聚产生负面效应。税收成本对经济资源的集聚也具有一定负面作用，但近年来，国家在财政税收体制改革以及政府简政放权等方面进步较大，经济发展的税收成本有所下降，因此其对资源集聚的影响逐渐减弱。

8.5 本章小结

本研究通过地理探测器分析和多元逐步回归分析等方法，对资源集聚能力时空演化的影响因素及作用机理进行了深入研究，总结归纳了影响资源集聚的主要因素，并摸清了资源集聚背后的作用机理，主要研究发现包括：影响资源集聚能力的因素主要有经济发展水平、科技创新水平、工资水平、就业机会、对外开放水平、市场化水平、人口规模、生态环境质量等。其中，经济发展水平、工资水平、就业机会等经济因素是影响资源集聚的首要因素，经济发展的过程也是资源要素集聚的过程，资源集聚是资源“逐利性”作用下的必然结果；市场化水平和对外开放水平是衡量资源流动水平和流动程度的重要标准，良好的市场发育和对外开放政策是提高城市（群）资源集聚能力的重要前提；科技创新是提高资源集聚“回报率”的加速器，是提高城市（群）资源集聚能力的重要保障和推动力；人口规模本身即资源集聚能力的一种体现；交通流、信息流、资金流等资源集聚通道是保障资源集聚的“生命线”，教育、医疗、文化等公共服务配套服务体系是资源集聚的重要支撑；生态环境是城市魅力和吸引力的重要组成部分，在资源集聚能力的提高过程中扮演越来越重要的角色；生活成本、税收成本等因素在资源集聚过程中扮演了反作用力的角色。

9 长江中游城市群资源集聚能力提升路径

基于对长江中游城市群资源集聚能力的时空演化以及影响机理的研究，针对影响资源集聚能力的主要因素以及当前长江中游城市群资源集聚能力的现状，从“汇聚—流通—准入—组织”四个环节入手(见图9-1)，提出长江中游城市群资源集聚能力的提升路径（见图9-2)。

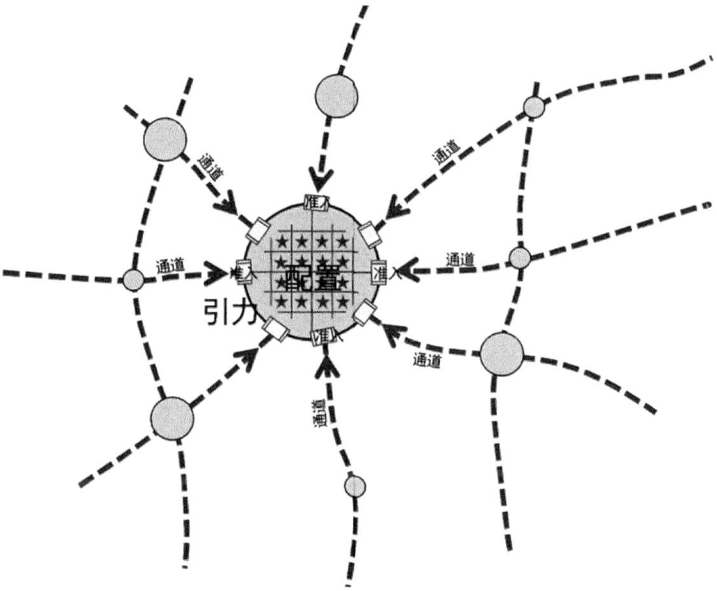

图9-1 资源集聚能力提升路径示意图

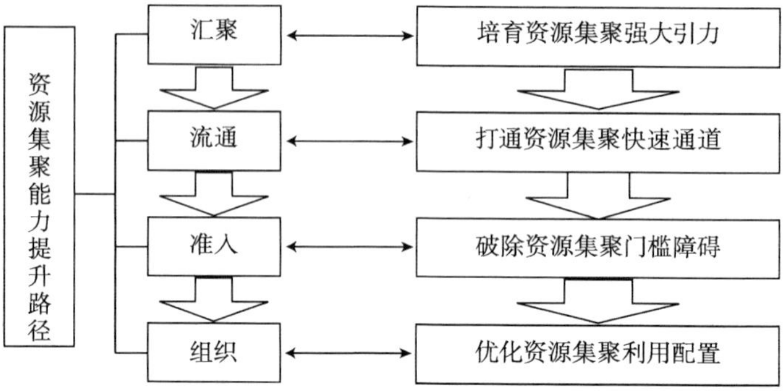

图9－2　资源集聚能力提升路径框架

9.1　"汇聚"：培育资源集聚强大引力

强大的经济实力、发达的科技创新水平以及完善的公共服务和优美宜居的生态环境，是吸引外部各种资源要素向城市群集聚的动力源。因此，在最初的"汇聚"环节，城市群需要强化"内功"修炼，提高自身实力，形成对周边资源要素的强大吸引力。

9.1.1　联手打造优势产业集群，壮大城市群经济实力

城市群资源集聚的目的是为经济发展服务，特别是满足产业发展所需的庞大资源需求。要依托长江中游城市群现有产业基础，在提高质量和效益的前提下，发挥区域产业优势，做大做强经济总量，提升城市群产业综合竞争力，在全国乃至全球层面打造一批较高竞争力的优势产业集群，提升城市群经济综合实力。加快推进供给侧结构性改革，促进产业转型和提档升级，推动新技术、新模式、新业态发展。

巩固提升全国重要商品粮生产基地地位，大力发展现代农业和生态农业，提升农业产业化经营水平，建设生态、绿色、优质的粮棉油肉蛋菜果和水产品等基地，打造绿色食品产业集群，建设国家级现代农业示范区。做大做强装备制造、汽车及交通运输设备制造、冶金、石油化工、家电等优势产业，打造以武汉、长沙、南昌、株洲、襄阳、景德镇等城市为代表

的具有世界影响的装备制造产业基地，鼓励自主品牌龙头企业做大做强，大力支持民营经济发展。促进武汉、长沙、南昌、襄阳等城市汽车产业合作与重组，构建汽车产业联盟，打造全国重要的汽车产业基地。依托长江黄金水道，壮大设计制造船舶产业、铁路运输设备制造、城市轨道交通设备制造产业。以大型钢铁、冶金、石油化工等骨干企业为龙头，打造中部钢铁、石油化工产业集群和有色金属产业基地。以武汉、长沙、南昌、荆州等为龙头，合力打造中部地区家电产业基地。以东湖国家自主创新示范区和其他国家级高新技术产业开发区为载体，大力发展光电子信息等新一代信息技术、高端装备制造、新材料、生物、节能环保、新能源、新能源汽车等战略性新兴产业。提速发展金融、现代物流、旅游、文化创意、电子商务等现代服务业，推动武汉城市圈、环长株潭城市群、环鄱阳湖城市群金融协同发展，开展银行业合作，加快武汉金融中心建设。加快建立现代物流服务体系，将城市群建设成为辐射至全国、连接全球的物流平台和区域性商贸中心，鼓励符合条件的城市创建国家级电子商务示范市。发挥城市群内长江水道和高铁优势，整合沿江和高铁沿线旅游资源，打造精品旅游走廊。探索推行城市群旅游“一票通”，建设城市群旅游联合体。整合城市群文化资源，大力扶持城市群内广播影视、动漫游戏、新闻出版等文化产业融合发展，打造国内外知名的文化产业基地。

9.1.2 发挥城市群科教优势，打造全国科技创新高地

科技创新是现代生产力的体现，对提高资源流动效率、提升资源集聚层次具有重要作用。要充分发挥武汉、长沙等城市高等院校、科研院所、国家重点实验室、工程技术中心等科教资源的集聚优势，构建协同创新平台，培养大批拔尖创新人才，将长江中游城市群建设成为具有国际重大影响力的学术高地、行业前沿技术的研发基地和中部创新发展的引领阵地，在国家创新体系建设中发挥重要作用。发挥武汉东湖国家自主创新示范区的引领示范作用，推进长株潭自主创新示范区建设。加强武汉、长沙、南昌等城市高校及科研院所合作，加强科技协同创新，促进优势互补，推动

高校科技成果加快转化。坚持把创新摆在转型发展的核心位置，大力提高自主创新能力，加快推进科技资源向企业集聚，围绕产业链布局创新链，大力推进企业与大学、科研院所建立产业技术创新战略联盟，在光电子、太阳能、新材料、重型机械、重大成套设备制造、汽车与轨道交通设备制造、船舶、信息、航空、有色金属精深加工、超级杂交水稻等一大批重大关键技术领域实现自主化。探索建立科技金融体系，大力培育和发展创业投资、股权投资、天使投资，支持种子期、初创期科技型中小企业发展。支持更多成长性高、科技含量高的科技型企业在中小板、创业板上市，利用资本市场平台发展壮大。

9.1.3 提升设施支撑保障水平，推进公共服务共建共享

加强能源网络通道建设，完善天然气输配送网络，推进跨区特高压输电通道和主网架建设，为资源集聚和利用提供能源保障。加强公共服务合作对接，建立健全资源要素优化配置、共建共享、协作管理的公共服务机制，优化提升吸引资源集聚的“软环境”。加快推动武汉、长沙、南昌等城市高校开展联合办学、课程互选、学分互认、教师互聘、学科共建等多种形式的教育交流与合作，推进义务教育、特殊教育的交流与合作①。推动医疗卫生资源共建共享，鼓励医疗卫生机构和人员合作交流，支持大型综合性医疗机构跨区域布点，在医学科技领域开展联合攻关，提升城市群整体医疗水平。加快异地就医结算和“医保直通车”建设，推动城市群内社会保障卡“一卡通用”，实现异地就医即时结算。搭建一体化的城市群医疗卫生信息平台，实现医疗服务和保障、综合管理等方面的信息资源互通共享。加强在文化产业发展、文物保护利用、非物质文化遗产保护等方面的合作，促进城市群内优秀传统文化发扬光大，促进民间文化交流。

9.1.4 加快城市群绿色发展，提升城市群生态环境魅力

优美宜居的生态环境，对人才、科技、产业等资源的集聚具有强大的

---

① 资料来源:《长江中游城市群发展规划(2015)》。

吸引力和魅力。要统筹生产、生态、生活三大空间布局，构筑生态屏障，推动城市群绿色发展。坚持集约、节约发展，树立“精明增长”“紧凑城市”的发展理念，推动城市发展由外延扩张式向内涵式提升转变，打造海绵城市、生态城市、森林城市。重点做好长江、汉江、清江、湘江、赣江、信江、抚河等流域和鄱阳湖、洞庭湖、洪湖、梁子湖、东湖等湖泊、湿地的水生态保护和水环境治理工作，保护城市群水生态系统。构建以幕阜山和罗霄山为主体，以沿江、沿湖和主要交通轴线为廊道的城市群生态屏障，打造城市群生态“绿心”，建设景观优美、生态优良、功能完善、宜居宜业、效益持久的生态网络体系。建立城市群大气污染联防联控机制，联手防治大气污染。统一城市群建设项目环境准入标准和污染物排放标准，加强应急环境突发事件联动机制合作，完善城市群内生态补偿机制。加快武汉城市圈、长株潭城市群“两型社会”综合配套改革试验区建设，加大对鄱阳湖、洞庭湖两个生态经济区的政策支持力度。

9.2 “流通”：打通资源集聚快速通道

资源集聚通道是保障资源集聚的“生命线”。资源的自由流动有赖于顺畅的资源流通“通道”，即各种交通流、信息流等通道性基础设施，从而提高资源集聚的可达性。

9.2.1 加强“门户枢纽”对外交通建设，打造资源进出快速通道

资源流动需要以一定的基础设施通道为载体，快速、大容量的交通通道是实现资源集聚的主要途径。要加快武汉、长沙、南昌等全国性综合交通枢纽建设，充分发挥其城市群对外联系“门户”的作用，充当外部资源进入长江中游城市群的“桥头堡”，加快航空航线、高速铁路、高速公路、水运航道等资源集聚快速通道的建设，提升资源集聚支撑保障能力。打造以长江航道为主体，以汉江、洞庭湖、鄱阳湖水系为补充，干线畅通、干支衔接的长江中游内河航道体系，强化国内外资源进出保障能力；强化武

汉天河国际机场、长沙黄花国际机场的城市群对外“门户枢纽”功能，发挥南昌昌北机场等干线机场作用，完善襄阳刘集机场、常德桃花源机场、九江庐山机场、景德镇罗家机场等支线机场建设，形成多层次、全方位的对外航空枢纽布局；加快干线高铁网络建设，形成覆盖 50 万人口以上城市的城市群快速铁路网，打造促进城市群对外人口资源流动和集聚的快速通道；推动其他普通干线铁路和既有线路改扩建，形成货物资源运输的专用物流大通道，打造辐射全国的货物资源集散地；继续完善国家高速公路建设，建成连通 20 万人口以上城市和主要港口的高速公路网络，加快资源流动速度，为资源集聚提供点对点快速通道。

9.2.2 优化提升城市群综合交通网络，加快资源流动和集聚速度

城市群内部综合交通网络是资源在城市群内自由流动的通道载体，要加快构建一体化的城市群综合交通体系。推进交通基础设施互联互通，建设以武汉、长沙、南昌为中心的“三角形、放射状”城际交通网络，加快武汉至九江、武汉至长沙客运专线建设，实现长江中游城市群内省会城市之间 2 小时通达，省会城市与周边城市之间 1 ~ 2 小时通达的目标。积极打通省际断头路，建立城市群一体化公路交通网络，建设城市群内高速公路联网一体化收费和电子不停车收费系统（ETC），加快建立统一的 ETC 结算清分制度和体系。发挥长江黄金水道功能，深化港口之间的合作，打造以武汉新港为主体，以宜昌、荆州、黄石、长沙、岳阳、九江、南昌等重要港口为补充的功能完善、布局合理、层次分明、紧密协作的长江中游地区港口群，满足能源、钢铁、化工原料、建材以及外贸物资等资源中转的运输需求，加快铁水联运港建设，鼓励组建区域大型港务集团，成立“长江中游城市群物流联盟”，建立完善促进城市群物流体系协调发展的机制。强化长江过江能力建设，推进铁路、公路、城市交通合并过江。

9.2.3 构筑现代化城市群信息网络，提高资源集聚效率和效益

在互联网时代，资源集聚不仅依赖于交通网络等实体通道，更需要信息网络等虚拟网络通道的支撑，尤其是金融、科技等资源的集聚。要加强长江中游城市群信息基础设施一体化建设，推动信息网络设施共建共享。以武汉、长沙、南昌等中心城市为主，加快现代化智慧城市建设，支持云计算与物联网、移动互联网等融合发展，打造统一的信息传输、应用和管理平台，建设智慧城市群；支持武汉、长株潭开展下一代互联网示范城市（群）建设，推进城市群政府信息资源的合作共享，构建城市群地理空间信息分发与交换中心，促进地理空间信息共享和应用，建设长江中游城市群信息港，把长江中游城市群建设成为无线化、数字化、信息化、智能化的“智慧城市群”。构建城市群内一体化的资本要素市场，依托各城市现有金融交易平台，加强城市群内金融交易市场合作，鼓励民间金融、互联网金融等企业开展信息交流、资源共享、业务拓展和监管合作。

9.3 “准入”：破除资源集聚门槛障碍

资源进入流动通道后，到达集聚地，面临区域“准入”的问题，即自由市场和对外开放，这是资源集聚的重要前提。

9.3.1 加强城市群统一大市场建设，培育资源流动集聚平台

区域一体化市场是优化资源要素配置与流动最有效的手段，城市群内开放统一的大市场是资源自由流动并集聚的重要保障，也是外部资源进入城市群的重要驱动力和不可或缺的前提条件。要加强跨行政区域市场体系建设，形成长江中游城市群统一大市场，发挥市场在资源配置中的基础性作用。增加市场透明度，突出市场公平性，能够激发发展活力，打破垄断樊篱，极大地减少权力寻租空间。探索建立城市群统一市场信息数据库，实现组织机构代码、企业登记、信贷、纳税、合同履约、产品质量监管等信用信息共享。整合城市群内各城市公共就业和人才服务信息平台，建立一体化的人力资源市场。

9.3.2 大力推动内陆开放高地建设，吸引国内外优质资源集聚

对外开放水平的高低，影响着城市群资源集聚的层次和等级。对外开放水平越高，越能吸引到国内外优质资源要素的集聚，引进资金和先进的技术，提升自身发展水平和层次。要紧紧抓住经济全球化和世界经济格局调整、国际国内资本要素加速流动、国家实施“一带一路”和长江经济带开放开发战略的重大机遇，全方位扩大对外开放，加强高能级开放载体平台建设，深化与国外和沿海发达地区的资源开发、产业合作，培育开放竞争新优势，加快形成全方位、多层次、宽领域的开放格局，加快武汉、长沙、南昌内陆开放高地建设，在更大范围、更广领域、更高水平上实现资源要素优化配置。主动承接产业转移和招商引资，按照“招大、引强、选优”的思路，以产业链整合提升、优势集群培育为重点，推动开放招商高端化，提高“引进来”层次和水平，促进经济转型升级。积极参与和融入丝绸之路经济带和21 世纪海上丝绸之路建设，依托亚欧国际铁路货运大通道、东盟国际大通道等国际贸易通道，着力扩大国际贸易；加强口岸监管平台和通关一体化建设。深化与“一带一路”沿线国家和地区金融合作，充分利用境外资金，积极争取丝路基金、亚洲基础设施投资银行等机构的资金支持。加强与俄罗斯伏尔加河流域、美国密西西比河流域、欧盟莱茵河流域以及日韩、东盟等地区的合作，打造对外交流合作平台。加快与国内其他区域合作，依托长江黄金水道，加强与长三角城市群、成渝城市群的联动发展，发挥承东启西、通江达海的关键作用，推动长江上中下游协调发展，共同构建长江经济带发展新格局。全面深化与京津冀、长三角、珠三角等地区合作，引导沿海地区资金、技术向长江中游城市群转移。支持长江中游城市群与周边邻省条件较好、联系比较紧密的城市合作发展。

9.3.3 加快推进供给侧改革创新，破解资源要素流动障碍

政策、制度等供给侧因素是影响资源集聚能否“落地”的关键，实现资源的自由流动和集聚需要破解供给侧相关的障碍门槛。要推动重点领域和关键环节改革，把市场化改革作为动力转换的重要保障，构建有利于资

源集聚的体制机制，着力优化劳动力、资本、土地、技术、管理等要素配置，提高供给体系质量和效益。完善政策和服务体系，制定落实市场准入负面清单制度，毫不动摇地鼓励、支持、引导非公有制经济发展，鼓励民间资本依法进入公用事业和特许经营领域，针对当前长江中游城市群民营经济发展滞后的情况，把非公有制经济的活力、创造力更好地发挥出来。推广政府和社会资本合作模式（PPP），带动社会资金投向社会事业、服务业、节能减排、环境保护等关键领域和薄弱环节，激活民间投资；发挥政府资金的杠杆作用，撬动社会投资。打破行政壁垒，广泛开展跨区域联合，建立一体化的协调机构，从体制上保证行政区局部利益为城市群整体利益让道，定期召开城市群会议，推进合作交流。有序推进农业转移人口市民化，把进城落户农民完全纳入城镇住房和社会保障体系。加快推进户籍制度改革，创新和完善人口服务与管理制度，逐步消除城乡区域间户籍壁垒，消除高校毕业生流动就业的制度性障碍，促进人才资源的有序流动与合理分布。强化精准服务理念，提高政府服务能力和水平，建设服务型政府。全面推进政府机构改革，优化行政审批流程，提高办事效率、服务效率，推进政务服务网络平台建设。

9.4 “组织”：优化资源集聚利用配置

资源通过通道流动到达集聚目的地后，需要集聚地对其进行合理组织，进行资源的优化配置，从而发挥出资源集聚的最大效益。

9.4.1 推动多中心、网络化协调发展，提升中心城市集聚带动能力

资源的空间优化配置，是提升资源集聚效益的重要方式。通过构建“三心、五轴、网络化”的资源集聚空间格局，促进资源在长江中游城市群内大中小城市的合理配置。强化武汉、长沙、南昌三个城市在城市群资源集聚格局中的核心地位，打造武汉国家中心城市，合理控制人口规模，进一步增强要素集聚、科技创新和服务能力，提升现代化、国际化水平，

引领带动武汉城市圈、环长株潭城市群、环鄱阳湖城市群协调互动发展。依托沿江和沪昆“两横”以及京广、京九、二广“三纵”重点发展轴线，形成沿线大中城市和小城镇合理分工、联动发展、资源合理配置的空间格局。促进各类城市协调发展，优化城镇规模结构，明确大中小城市功能定位、发展重点和发展方向，加强协作对接，实现一体化联动发展。此外，根据“威廉姆森假说”，在经济发展初期，空间集聚能显著提高经济发展效率，节省交易成本。但当集聚达到某一门槛值或超过最优水平之后，拥挤成本急剧增加，尤其是交通拥挤带来的时间价值损失急剧递增，过度竞争加剧，空间集聚对经济增长的影响变小，甚至不利于经济增长，拥挤外部性使得该区域未来更倾向于分散型的经济地理空间结构。因此，未来当武汉、长沙等中心城市资源集聚达到一定规模后，为了避免出现拥挤成本剧增的问题，需要向周边外围“卫星城”转移部分资源，以疏散或缓解中心城市拥挤的非经济性。

9.4.2 加快产业协同发展、错位有序竞争，实现资源的合理高效配置

合理的产业分工协作，是实现资源合理配置的重要途径。通过产业整合，实现各城市间产业的错位发展，形成产业梯次，是提升群体竞争力的必然选择。城市群中的各个城市要结合资源禀赋、产业基础、资源环境承载能力和主体功能定位，明确主导产业和特色产业，强化大中小城市产业协同发展，形成横向错位发展、纵向分工协作的发展格局。引导城市群内各城市资源的整合与调配，加快城市间产业在水平和垂直分工上的互补，推动主导产业错位发展，形成不同的分工定位；深化产业分工配套，完善上下游产业链，提升区域产业集中度。促进国内外高端产业转移的有序承接，积极探索承接产业转移新模式，减少无序竞争，实现优势互补、互利共赢。推进湖北荆州、湖南湘南承接产业转移示范区建设，推动江西建设承接产业转移平台。鼓励武汉、长沙、南昌三个中心城市大力发展高新技术产业和现代服务业，引导传统制造业、资源加工型和劳动密集型产业向

周边地区转移，建立生产基地、布局配套企业，同时支持周边地区企业到武汉、长沙、南昌设立行政总部、研发中心、营销中心、物流中心。

9.4.3 加强城市群资源整合与消化吸收，实现资源集聚效益最大化

在资源集聚的后期阶段，资源到达集聚地后，集聚地必须加强资源的消化吸收、“为我所用”，从而才能发挥出资源集聚的最大效益，尤其是政府在资源的整合方面扮演重要角色。资源流动进入城市群后，需要政策的规范与引导。城市群对集聚资源的合理配置，需要建立和完善发挥协调作用及各利益主体参与的全面协商制度，从而协调各城市重大基础设施的规划、布局，资源的使用等，着力消除各城市间妨碍人流、物流、信息流、资金流等资源要素全方位流动的政策和制度壁垒，为要素的自由流动提供良好的政策环境和发展条件。湘、鄂、赣三省要建立常态化的政府“平行互动”机制，注重发挥政府部门的综合协调作用、企业的资源配置作用、非营利组织的沟通交流作用、专家学者的参谋咨询作用，构建跨省市城市分工合作机制和利益共享机制，解决经济一体化与行政区划冲突问题，处理地方政府无法解决的诸如基础设施建设、产业整合、生态环境保护、市场分割等问题，完善城市功能对接。

参考文献

[1][英]埃比尼泽·霍华德.明日的田园城市[M].金经元,译.北京:商务印书馆,2000.

[2]白永平,王培安.浙江省集聚经济类型的资源配置效应分析[J].资源科学, 2012, 34(3): 510 -519.

[3]蔡雪娇,吴志峰,程炯.基于核密度估算的路网格局与景观破碎化分析[J].生态学杂志,2012,31(1):158 -164.

[4]陈菲琼,韩莹.创新资源集聚的自组织机制研究[J].科学学研究,2009,27(8):1246 -1254.

[5]陈俊,胡宗义,刘亦文.金融集聚的区域差异及影响因素的空间计量分析[J].财经理论与实践, 2013,34(186): 21 -24.

[6]陈明星.城市化领域的研究进展和科学问题[J].地理研究, 2015, 34(4): 614 -630.

[7]陈培阳,朱喜钢.基于不同尺度的中国区域经济差异[J].地理学报,2012,67(8):1095 -1097.

[8]陈未.浅析标准差在经济上的应用[J].当代经济,2009(2):164 -165.

[9]陈秀山,张可云.区域经济理论[M].北京:商务印书馆 ,2003.

[10]陈彦光.地理数学方法:基础和应用[M].北京:科学出版社,2011.

[11]程开明,庄燕杰.城市体系位序—规模特征的空间计量分析——以中部地区地级以上城市为例[J].地理科学,2012,32(8):905 -912.

[12]程平,刘伟.多属性群决策中一种基于主观偏好确定属性权重的方

法[J]. 控制与决策,2010,25(11):1645 - 1656.

[13]崔功豪,杜国庆. 中国城镇发展研究[M]. 北京:中国建筑工业出版社,1992.

[14]戴亚男. 区域增长极理论与江苏海洋经济发展战略[J]. 经济地理,2007,27(3):392 - 394.

[15]董增川,马红亮,王明昊,等. 基于组合决策的黄河流域水量调度方案评价方法[J]. 水资源保护,2015,31(2):89 - 94.

[16]董志南,郑拴宁,赵会兵,等. 基于空间插值的风场模拟方法比较分析[J]. 地球信息科学,2015,17(1):37 - 44.

[17]方创琳,祁巍锋, 宋吉涛. 中国城市群紧凑度的综合测度分析[J]. 地理学报, 2008, 63(10): 1011 - 1021.

[18]方创琳,王德利 . 中国城市化发展质量的综合测度与提升路径[J]. 地理研究,2011, 30(11):1931 - 1946.

[19]方创琳. 城市群空间范围识别标准的研究进展与基本判断[J]. 城市规划学刊,2009(4):1 - 6.

[20]方创琳. 中国城市群形成发育的新格局及新趋向[J]. 地理科学,2011,31(9):1025 - 1034.

[21]方创琳. 中国城市群形成发育的政策影响过程与实施效果评价[J]. 地理科学,2012,32(3):257 - 264.

[22]方创琳. 中国城市群研究取得的重要进展与未来发展方向[J]. 地理学报,2014,69(8):1130 - 1144.

[23]顾朝林. 城市群研究进展与展望[J]. 地理研究,2011,30(5):771 - 784.

[24]郭庆宾,刘琪. 城市资源集聚能力研究进展述评[J]. 湖北大学学报(哲学社会科学版),2016,43(4):122 - 129.

[25]郭姝宇,李宁,张丽. 吉林省各主要城市工业生产人力资源效率评价[J]. 工业技术经济,2006,25(6):84 - 86.

[26]韩增林,李彬,张坤领. 中国城乡基本公共服务均等化及其空间格

局分析[J]. 地理研究, 2015,34(11): 2035 -2048.

[27]洪锦端,易露霞,孙美楠. 广东省出口贸易可持续发展评价研究——基于熵值法模型评价[J]. 生态经济,2013(8):87 -91.

[28]黄康胜, 岳彩娟. 武汉城市圈规模体系的演变与特征[J]. 中南财经政法大学研究生学报,2011(2):138 -143.

[29]黄康胜. 副省级城市要素集聚状况探析[J]. 荆楚理工学院学报,2010,25(6): 71 -75.

[30]江永真. 区域企业创新要素集聚效益评价[J]. 福州大学学报(哲学社会科学版), 2015:3.

[31]蒋大亮,孙烨,任航,等. 基于百度指数的长江中游城市群城市网络特征研究[J]. 长江流域资源与环境, 2015, 24(10): 1654 -1664.

[32]蒋惠园,王雪婷,李昂,等. 长江中游港口航运要素集聚状态的判别[J]. 数学的实践与认识, 2015, 45(8): 87 -93.

[33]焦勇. 生产要素地理集聚会影响产业结构变迁吗[J]. 统计研究,2015,32(8): 54 -61.

[34]李佳洺,张文忠,孙铁山,等. 中国城市群集聚特征与经济绩效[J]. 地理学报, 2014, 69(4): 474 -484.

[35]李胜会,李红锦. 要素集聚、规模效率与全要素生产率增长[J]. 中央财经大学学报, 2010(4): 58 -66.

[36]李王鸣,江勇. 基于城市流要素的区域城市内外部功能联系研究[J]. 经济地理,2012:2.

[37]李亚洲. 南京市旅游资源空间集聚分析[J]. 河南科学,2011:6.

[38]李煜伟,倪鹏飞. 外部性、运输网络与城市群经济增长[J]. 中国社会科学,2013:3.

[39]廖颖,王心源,周俊明. 基于地理探测器的大熊猫生境适宜度评价模型及验证[J]. 地球信息科学学报,2016,18(6):767 -778.

[40]蔺雪芹,王岱,任旺兵,等. 中国城镇化对经济发展的作用机制[J]. 地理研究,2013(4).

[41]刘丙章. 中原城市群城市规模现状分析[J]. 许昌学院学报,2009,28(2):135－137.

[42]刘芬,邓宏兵,李雪平. 增长极理论、产业集群理论与我国区域经济发展[J]. 华中师范大学学报(自然科学版),2007,41(1):130－133.

[43]刘效龙,张世全,冯长春. 中原城市群城市规模等级的时空演变分析[J]. 地域研究与开发,2011,30(3):29－34.

[44]刘彦随,杨忍. 中国县域城镇化的空间特征与形成机理[J]. 地理学报,2012,67(8):1011－1020.

[45]鲁平俊,唐小飞,王春国,等. 城市群战略与资源集聚效率研究[J]. 宏观经济研究, 2015(5):150－159.

[46]毛广雄. 大都市区化:我国城市化发展路径的转型[J]. 城市问题,2009(6):15－20.

[47]米娟. 中国区域要素集聚状况探析[J]. 改革与战略, 2008, 24(11): 133－135.

[48]欧向军,沈正平. 江苏省产业带建设效应与演化动力[J]. 地理研究,2011,30(3):411－423.

[49]潘安敏,陈松岭,李文辉. 城市资源系统的形成与演变[J]. 经济地理, 2009,29(12):1963－1966.

[50]潘峰华,刘作丽,夏亚博,等. 中国上市企业总部的区位分布和集聚特征[J]. 地理研究,2013,32(9):1721－1736.

[51]齐亚伟. 环境约束下要素集聚与区域经济可持续发展——基于区域创新能力的视角[D]. 南昌:江西财经大学, 2012.

[52]任军. 增长极理论的演进及其对我国区域经济协调发展的启示[J]. 内蒙古民族大学学报(社会科学版),2005,31(2):51－55.

[53]茹乐峰,苗长虹,王海江. 我国中心城市金融集聚水平与空间格局研究[J]. 经济地理, 2014, 34(2): 58－66.

[54]史坤博,杨永春,白硕,等. 成都市体验性网络团购市场发展的空间特征[J]. 地理研究, 2016,35(1): 108－122.

[55]宋家泰. 城市—区域与城市区域调查研究——城市发展的区域经济基础调查研究[J]. 地理学报,1980,35(4):277－287.

[56]苏雪串. 城市化进程中的要素集聚、产业集群和城市群发展[J]. 中央财经大学学报, 2004(1):49－52.

[57]覃剑. 城市群金融资源空间配置研究进展[J]. 区域金融研究, 2013(4):35－39.

[58]王彬,王宜强. 改革开放以来福建省经济重心格局演变及其空间差异[J]. 地理研究,2011,30(10):1882－1890.

[59]王发曾,郭志富,刘晓丽,等. 基于城市群整合发展的中原地区城市体系结构优化[J]. 地理研究, 2007,26(4): 637－650.

[60]王奋,韩伯棠. 科技人力资源区域集聚效应的实证研究[J]. 中国软科学,2006(3):91－99.

[61]王富喜,毛爱华,李赫龙,等. 基于熵值法的山东省城镇化质量测度及空间差异分析[J]. 地理科学, 2013, 33(11): 1323－1329.

[62]王胜英. 要素集聚整合的差异性与城市发展模式[J]. 南京社会科学,2003(1):15－21.

[63]王涛,刘承良,段德忠,等. 长江中游城市群城市竞争力的空间演化[J]. 世界地理研究, 2014, 23(3): 92－101.

[64]王为东,陈丽珍,胡绪华,等. 资源空间集聚对企业国际化的影响机制研究[J]. 华东经济管理,2014(11):11－16.

[65]王修华,黄明. 金融资源空间分布规律:一个金融地理学的分析框架[J]. 经济地理,2009,29(11):1808－1811.

[66]吴福象,刘志彪. 城市化群落驱动经济增长的机制研究[J]. 经济研究,2008:11.

[67]徐国祥. 统计预测和决策[M]. 上海:上海财经大学出版社,2008.

[68]徐康宁,王剑. 自然资源丰裕程度与经济发展水平关系的研究[J]. 经济研究,2006:1.

[69]闫玮. 中国城市群边缘地带发展问题研究[J]. 商业时代, 2013

(24):128 - 129.

[70]严重敏. 城市与区域研究:严重敏论文选集[C]. 上海:华东师范大学西欧北美地理研究所,1999:211 - 218.

[71]姚士谋,等. 中国的城市群[M]. 合肥:中国科学技术大学出版社,1992.

[72]于洪俊,宁越敏. 城市地理概论[M]. 合肥:安徽科学技术出版社,1983.

[73]湛东升,张文忠,余建辉,等. 基于地理探测器的北京市居民宜居满意度影响机理[J]. 地理科学进展,2015,34(8):966 - 975.

[74]张联松. 柳州提升城市要素集聚力探讨[J]. 广西社会科学, 2012(8):36 - 38.

[75]张幼文,黄仁伟. 中国国际地位报告 2006 [M]. 北京:人民出版社, 2006.

[76]长江中游城市群发展规划. 国家发展和改革委员会,北京:2015.

[77]赵焕臣,徐树柏. 层次分析法[M]. 北京:科技出版社,1986.

[78]赵明华,郑元文. 近 10 年来山东省区域经济发展差异时空演变及驱动力分析[J]. 经济地理,2013,33(1):79 - 85.

[79]中国社会科学院. 2007 年中国城市竞争力蓝皮书[R]. 北京:中国社会科学院,2008.

[80]中华人民共和国国民经济和社会发展第十三个五年规划纲要. 2016.

[81]周韬. 中原经济区要素空间集聚现状与政策选择[J]. 西北人口, 2012, 33(1): 75 - 84.

[82]周学政. 区域创新要素聚集的理论基础及政策选择[J]. 科学管理研究, 2013,31(2): 43 - 46.

[83]周一星. 关于明确我国城镇概念和城镇人口统计口径的建议[J]. 城市规划,1986(3):10 - 15.

[84]朱鹤,刘家明,陶慧. 北京城市休闲商务区的时空分布特征与成因

[J]. 地理学报,2015,70(8):1215-1228.

[85]朱华友. 新经济地理学经济活动空间集聚的机制过程及其意义[J]. 经济地理,2005,25(6):753-760.

[86]朱英明,杨连盛,吕慧君,等. 资源短缺、环境损害及其产业集聚效果研究[J]. 管理世界,2012:11.

[87]综合开发研究院(中国·深圳)课题组. 中国金融中心指数(CDI·CFCI)报告(第七期)[R]. 北京:中国经济出版社,2015: 18-156.

[88]Anna Agliari, Pasquale Commendatore, Ingrid Kubin, et al. Agglomeration dynamics and first nature asymmetries[J]. *Mathematics and Computers in Simulation*, 2015, 108: 81-98.

[89]Audress D., Feldman M. Spillovers and the geography of innovation and production[J]. *American Economic Review*, 2006, 86(3):630-640.

[90]Baldwin R., P. Martin. Global income divergence, trade and industrialization: The geography of growth take off[J]. *Journal of Economic Growth*, 2001, (6):5-37.

[91]Capello R. Cities, agglomeration and spatial equilibrium[J]. *Urban Studies*, 2010, 47(8):1820-1822.

[92]Chih-hai Yang, Hui-lin Lin, Hsiao-yun Li. Influences of production and R&D agglomeration on productivity: Evidence from Chinese electronics firms[J]. *China Economic Review*, 2013, 27:162-178.

[93]Ciccone A., Hall R. E. Productivity and density of economic activity[J]. *The American Economic Review*, 1996, 86(1):54-70.

[94]Cutler J. Cleveland, Robert K. Kaufmann, David I. Stern. Aggregation and the role of energy in the economy[J]. *Ecological Economics*, 2000, 32:301-317.

[95]Duc T. A., Vachaud G., Bonnet M. P., et al. Experimental investigation and modeling approach of the impact of urban wastewater on a Tropical river: a Case Study of the Nhue River, Hanoi, Viet Nam[J]. *Journal of Hydrology*,

2007,334：347 -358.

[96]Edward Glaeser,Joshua Gottlieb. The wealth of cites：Agglomeration economies and spatial equilibrium in the United States[J]. *Journal of Economic Literature*,2009, 4.

[97] Fabio Cerina, Francesco Mureddu. Is agglomeration really good for growth? Global efficiency, interregional equity and uneven growth[J]. *Journal of Urban Economics*,2014,84 ：9 -22.

[98]Feldman M. P. The new economics of innovation, spillovers and agglomeration：A review of empirical studies[J]. *Economics of Innovation and New Technology* ,1999:8(1/2):5 -10.

[99]Francois Perroux. Economic space：theory and applications[J]. *Quarterly Journal of Economics*,950,64(1):89 -104.

[100]Frank A. M. , Leeuw, Moussiopoulos N. , et al. Urban air quality in larger conurbations in the European Union[J]. *Environmental Modeling & Software*,2001,16:399 -414.

[101]Fujita M. ,Krugman P. When is the economy monocentric von Thunen and Chamberlin unified[J]. *Regional Science Urban Economic*,1995:25 (4) : 505 -528.

[102]Geddes P. *Cities in Evolution：An introduction to the Town -planning movement and the study of cities*[M]. London：Williams and Norgate,1915.

[103] Gehrig Thomas. *Cities & the Geography of Financial Centers* [M]. Centre for Economic Policy Research, 1998.

[104]Giulio Cainelli, Sandro Montresor and Vittucci Marzetti. Spatial agglomeration and firm exit：a apatial dynamic analysis for Italian provinces[J]. *Small Business Economics*,2013, 10:213 -228.

[105]Gottmann Jean. Megalopolis：or the urbanization of the northeastern seaboard[J]. *Economic Geography*,1957,3:189 -200.

[106]Griliches S. Lssues in assessing the contribution of R&D to productivi-

ty growth[J]. *Bell Journal of Economics*,1979, 10(1):92 – 116.

[107] Hall P. , Pain K. *The polycentric metropolis: Learning from Mega – city regions in Europe*[M]. London: Earthscan, 2006.

[108] Hansen N. Impacts of small and intermediate – sizad cites on population distribution: Issues and responses[J]. *Regional Development Dialogue*,1990, 11(1) : 60 –76.

[109] Jonker M. , Romijn H. , Szirmai A. Technological effort, technological capabilities and economic performance: A case study of the paper manufacturing sector in West Java[J]. *Technovation*,2006, 26(1):121 – 134.

[110] Katherine Hyman. Urban infrastructure and natural resource flows: Evidence from Cape Town[J]. *Science of the Total Environment*,2013: 461 – 462,839 –845.

[111] Klaus Eisenack, Ottmar Edenhofer, Matthias Kalkuhl. Resource rents: The effects of energy taxes and quantity instruments for climate protection [J]. *Energy Policy*,2012, 48:159 – 166.

[112] Krugman P. Increasing returns and economic geography[J]. *Journal of Political Geography*,1991, 99(3): 483 –499.

[113] Marrocu M. ,Paci,R. Usai S. Production growth in the old and new Europe:the role of agglomeration externalities[J]. *Journal of Regional Science*, 2011, 53(7): 418 –442.

[114] Mary E. Lovely, Stuart S. Rosenthal , Shalini Sharma. Information, agglomeration, and the headquarters of U. S. exporters[J]. *Regional Science and Urban Economics*,2005, 35:167 – 191.

[115] Ming Ji, Weiping Zeng. Resources agglomeration and impact on regional urbanization in west China[J]. *Journal of Regional Financial Research*, 2015,9:77 –81.

[116] Myrdal G. *Economic Theory and underdeveloped regions*[M]. Harper & Row,1957.

[117]Peter Meusburger, David N. Livingstone, Heike J ns[M]. *Geographies of Science*, *London* , *Springer*, 2010.

[118]Porter M . E. Clusters and the new economics of competition[J]. *Harvard Business Review*,1998.

[119]Porter M. E. Location, competition and economic development: local clusters in a global economy[J]. *Economic Development Quarterly*,2000, 14(2): 15 –34.

[120]Ren W. , Zhong Y. , Meligrana J. ,et al. Watt W E. Urbanization, land use and water quality in Shanghai[J]. *Environment International*,2003,29: 64 9 –659.

[121]Robinson D. K. , R. Rip A. , Mangematin V. Technological agglomeration and the emergence of clusters and networks in nanotechnology[J]. *Research Policy*,2007,36(6):871 –879.

[122]Sadorsky P. Do urbanization and industrialization affect energy intensity in developing countries? [J]. *Energy Economics*,2013,37 (3):52 –59.

[123]Shantha Liyange. Breeding innovation clusters through collaborative research networks[J]. *Technovation*,1995,5:553 –567.

[124]Stuart Rosenthal,William Strange. Evidence on the nature and sources of agglomeration economies[J]. *Handbook of Regional and Urban Economics*, 2004,4:2119 –2171.

[125]Takatoshi Tabuchi. Historical trends of agglomeration to the capital region and new economic geography[J]. *Regional Science and Urban Economics*, 2014,44:50 –59.

[126]The World Bank. World Development Report 2009: Reshaping economic geography[R]. Washington, DC: The World Bank, 2009.

[127]Vandenbussche J. P. Distance to frontier and composition of human capital[J]. *Journal of Economic Growth*,2006, 11(2): 35 –78.

[128]Verhoef E. T. , Nijkamp P. Externalities in urban sustainability envi-

ronmental versus localization – type agglomeration externalities in a general spatial equilibrium model of a single – sector monocentric industrial city[J]. *Ecological Economics*, 2002, 40: 157 – 179.

[129] Wang J. F., Hu Y. Environmental health risk detection with GeoDetector[J]. *Environmental Modelling & Software*, 2012, 33: 114 – 115.

[130] Weber A. *Theory of the Location of Industries*[M]. Chicago: University of Chicago Press, 1929.

[131] Williamson J. Regional inequality and the process of national development[J]. *Economic Development and Cultural Change*, 1965, 13(4): 3 – 45.

[132] Wren Colin. Geographic concentration and the temporal scope of agglomeration economies: An index decomposition[J]. *Regional Science and Urban Economics*, 2012, 42: 681 – 690.

[133] Yuming Fu, Stuart A. Gabriel. Labor migration, human capital agglomeration and regional development in China[J]. *Regional Science and Urban Economics*, 2012, 42: 473 – 484.

索　引